NGO, 국제활동가의 길

NGO, 국제활동가의 길

1판 1쇄 인쇄 2019년 2월 14일

1판 1쇄 발행 2019년 2월 18일

지은이　신상문

펴낸이　이형진

펴낸곳　도서출판 아르케

출판등록 1999년 2월 25일 제2-2759호

주소　강원도 홍천군 내촌면 와야리 300-4

대표전화　(02)336-4784~6 ｜ 팩스 (02)6442-5295

E-Mail arche21@gmail.com ｜ Homepage www.arche.co.kr

값 18,000원

ⓒ 신상문, 2019

ISBN 978-89-5803-165-9 03330

NGO, 국제활동가의 길

신상문 지음

아르케

■ 책머리에

우리사회에서 국제활동 NGO가 등장한 것은 비교적 최근의 일이다. 1987년 민주화, 1989년 해외여행 자유화와 높아진 경제력을 기반으로 민간 영역에서의 국제활동이 시작되었다. 또한 우리나라는 1996년에 경제협력개발기구OECD에 가입하고, 2010년부터 개발원조위원회DAC의 회원국으로 활동하게 되면서 NGO의 국제활동도 활성화되는 계기를 맞이하였다. 특히 2000년대 초부터 국제활동 NGO의 수는 빠른 속도로 증가하였는데, 그 당시 등장했던 NGO들은 선교단체가 주를 이루었다. 이렇듯 민간 영역에서의 국제활동의 경험이 적고 종교적 신념에 근거한 활동들이 많다보니 직업인으로서의 NGO 활동가에 대한 성찰이 부족했던 것이 사실이다. 게다가 우리사회는 NGO 활동가를 전문 직업인으로 바라보기 보다는 자원봉사자 정도로 인식하는 경향이 많다. 안타깝게도 이러한 우리사회의 전문 직업인으로서의 NGO 활동가에 대한 성찰의 부족과 직능 단체로서의 NGO에 대한 인식부족은 민간 영역에서의 국제활동을 위축시킬 위험이 있다.

NGO 국제활동가란 무엇인가? 필자는 2001년부터 NGO 국제활동가로 살아오면서 직업적 정체성에 대한 고민을 계속해왔다. 직업이란 모름지기 우리 사회의 창의적 발전에 필요해야 하고, 노동을 통해 먹고 살 수 있어야 한다. 그리고 NGO 활동가는 그러한 직업이어야 한다. 그래서 NGO 활동가는 우리사회와 국제사회의 지속가능하고 창의적인 발전에 기여할 수 있는 전문적인 역량을 갖춰야 하고, NGO는 직장으로서의 필수적인 기능을 해야 한다. 우리사회 또한 NGO를 전문직업으로 인식해야 한다. 그래야만 민간 영역에서의 양질의 활동이 가능해진다.

이 책은 국제활동 영역을 중심으로 NGO의 역할과 필요성, NGO 활동가의 정체성을 주로 다루었다. 현재 NGO에서 일하고 있는 활동가들에게는 자신들의 정체성에 대한 사색의 기회를 제공하고, NGO 활동가를 꿈꾸는 사람들에게는 직업으로서의 NGO를 소개하고자 하였다. 또한 이러한 활동에 관심이 있는 시민들에게는 NGO 국제활동의 다양한 모습을 보여주고자 하였다. 이 책이 우리사회의 NGO와 민간영역의 국제활동에 대한 이해를 조금이나마 높일 수 있기를 기대한다. 그리고 집필 과정에서 방대한 자료를 조사하고 분석하는 데 도움을 주신 정수진 님에게 특별한 고마움을 전한다.

■ 목차

책머리에	5
1. 국제활동	**9**
1.1 국제활동, 수많은 질문들	11
1.2 왜 국제활동을 하는가?	15
1.3 누가 국제활동을 하는가?	22
1.4 어떤 분야에서 국제활동이 이뤄지는가?	31
1.5 국제활동의 쟁점들	55
2. 국제활동 NGO	**71**
2.1 NGO란 무엇인가?	73
2.2 국제활동 NGO가 중요하게 생각하는 가치들	81
2.3 국제활동 NGO의 협력 활동	93
2.4 국제활동이 걸어온 길	111
2.5 INGO가 걸어온 길	122
2.6 한국 국제활동 NGO가 걸어온 길	131
2.7 왜 토종 NGO가 중요한가?	143
2.8 국제활동 토종 NGO의 현주소	147
3. NGO 국제활동가	**159**
3.1 NGO 국제활동가의 8원칙	161
3.2 NGO 국제활동가는 어떻게 활동하는가?	206
3.3 NGO 국제활동가가 되려면?	225
3.4 직업으로서의 NGO 국제활동가	239
3.5 NGO, 국제활동가의 길	248
미주	253

1

국제활동

1.1 국제활동, 수많은 질문들

국제활동은 무엇인가? 바라보는 측면에 따라서 다양하게 정의할 수 있겠지만, 이 책에서는 국제활동을 기업의 수익을 위한 국제무역, 국가의 이익을 위한 국제외교 등의 차원을 넘어서는 이타적인 요소를 담고 있는 국제적인 행위라는 의미에 국한해서 사용하고자 한다. 즉 세계시민의 권익을 높여주고 삶의 안녕과 연대를 통한 형평성을 제공하기 위한 이타적이고 국제적인 행위를 '국제활동'으로 바라보고자 한다. 이러한 활동을 '국제개발협력'이나 '원조'와 같은 용어로 표현하는 경우가 있다. 하지만 국제개발협력이나 원조는 국가의 경제적 이익이나 군사외교적 이익이 우선되는 경우가 대부분이어서 다양한 국제활동을 대신해서 표현하기에는 한계가 있으므로, 이 책에서는 구분하여 사용하고자 한다.

그런데 이러한 국제활동에 사람들은 왜 관심이 있을까? 왜, NGO에 몸을 담고 국제활동가의 직업을 선택할까? 한의학을 공부한 필자는 대학을 졸업하고, 습득한 전공 지식을 국경을 넘는 인류애를 실천하는 데 사용하고 싶다는 막연한 꿈을 꾸었었다. 국제기구나 정부의 공무원이 되어서 활동하는 것도 좋은 직업이 될 수 있겠지만, 소외당한 사람들에게 좀 더 가까이 다가가고 좀 더 정확한 활동을 하기 위해서는 정부가 아닌 NGO에서 활동하는 것이 효과적일 것으로 생각했다. 하지만 사회에 첫발을 내디뎠던 1990년대 후반에는 이러한 활동을 할 수 있는 NGO를 찾기 어려웠다. 몇 안 되는 국제활동 NGO는 대부분 종교적 배경을 가지고 있어서 쉽게 접근하기 어려웠다.

그 당시 나라 밖 문제에서 가장 심각한 것 중 하나가 한반도 주변 동포들의 문제였다. 고려인 난민, 조선족 초청사기 피해자, 탈북자들이 고통 속에 빠져 있었기 때문에, 두만강 주변 일대에서 이들을 위한 지원 활동에 참여하였다. 필자에게 이 시기의 경험은 국제활동의 어려움이 무엇인지 알게 해주었다. 또한, 역사와 문화가 많이 다른 타자에 대한 올바른 인식과 접근 방법이 무엇인지를 성찰하게 해 주었다. 그리고 좋은 뜻만 가지고는 결코 국제활동을 할 수 없다는 것을 뼈저리게 깨달았다. 어떻게 하면 인류애의 실천이 실제로 상대방에게도 도움이 되고, 상대방을 더욱 행복하게 할 수 있을까? 어떻게 하면 시민들의 지지로 마련된 후원금이 효과적으로 사용되고 효율적인 결과를 가져올 수 있을까? 하지만 당시 이러한 고민에 시원하게 대답해주는 선배 활동가를 찾기는 어려웠다. 그들도 경험이 없기는 마찬가지였기 때문이다.

그러던 중 필자에게 새로운 시각을 갖게 하는 충격적인 사건이 발생하였다. 러시아 연해주에서 단기 의료봉사 활동을 준비하고 있었는데 한 주민이 현지 의료인의 치료를 받지 않고 우리 의료진의 도착을 기다리다 그만, 치료의 골든타임을 놓치고 사망하고 말았던 것이다. '아, 우리가 이곳에 오지 않았다면?' 그 후로 필자에게 남겨진 이 트라우마는 국제활동의 과학적인 접근이 무엇이고, 인도주의적 실천의 원칙이 무엇인지에 대해 끊임없는 고민을 하게 했다. '나는 왜 국제활동을 하는가?' 이런 기본적인 자문에 대해서도 제대로 대답하지 못하는 나 자신을 발견하였다. 생각해보건대, 필자는 자신의 활동이 선행이라고 규정하고, 그 자체에 만족하고 있었던 것이다. 하지만 그 활동에서 한 소중한 생명이 희생된 것을 보면서 뭔가 크게 잘못 생각하고 있었다는 것을 직감할 수 있었다.

보건의료 전문 NGO인 메디피스를 설립하는 과정에서도 좀 더 전문적이고 체계적인 접근을 위한 활동의 원칙을 정립하기는 쉽지 않았다. 그러던 차에 메디피스는 옥스퍼드 대학교의 한 연구소와 함께 '인도주의 페스티벌'을 서울에서 개최하게 되었다. 심포지엄과 아카데미를 중심으로 구성된 이 페스티벌에서는 인도주의에 대한 담론들이 소개되었다. 북한의 인권, 주민 자치, 인도주의 접근론 등에 관한 이야기가 오고 갔다. 필자는 이 경험을 토대로 인도주의의 원칙이란 무엇인지에 대한 실마리를 하나씩 풀어가기 시작하였다. 그리고 이 원칙들이 NGO 국제활동가에게 중요한 지침이 될 것이라고 확신하였다. 또 메디피스 프로젝트를 실행하면서 인도주의 원칙들을 하나씩 적용하기 시작하였다. 반성과 성과가 반복되는 가운데 프로젝트의 질을 개선해나가면서 현지 주민의 더 많은 행복에 이바지하는 방법도 개발해나갔다. 이러한 노력으로 메디피스 인도주의 지표가 개발되었고, 이 지표는 메디피스 활동의 지침이 되고 있다.

2009년에 출범한 메디피스의 운영은 또 하나의 시련이었다. 4명의 활동가로 이제 갓 출발한 신생 NGO를 지지하는 사람들이 많지 않은 것은 당연하였다. 활동가들의 월급날만 다가오면 가슴이 조여 왔다. 그리고 매달 이러한 일들이 반복되었다. 어려운 환경에서 활동가로 살아온 경험이 있었기 때문에, 직업으로서의 NGO 활동가는 어떠해야 하는지 너무나도 잘 알고 있었지만, 주어진 환경에서 이것을 만족하게 해주지 못했던 것이 정말 미안했다. 또한, 활동가를 자원봉사자로 이해하고 있었던 사람들이 많았던 당시 사회 분위기 속에서 NGO 국제활동가로서의 직업적 정체성을 갖게 하는 것도 참으로 어려웠다. 전문 직업인으로서 활동가가 갖춰야 할 소양이 무엇이며, 또 이것을 어떻게 채워줄 수 있을까?

우리 사회에서의 NGO의 역할에 대한 고민도 소중한 경험이었다. 왜 우리 사회는 공동체 안에서 다른 사람에 대한 배려나 기부와 같은 이타적인 행동들이 다른 나라에 비해 많지 않은 것일까? 그리고 왜 그에 대한 극복의 필요성이 사회적으로 잘 합의되지 않을까? 하지만 NGO는 이러한 환경을 극복해나가야 한다. 시민과 잘 소통하지 않는 NGO는 그 뿌리가 흔들리기 때문이다.

필자는 이러한 경험들을 NGO 국제활동가들, 그리고 국제활동에 관심이 있는 청년들과 함께 나누어야 한다고 생각한다. 우리의 국제활동을 좀 더 근본적으로 고찰해보고, 또 생활상의 문제는 좀 더 현실적으로 바라봐야 하기 때문이다. 특히 직업으로서의 NGO 국제활동가가 우리 사회에 이제 막 뿌리를 내리고 있는 현시점에서 이러한 경험과 고민이 공유되는 것은 더욱 중요하다.

1.2 왜 국제활동을 하는가?

미국의 남부 애리조나의 거친 사막을 통해 국경을 넘는 불법 이민자를 도와주는 No More Deaths라는 단체의 어느 인도주의 활동가는 당혹스러워 말을 잇지 못했다. 한참 후 불법 이민자들을 도와주는 것이 잘못되었다고 주장하는 사람들의 질문에 답했다. "전 그게 말도 안 된다고 생각해요. 제가 어떤 기자에게 난생처음 받은 질문은, 왜 미국인이 이 일을 하는 거냐는 거였어요. 그걸 사람들이 물어보는 건 정말 웃긴 일이라고 생각해요. 이 일은 미국에 대한 일이 아니에요. 이건 사람에 대한 일일 뿐이죠. 당신도 아시겠지만, 목이 마른 사람에게는 물을 줘야 하는 거잖아요. 저한테는 그게 맞는 거 같은데요." No More Deaths 캠프에서 그녀와 함께 일하는 봉사자도 왜 어려움에 빠진 이민자들을 찾아 나서야겠다는 생각이 들었느냐는 질문을 받으면 비슷한 어려움과 분노를 느낀다고 했다. "이 사막엔 상상의 선이 그려져 있어요. 저한테 그건 말이 안 돼요. 그 선을 건너자마자 어떤 사람은 범죄자가 된다는 게요. 그들은 그냥 사람들일 뿐이에요. 저한텐 그렇게 간단한걸요."[1]

거리 모금가들이 시민에게 가장 많이 듣는 말 중의 하나가, 우리나라 사람들을 돕고 싶다는 것이다. 우리나라도 힘든 사람이 많은데 굳이 외국 사람을 도와야 할 필요를 느끼지 못하는 것이다. 실제로 필자도 이러한 질문을 참 많이 들었다. 재외동포를 지원하는 단체에서 일할 때에는 들을 수 없었던 질문인데, 메디피스가 출범하자마자 이러한 질문에 정말 당혹감을 많이 느낄 수밖에 없었다. 그러한 질문을 하는 분들을 어떻게 하면 적절하게 이해시킬 수 있을까, 동료와 토론을 벌이기도 했다. 그중에 한 명이 이런 엉뚱한 답변이 어떠냐고 했다. "신문도 안 보세요?" 한국에서 이 시기에 사는 사람으로서 그 정도는 상식이 아니냐는 것이다. 그 외에도 여러 가지 의견들이 쏟아졌다. "예전에 우리를 도와줬던 나라에도 어려운 사람들이 있었는데, 그래도 우리를 도와준 거잖아요," "도움을 받았으면 우리도 도와야 하는 거죠." 또 다른 측면에서의 의견으로는, "다들 돕는데 우리만 안 하면 이상하잖아요," "국격을 높이면 우리나라에도 이익이 됩니다," "국가 이미지를 높이면 국가 경제에 도움이 됩니다." 상대방에게 쉽고 정서적으로 친숙한 대답을 하려다 보니 이런저런 설명을 하였지만, 사실 우리가 하고 싶은 얘기는 "사람 돕는데 굳이 나라를 따져야 하나요?"였다.

국제활동에 관심이 있는 사람이라면, 자신이 왜 이 일을 해야 하는지에 대해서 곰곰이 생각해볼 필요가 있다. 여기에는 여러 생각이 있다. 몇 가지로 크게 나누어보면,[2][3] 우선 우리나라의 이익을 위해서 국외의 어려운 이웃들도 도와야 한다는 생각이다. 이러한 생각은 현실주의라고 한다. 국제적인 윤리 표준과 정의(正義)는 존재하지 않기 때문에, 각 국가는 오로지 각자의 이익을 최우선으로 놓고 행동해야 한다는 것이다. 현재까지 대부분 국가가 진행해온 국제개발협력은 그 초점을 경제적, 정치적, 외교적 이해관계에 두고 있어서 현실주의적 관점에서 바라보는 것이라 해도 무리는 없을 거 같다. 그러나 이러한 생각은 윤리적, 도덕적 차원에서 정의롭지 않다는 비판을 받는다.

국가주의적인 측면에서 바라보는 경우도 있다. 우리나라 사람이 다른 나라에 많이 거주하니까 당연히 다른 나라를 도와야 한다는 생각이다. 한 국가 안에서 구성원들은 서로 도덕적 책임이 있다고 본다. 정부에서 일하는 사람들은 이러한 생각을 참 많이 하는 것 같다. 국가를 위해 일하는 공무원이니까 나름 애국심이라고 할 수도 있을 것이다. 그러나 이러한 관점은 외국인에 대한 의무의 정도는 자국민에 대한 의무의 정도보다 적고, 정의(正義)를 한 국가와 그 시민으로 한정한다는 비판을 받는다.

사회계약론에 근거한 시각도 있다. 국가는 국제관계의 일차적 조직이자 한 구성요소이기 때문에, 약속한 임무를 수행하기 위해 다른 국가를 도와야 한다는 의견이다. 다시 말해, 우리나라가 다른 나라를 돕겠다고 협약을 하였으니 도와야 한다는 뜻이다. 국가들은 최소한의 사회계약을 통해 조약을 따르고 전쟁을 제한하도록 자신을 강제할 수 있다고 본다. 그래서 각 국가가 잘 협력하면 정의로운 국제 체계, 즉 '현실적 유토피아'를 만들 수 있을 것으로 생각한다. 그러나 이러한 주장은 한 국가 내에서만 적용될 수 있을 뿐, 국제적으로 적용될 수는 없으므로 국내와 국제사회에서의 정의(正義)는 서로 다른 의미를 갖는다고 비판받는다. 사회계약론은 국가 간 평등을 요구하지 않는다.

국내가 아닌 국외의 어려운 이웃을 도와야 한다는 생각을 가장 많이 갖게 하는 것은, 이른바 '보은론'적인 접근으로 보인다. 우리나라가 힘들 때 다른 나라가 도와줬으니까, 이제 우리가 다른 나라를 도우면서 갚아야 한다는 것이다. 우리는 학교에서 우리가 얼마나 어렵게 살아왔고, 이 고난을 어떻게 극복했고 또 어떤 도움을 받았는지 충분히 교육을 받았다. 그래서일까, 뭔가 보답할 일이 있다는 생각은 대부분 사람이 가지고 있다. 특히 우리는 도움을 받던 나라(수원국)에서 도움을 주는 나라(공여국)로 바뀐, 아주 독특한 경험이 있어서 보은론은 우리나라에서만 볼 수 있는 생각일 듯하다. 이러한 생각에 대해서도 비판은 있다. 보은론은 지원을 받았던 정도 이상으로 지원할 필요가 있는지에 대해서 답할 수 없다. 또 우리를 도와준 나라는 주로 선진국인데, 정작 지금 우리가 돕는 국가는 우리에게 도움을 주지 않았던 나라가 대부분이다. 이렇게 되면 왜, 채무가 없는 대상에게 빚을 갚아야 하느냐는 의문이 생기게 된다. 개인의 측면에서 보면 본인은 보은의 이유가 없다고 생각할 수도 있다.

마지막으로 살펴볼 것은 공동체주의이다. 전 세계는 모두 하나의 공동체니까 당연히 도와주어야 한다는 생각이다. 공동체는 구성원들 간에 공유된 행동의 기준이라고 할 수 있는 나름의 윤리적 표준이 있다. 예컨대, 타인의 감정을 이해하고 자신의 감정을 조절할 수있는 역량, 도덕적 가치관과 책임감, 봉사심, 공공의 이익과 가치 향상을 위해 자신의 역량을 활용하는 태도 등이 있다. 이러한 공동체의 행동 기준에 따라 서로 도와야 한다는 것이다. 하지만 국제협력 대부분은 공동체의 범위를 벗어나 있는 것이 현실이다. 그리고 공동체를 바탕으로 한 윤리적 표준은 문화와 사회에 따라 다르므로 보편적이거나 국제적이라고 하기에는 다소 어려움이 있다.

우리나라 사람이 아닌 외국 사람을 돕는다는 것에 대해서 이렇게 다양한 생각들이 있다. 그런데 지금으로부터 100년 전쯤에는 '나라 밖 사람들을 도와야 하지 않을까' 하는 생각이 과연 어느 정도 있었을까? 아마도 지구에서 같이 신세를 지고 사는 동시대의 사람들이 하나의 공동체, 지구촌을 이루고 살고 있다는 생각을 했던 사람은 극히 드물었을 것이다. 게다가 그냥 '기부'가 아니라 '국제활동에 대한 기부', 즉 '국외의 어려운 처지에 놓인 사람들을 돕기 위한 기부'를 요청하는 행동은 더더욱 찾기 힘들었을 것이다. 그러나 지금 우리가 지구화(globalization) 시대에 살고 있다는 점에 대해서 부정하는 사람은 거의 없다. 전 세계는 서로가 얽히고설켜 있는 정도인 상호연계성이 그 범위나 정도 그리고 속도 면에서 계속 커지고 있다. 지구화의 시대에서, 한 사람의 생각은 같은 문화를 공유하고 있는 사람들뿐만 아니라 전혀 다른 문화를 가지고 있는 사회에도 영향을 미치게 되었고, 국경은 더 이상 정보 공유의 장애요소라고 할 수 없게 되었다. 이러한 영향의 범위는 거의 모든 사회적 행위에 이르고 있다.

지구화의 대표적인 예를 몇 가지 보면, 우선 경제적인 사건을 들 수 있다. 2007년 미국에서 뉴센추리 파이낸셜이라는 서브프라임 모기지 대출회사가 파산하게 되었다. 이 파산 때문에 피해를 입은 사람들에게 대출해준 회사들이 연쇄적인 영향을 받게 되었다. 리만 브라더스 지주회사가 파산보호 신청을 했고 AIG, 씨티그룹, 지엠, 크라이슬러가 구제금융을 신청하게 된 것이다. 이러한 영향은 미국에서 그치지 않았다. 미국 부동산 시장에 연관되어있던 수많은 유럽 금융기관들이 자국 정부의 구제금융을 받을 수밖에 없게 되었다. 또한 경제의 국외자본 의존도가 높은 신흥국가는 미국과 유럽의 금융기관이 신흥국에 투자했던 자금을 회수하자 곧바로 통화가치가 급락하였다. 선진국 수출의존도가 높은 나라도 예외가 아니었다. 중국 등은 경제적으로 큰 내상을 입게 된 것이다.[4] 경제적인 측면과 아울러, 안보에서도 지구화 현상이 나타나고 있다. 전 세계를 충격에 몰아넣었던 질병 현상 역시 유사한 모습을 보여준다. 에볼라 바이러스는 2013년부터 유행하고 있으며, 2016년 3월 기준으로 10개국에서 2만 8,000명이 넘는 에볼라 바이러스 감염 환자가 발생하였고 그중 6개국의 환자 약 만 명이 사망하였다.[5] 메르스의 경우에도 2017년 7월 WHO World Health Organization, 국제보건기구 자

료를 보면 감염된 환자는 2012년부터 우리나라를 포함한 27개국에서 발생하였다고 한다.6)

지구화를 나비효과로 표현할 수도 있겠다. 1961년 미국의 기상학자 로렌츠는 컴퓨터 시뮬레이션을 통해 기상 변화를 예측하는 과정에서 정확한 초깃값인 0.506127 대신 소수점 이하를 일부 생략한 0.506을 입력하였다. 그랬더니 이전과 아주 다른 기후패턴으로 결과가 나타났고, 이는 '나비효과'라고 표현되었다. 지구화가 이루어진 현대 사회에서 전 세계는 긴밀히 연결되어 있어 정치, 경제, 사회, 문화 등 모든 방면에서 나비효과가 적용되고 있다. 이렇듯 지구에서 나타나고 있는 여러 문제의 결과가 빠른 속도로 새로운 원인으로 작용하며 몇몇 인접국에 영향을 미친다는 점은 전 지구적인 숙제로 남게 될 수 있다.

오늘날 세계는 촘촘히 연결된 네트워크에 싸여있다. 이 네트워크는 대도시에서 작은 마을에 이르기까지 복잡하게 얽혀있고, 오지 한 마을에서 들리는 아이의 울음소리는 전 세계를 공포에 떨게 하는 시작일 수도 있다. 이 시기의 인류는 촘촘한 망을 타고 있는 수많은 문제 앞에 당당히 맞서서, 각각의 문제를 집단으로 풀어나가야 한다. 그러기 위해서는 그에 맞는 소양과 문제 해결에 적합한 사고가 필요하다. 출신에 상관없이 모두에게 보편적 윤리 원칙인 인권이 적용되어야 하고, 모든 세계 시민은 다른 사람의 복지가 불충분할 경우 도와야 할 의무를 진다. 이러한 정의를 실현하려면 각 개인에게 요구되는 도덕적 의식인 세계시민의식이 필요하다. 세계시민의식은 국경을 넘어선 시민의식7)이고 민족을 초월한 시민의식8)이라고 할 수 있다. 우리는 세계시민의식에 기초해 다양성과 다원성을 존중함으로써 자신을 동시대의 타인과 환경에 연결해 이해하고 행동해야 한다. 이러한 과정을 통해 광범위한 공동체와 인류 전체에 대해 느끼는 소속감을 키우고,

지역과 국가를 세계와 연결하는 세계를 향한 열린 시각을 높일 수 있을 것이다[9].

인류를 하나의 같은 운명공동체로 보는 지구적 사고를 할 수 있는 자세와 능력이 세계시민의식의 핵심이다(지구적 세계관). 또한, 다른 사람들을 희생시키지 않으면서 자기 자신의 권리를 신장할 의무(인권과 다양성 존중)를 받아들이고, 서로 다른 문화, 국가, 민족, 인종에 속한 사람들 사이에 이해관계와 가치관 차이로 갈등이 발생했을 때 이를 평화적으로 해결하여야 한다(배려와 평화적 갈등 해결). 이를 위해서 지방, 국가, 세계 수준에서 사회의 여러 다른 영역에서 활동하는 단체와 기구(협회, 시민운동 단체, NGO)인 세계시민사회의 국제활동 기능과 역할도 확대되어야 한다. 지구적 수준의 양심이나 도덕의식을 각성시키는 역할뿐만 아니라, 세계적 수준에서 사람들이 추구하는 가치와 목표의 대변자 역할을 강화해야 한다. 또한 세계적 수준의 활동공간을 통해 새로운 정치적 행동 방식을 적용하는 것도 중요하다.

미국의 남부 애리조나 거친 사막의 상상의 선은 전 지구적으로 걸쳐 있다. 이 문제들을 해결하기 위해서는 전 지구적 접근이 필요하다. 모든 사람에게 적용되는 보편적인 윤리 원칙인 세계시민의식을 통해 도움이 필요한 사람들을 반드시 돕고 또 연대해야 한다.

1.3 누가 국제활동을 하는가?

2013년 12월 서아프리카의 대서양에 면한 나라인 기니에 사는 2세 남자아이가 원인불명의 출혈열로 나흘 동안 고통스러워하다가 사망하는 사건이 발생하였다. 그리고 얼마 지나지 않아 아이의 어머니와 누나가 비슷한 증상으로 사망하였고, 뒤이은 2014년 1월에는 아이의 할머니가 역시 유사한 증상으로 사망하였다. 시에라리온과 라이베리아의 국경과 가까운 곳에 있는 그녀의 마을에서 열린 장례식에 많은 사람이 참석하였는데, 불행히도 이곳에서 감염된 조문객들이 집으로 돌아가면서 바이러스의 확산이 본격적으로 시작되었다. 이후로 계속 유사한 증상을 보이는 환자들이 추가로 발생하였고, 환자를 돌보던 의료인들까지도 이 미스테리한 질병의 증상을 보이게 되었다. 확진을 위해 이 바이러스의 샘플이 유럽으로 보내졌고 곧 이 미스테리한 질병은 에볼라 바이러스에 의한 것으로 확인되었다. 결국 2세 아이가 사망한 지 약 4개월 후에 기니 정부는 에볼라 사태 발생을 공식적으로 발표하였다. 이렇게 대응이 지연되는 가운데, 에볼라 사태의 피해는 실로 엄청나게 커졌다. 2015년까지 500여 명의 의료진을 포함하여, 6개국에서 만 명이 넘는 목숨을 앗아가, 최악의 에볼라 사태로 기록되었다. 에볼라로 가장 큰 피해를 받은 나라인 기니를 비롯하여 시에라리온과 라이베리아, 이 세 나라는 2015년 한 해만 GDP 22억 달러의 손실을 보았을 정도다. 이는 1달러를 한화 1,100원으로 했을 때, 약 2조 4,200억 원이고, 당시 세 나라의 GDP의 15%에 육박하는 규모였다.

에볼라 바이러스는 급성 열성 감염을 일으키는 바이러스로, 1976년 콩고민주공화국의 에볼라 강(江) 인근에서 처음 발견되었다. 에볼라 출혈열은 50~90%의 사망률을 나타내는 치사율이 매우 높은 질병으로, 에볼라 바이러스에 감염되면 약 8~10일간의 잠복기 후 심한 두통, 발열, 근육통, 오심, 구토, 설사, 기침을 동반한 가슴 통증 등 여러 증상이 발생하게 된다. 현재까지는 바이러스에 대한 승인된 특이 치료가 존재하지 않는다.[10] 이 치명적인 질병의 확산을 막기 위한 노력이 2015년 종결까지 눈물겹게 진행되었는데, 특히 한 기관이 가장 발 빠르게 조치를 취했다. 이들은 최대 국내 직원 4,000여 명과 국제 직원 325명 이상을 고용하여 세 나라에서 에볼라 바이러스를 퇴치하고자 노력하였다. 이 단체는 활동가와 기부자로 운영되는 NGO '국경없는의사회'다.

국경없는의사회는 에볼라 사태 초기부터 적극적으로 에볼라 바이러스 퇴치를 위해 행동하였으나 타 국제사회의 협력이 부족해 불충분한 인력으로 활동에 어려움을 겪었다. 2014년 3월 말에 국경없는의사회는 이미 이번 에볼라 사태가 전례 없는 수준이라는 것을 깨닫고 본격적으로 국제 사회에 알리기 시작하였고, 같은 해 6월에 에볼라 사태가 '통제할 수 없는(out of control)' 수준이라고 경고하며 국제 사회의 도움을 요청하였다. 그러나 2014년 8월 8일이 되어서야 WHO(World Health Organization, 국제보건기구)는 '국제적 공중보건 비상사태'를 선포하였다. 같은 해 9월 2일, 국경없는의사회 회장 조앤 리우는 국제연합(United Nations, UN)에서 국가들의 행동을 요구하였다. 국제사회는 2014년 가을이 되어서야 천천히 반응하기 시작하여 미국과 영국이 에볼라 치료 센터 건립을 위해 군인을 파병하는 등 활동이 활발해졌다. 그리고 2014년 말부터 비로소 에볼라 발생 수가 감소하기 시작하였다. 국경없는의사회의 직접적인 의료지원 외에도 감염지역 주민들에게 에볼라에 대한 정확한 정보를 전달하는 데 힘을 쏟은 크라이테리온 모로비아Kriterion Monrovia라는 라이베리아 학생 단체가 있었고, 현지 의료인력의 양성을 위한 라스트 마일 헬스Last Mile Health라는 단체는 지역사회 리더와 여성, 현지 의료인력에 대한 교육을 제공하기도 하였다.

"우리에게 한계가 없는 게 아니에요. 우리는 지금 한계에 도달했어요. … 감사하게도 기부자 덕분에 자금은 있어요. 의지도 있고요. 하고자 하는 동기(motivation)도 물론 있어요. 하지만 우리는 이걸 할 수 있는 인력이 충분하지 않아요.11)" - 린디스 후룸(Lindis Hurum, 국경없는의사회 응급코디네이터)

WHO는 2014년 7월이 되어서야 기니의 수도인 코나크리에 국가사무소와 지역 사무소를 설치하고 에볼라 피해국을 지원하기 시작하였다. WHO가 에볼라에 대한 연락망을 구축할 것으로 기대했던 각 정부 기관들은 WHO의 늦은 대응 때문에 국가 간 정보 공유가 부족하게 되어 에볼라 사태를 대처하는 데 어려움을 겪었다. 실제로 WHO는 약 1,000명의 환자가 이미 사망했던 2014년 8월 8일이 되어서야 에볼라 사태를 '국제적 공중보건 비상사태'로 선포하였는데, 이는 에볼라의 집단적인 발병이 시작된 지 반년이 훌쩍 넘은 시점이었다. 미국 의사가 에볼라 바이러스 양성으로 판명되어 미국에 돌아가 치료를 받으면서 처음으로 서아프리카 외부에서 에볼라 바이러스 확진자가 존재하게 된 것과, 스페인 간호사가 스페인 출신 에볼라 환자를 간호하다 에볼라 바이러스에 감염되어 처음으로 서아프리카 외부에서 사람 대 사람(human to human) 감염 사례가 발생하게 된 것을 근거로 WHO가 에볼라를 국제적 안보 위기로 인식하여 비상사태를 선포한 것이다. 이에 대해 2015년 3월 AP 뉴스는 WHO의 내부 문건을 바탕으로 WHO가 아프리카 경제의 위협과 이슬람교도 성지순례 방해 등 정치적 우려 때문에 비상사태 선포를 연기한 것이라는 기사를 실어 논란이 되기도 하였다.[12)]

다른 국가들은 어떻게 대응했을까. 미국 정부는 에볼라 바이러스에 직접적인 피해를 받는 국가들을 돕는 것보다 에볼라 바이러스에 감염되었을 가능성이 거의 없는 미국 여행자들을 조사하는 것에 집중하였다. 결국 미국 본토에 에볼라 바이러스 환자가 발생한 다음에야 에볼라 피해국에 본격적으로 도움을 주기 시작하였다.[13)] 만약 자국 본토에 환자가 발생하지 않았다면, 그 대응이 더 늦어졌을 가능성이 높다. 그러나 미국은 인력 및 물자를 파견하였지만 직접 현장에서 환자를 치료하는 것에 거부감을 보였고, 미국이 파견한 헬리콥터들은 실험용 샘플이나 환자를 치료하고 돌아오는 의료인들을 운송하지 않기도 했다.[14)] 영국도 역시 느린 대응으로 비판을 받았다. 특히 에볼라 발생 지역과의 직항 항공기 운항을 금지한 영국 정부의 결정은 "과학적 근거가 없는 정치적 결정"이라는 비판을 받기도 하였다. 이 항공기 운항 금지 결정은 WHO의 조언에 반하는 것으로, 에볼라 사태를 통제하는 데 더 많은 금액이 지출되도록 하였고, "잠재적으로, 더 많은 희생자를 발생"시켰다.[15)]

이처럼 국제활동의 각 주체는 각각 다른 관점에서 활동하고 있는 것을 에볼라 사태를 통해서 알 수 있다. 먼저, 국가의 국제활동 특징을 보기 위해서는 그 동기를 먼저 생각해 볼 필요가 있다. 각 국가의 국제활동 동기에는 단순히 인도주의뿐만 아니라, 정치 및 외교, 경제 등 복합적인 영향이 크게 작용한다. 또 국가의 입장에서는 수원국의 특성, 식민 통치 경험, 국제사회의 영향력 등 여러 요소를 고려하여 국제활동을 진행하게 되고, 일반적으로 각국의 공적개발원조 체계를 통해 각 국가의 특성을 고려하여 국제활동을 펼치게 된다. 그 과정에서 관련국은 공여국 또는 수원국의 차별적 지위를 갖게 된다. 공여국은 전통적으로 OECD DAC(경제협력개발기구 개발원조위원회) 회원국들만을 가리켰으나, 신흥공여국이 부상하면서 현재는 OECD DAC 회원국과 신흥공여국을 모두 가리켜 칭하고 있다. DAC는 OECD의 3대 위원회 중의 하나로, 흔히 선진국 클럽으로 일컬어진다. OECD 회원국 중 적절한 원조 조직을 통해 원조 정책과 전략을 보유하고, 원조 규모 1억 달러 이상 또는 GNI 대비 0.2% 이상으로 적절한 원조 평가 시스템을 갖추었을 때에만 자격을 준다. 34개 OECD 회원국 중에서 7개국은 아직 가입하지 못하고 있다. 우리나라가 이 DAC에 가입했다는 것은 국제사회로부터 진정한 원조 선진국으로 인정받았다는 것을 의미하며, 우리나라의 국제적 위상이 격상되었음을 의미한다. 한국은 1996년 OECD 회원국이 되었고, 2009년 OECD DAC 회원국이 되었다. 신흥공여국에는 체코, 아이슬란드, 이스라엘, 멕시코, 루마니아, 에스토니아, 중국, 인도, 남아프리카공화국, 브라질 등이 해당된다. 이러한 공여국의 활동을 '공적개발원조'Official Development Assistance, ODA라 하는데, 그 동기로는 첫째, 국제 질서의 안정을 위한 정치·외교적 동기, 둘째, 수출시장 확보, 자국 기업 발전 및 자원 확보를 위한 경제적 동기, 셋째, 상호의존의 인식, 마지막으로 인간의 보편적 기본가치 실현을 바탕으로 하는 인도주의적 동기가 있다. 실제로 국가의 지정학적 특성, 과거 식민 통치 경험, 국제사회의 영향력 증대 등 자국의 국내외적 여건을 고려해 국제활동 정책이 수립 및 시행되며, 주로 유상원조, 무상원조, 기술협력, 인도적 지원 등의 방법이 사용된다.

"우리는 전 세계 사람들을 위해 더 나은, 더 건강한 미래를 구축해나간다. 194개 회원국과 함께 6개 지역을 가로질러 150개가 넘는 사무실에서 일하면서, WHO 직원들은 모든 사람이 어디에서나 더 나은 건강을 달성할 수 있도록 하는 공유된 약속 아래 단결하였다.16)"
 - WHO 홈페이지 'WHO에 대하여(About WHO)' 중에서

국제기구의 국제활동 특징은, 국제기구가 어떻게 구성되고 어떻게 운영되는지를 살펴보면 쉽게 이해할 수 있다. 국제기구의 토대는 국제연합이다. 국제연합은 전쟁 방지와 평화 유지를 위해 설립된 국제기구인데, 현재 193개 국가가 가입되어 있으며 한국은 1991년 북한과 함께 국제연합에 가입하였다. 국제연합 시스템은 총회, 안전보장이사회, 경제사회이사회, 국제사법재판소, 그리고 사무국의 5개 주요기관으로 구성되어 있다. 국제연합 전문 기구로는 국제보건기구WHO, 국제노동기구 등이 있으며, 국제연합 프로그램과 기금으로는 국제연합아동기금과 국제연합개발계획 등이 있다. 국제연합은 회원국으로부터 정규분담금과 자발적 기여금을 받아 운영된다. 국제연합의 국제활동 목적에는 국제 평화와 안전의 유지, 국가 간의 우호 관계 발전, 국제적 협력 달성 등이 있어 정치적인 개입의 소지가 다분한 것을 알 수 있다. 국제 연합은 목적에서 국가 간 관계 및 협력을 언급하였기 때문에, 한 사건(예를 들어 에볼라 사태)을 다룰 때 국가 간 관계와 협력은 일차적 고려 요소 중 하나가 될 수밖에 없다. 물론 '평화와 안전의 유지'라는 주요 목적을 달성하기 위해 만든 안전보장이사회가 세계가 또 다른 세계대전을 경험하지 않도록 도와주었던 것은 사실이다. 또한 국제연합이 전 세계 195개국 중 193개 국가가 가입한 국제기구[17]로 거듭났을 뿐만 아니라 평등하고 지속 가능한 발전, 경제적 안정 등 중요한 이슈들을 토론하고 제기하는 포럼이 되었다는 긍정적인 성과가 있다. 하지만

현대 사회에서 나타나는 전 지구적 문제(예를 들어, 초국가적 테러리즘)는 국제연합이 얼마나 견고하고 효과성이 있는지를 시험하고 있다. 그리고 미국, 프랑스, 영국, 중국 그리고 러시아가 더 많은 힘을 가지는 안전보장이사회의 체계는 민주적 메커니즘과 책무성이 부족한 국제연합의 약점을 보여준다. 게다가 국제사법재판소의 권한을 강화하는 메커니즘이 없다 보니, 국제사법재판소의 판결은 회원국의 의지에 달려 있을 뿐 강제력에는 한계가 있다.[18]

"국제연합 회원국들은 자국의 국경을 보호하려는 조치에만 초점을 맞춰선 안 됩니다. 우리가 똑바로 서는 방법은 이 전염병의 뿌리에서부터 싸우는 방법뿐입니다. 현 에볼라 사태는 아프리카 대륙의 사회, 경제 그리고 안보가 연관된 다국적 위기입니다. 여러분은 행동할 역사적 책임이 있습니다. 우리는 에볼라 바이러스에 피해를 본 국가들을 차단하고 그저 이 사태가 종료되길 기다려선 안 됩니다. 불을 끄려면, 우리는 불타오르고 있는 건물에 뛰어들어가야 합니다.[19]" - 2014년 9월 2일, 조앤 리우(Joanne Liu, 국경없는의사회 국제회장) 국제연합 연설 중에서

NGO는 상업적, 불법적 목적이 아닌 공동의 목적을 위해 모인 사람들이 지속해서 함께 활동하는 독립적, 자발적 단체를 의미한다.[20] NGO의 국제활동은 일반적으로 인도주의적, 연대적, 자선적 목적이 있다.[21] 인도주의는 휴머니즘에 기반을 두고, 보편적 윤리 원칙을 지키며, 행동에 의해 몇 가지 양보할 수 없는 원칙들이 있다. 또한 대체로 지역사회에 기반을 두며, 인권 증진을 목표로 삼는다.[22] NGO의 국제활동 주체로서의 특성은 국제활동의 목적이 비교적 뚜렷하고, 일차적으로 이익을 추구하지 않기 때문에(이타적) 다른 국제활동 주체보다 자금을 포함한 자원을 본래의 목적과 취지에 맞게 활용하려는 뚜렷한 경향을 보인다는 것이다. 하지만 NGO는 법적, 제도적 보호로부터 상대적

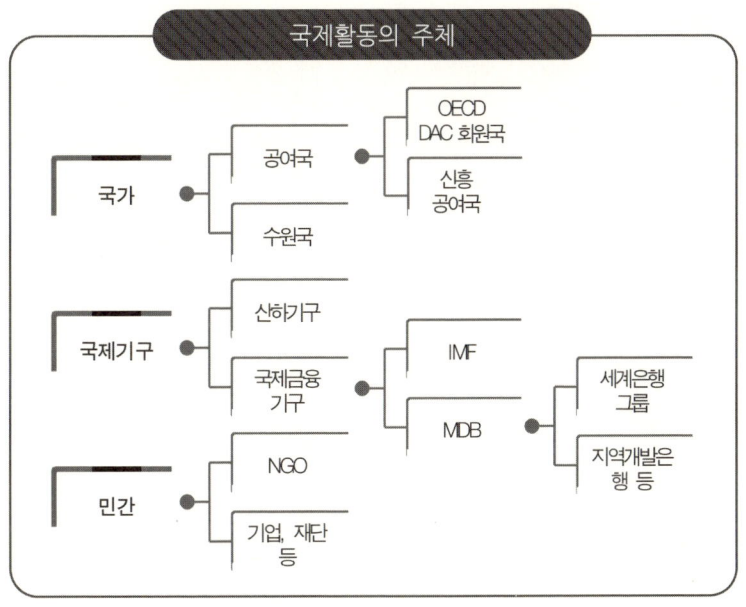

〈그림 1〉 국제활동의 주체

으로 취약하고, 전문가, 시민의 자발적인 참여를 동원하는 데 시간적, 규모적 어려움이 있으며, 일부를 제외하고는 활동에 대한 재원을 확보하는 데 한계를 갖는 경우가 많다.

이렇게 국제활동의 주체는 크게 국가(공여국 및 수원국), 국제기구, 민간 분야로 나눌 수 있다. NGO 활동가 면접을 하다 보면, 지원자들이 국제활동의 각 주체의 특성에 대한 이해가 부족한 경우를 많이 접하게 된다. 국제기구, 정부, NGO의 근본적인 특성, 접근방법과 역할의 다름을 간과하는 것이다. 국제활동가를 꿈꾸는 사람들은 국제활동을 하는 주체들의 특성과 관점을 명확히 이해해야 한다. 각 국제활동 주체들은 서로 역할이 다를뿐더러, 서로 다른 가치를 추구하고 있다. 이들은 때론 같은 편에서, 때론 전혀 다른 반대편에서 맞서기도 한다.

국제활동가는 각 주체의 특성 및 관점을 파악하여 진로를 선택해야 한다.

1.4 어떤 분야에서 국제활동이 이뤄지는가?

환경

2016 내셔널 지오그래픽 자연 사진 콘테스트 환경문제 부문에서 1위를 한 사진작가 바딤Vadim Balakin의 사진에는 노르웨이 북부의 스발바르 제도에서 포착된 말라 죽어있는 북극곰 한 마리의 모습이 소개되었다. 이 사체가 발견된 주변에는 빙하나 눈이 거의 없었다. 2018년에는 미국 환경보호청이 또 다른 사진을 공개하였다. 미국 알래스카 주 카크토비크의 이누피아크 마을 외곽에서 갈 곳을 잃고 먹이를 찾아다니는 북극곰들의 사진이다. 사진 속 북극곰들은 뼈밖에 남아 있지 않은 고래 사체를 먹으려 서로 싸우는 모습이었다. 하루 평균 1만 6,000kcal를 섭취해야 하는 북극곰들은 하루에 한 끼도 제대로 먹지 못하고 있다. 빙하가 녹으면서 터전을 잃은 북극곰들이 식량이 없어 죽은 고래 등을 주워 먹으며 목숨을 연명하고 있다. 미 국립설빙자료센터NSIDC와 나사NASA가 2017년 3월에 공개한 북극의 해빙 면적은 1,442만㎢로 겨울철 해빙 면적이 관측 사상 최소를 기록했다. 먹이를 찾아 끊임없이 이동해야 하는 북극곰들은 바다 위 얼음 조각이 작아지는 바람에 먹이를 찾지 못하고 장시간 수영에 지쳐가고 있다.23) 하지만 해안에 있는 고래 사체는 언제나 얻을 수 있는 것이 아니라 특별한

사냥 시즌에나 가능하다. 이마저도 얻을 수 없게 되면 북극곰들은 마을로 내려와 사람들이 사는 집을 덮칠 수도 있다. 실제로 학술지 와일드라이프블리틴Wild Life Bulletin 최신호[24]에는 지구 온난화로 줄어드는 빙하가 북극곰의 먹이를 부족하게 만들고, 배고픈 북극곰은 인간을 공격할 가능성이 크다는 연구 결과가 실렸다. 북극곰은 지구 온난화로 인한 대표적인 기후 난민으로 꼽힌다. 국제자연보호연맹은 2050년에 북극곰 개체가 30% 감소할 것으로 예측한다.[25]

어떤 지역에서는 강수량이 늘어나고, 다른 지역에서는 가뭄이 발생하며, 전 세계적으로 해수면이 상승하고, 더운 여름이 길어지고, 폭우가 증가하고, 산불이 빈번해지고 있다. 우리나라에서는 지구 온난화 영향으로 겨울에는 강력한 한파가, 여름에는 강력한 더위가 찾아오는 극단적인 날씨가 반복되고 있다.[26] 나빠지는 환경에 의해 우리가 삶에서 가장 직접 느끼는 것이 기후변화이다. 기후변화란 장시간 동안 자연적 요인과 더불어 인간 활동에 직간접적으로 영향을 받아 일어나는 기후의 변화를 말한다. 기후변화의 자연적 요인에는 화산이 폭발할 때 분출되는 화산재나 미세먼지 등이 있으며 인위적 요인으로는 화석연료의 사용량 증대에 따른 온실가스 증가, 산업화로 인해 발생한 미세먼지 등이 있다. 그런데 1951년부터 2010년 사이에 관측된 온도 상승의 절반 이상은 온실가스 배출 증가 등 인위적 요인 때문일 가능성이 매우 높은 것으로 알려졌다.[27] 특히 1970년부터 2010년까지 총 온실가스 배출량 증가의 78%가 화석 연료 연소 및 산업 공정으로부터 발생한 이산화탄소 배출에서 기인하였다. 이러한 온실가스 배출의 지속적 증가는, 폭염이나 홍수 등에 따른 생명과 재산 피해, 극한 기후로 인한 기반시설과 공공서비스 기능 훼손, 식량과 물 부족, 생물 다양성 및 자연환경 훼손 등 자연과 인간 시스템에 대하여 심각하고 돌이킬 수 없는 위협이 되고 있다. 실제로 기온과 해수면 상승, 빙하, 해빙 감소 등 전례 없는 기후변화가 관측되고 있으며 지구의 평균 온도(1880~2012년)는 지난 133년간 0.85℃ 상승했다. 이제 2023년까지 추가적인 감축 노력이 없으면 2100년까지 2℃ 이내로 온도 상승을 제한하려는 목표를 달성하기 어려우므로 앞으로 수십 년 동안 온실가스를 감축하기 위하여 얼마나 노력하는지가 기후변화로 인한 위험의 정도를 결정할 것이다.[28]

이러한 위기감에서, 2015년 12월 12일, 제21차 기후변화당사국총회 COP21에서 196개 국가가 파리기후협약을 채택하였다. 파리기후협약의 핵심적인 일곱 가지 내용은 첫째, 온도 상승 2℃ 이하로 유지, 둘째, 5년마다 감축 목표 상승, 셋째, 국제 탄소 시장 활용, 넷째, 기후변화에 대한 적응력 제고, 다섯째, 손실과 피해를 줄이기 위한 협력, 여섯째, 목표를 달성하기 위한 수단 강화, 일곱째, 이행상황의 투명하고 주기적인 점검이다. 이는 모든 국가가 기후변화대응 노력에 참여하게 되었다는 점, 저탄소 경제(low-carbon economy)로의 이행을 위한 장기 신호가 될 가능성이 높다는 점, 마지막으로 지속 가능한 발전 측면에서 기후변화문제를 바라보게 했다는 점에서 의의가 있다. 그러나 한계점도 있었다. 파리기후협약에서는 각국이 감축 목표를 제출하는 것을 의무화했으나, 그 목표 수립이나 이행에 대해 강제 규정이 없고, 저개발국 보상과 배상 방안은 제외되면서 미리 산업화에 성공한 국가들이 구체적 책임을 회피하였다.[29] 환경 NGO는 G7 정상회담 등에서 국가들이 파리기후협약을 이행하도록 압력을 가하고 있었다.[30]

그런데 2017년 6월 1일, 미국은 파리기후협약 탈퇴를 선언하였다. 미국 트럼프 대통령은 파리협정이 미국에 불이익을 가져다준다며, 본인은 미국 국민을 보호할 책무를 수행할 의무가 있기 때문에 탈퇴를 결정하게 되었다고 밝혔다. 또한 트럼프는 미국이 다른 경쟁국 대비

무거운 이산화탄소 감축 의무를 지는 바람에 석탄, 제지, 철강 등 주요 산업에서 심각한 경쟁력 약화가 우려되며 이산화탄소 감축으로 예상되는 지구 온난화 예방 효과는 극히 미미하다고 주장하였다. 참고로, 현재 미국은 세계 2위 탄소 배출국이다. 세계는 파리협정 탈퇴 의사를 표명한 미국에 대해 어떻게 반응했을까? 미국이 탈퇴한 후 개최된 파리기후협정 2주년 기념행사 '원 플래닛 서밋One Planet Summit'에서 EU 집행위원회는 90억 유로 상당의 기후변화대응 기금을 조성하겠다고 발표했고, 빌 게이츠는 빌 앤드 멜린다 게이츠 재단에 기후변화 피해국 소작농 지원 명목으로 3억 달러를 기부하겠다고 했으며, 세계은행은 2019년까지 가스, 석유전 개발 등 화석연료 관련 프로젝트 자금지원을 단계적으로 축소한 후 중단하겠다고 발표하였다.[31]

인권

로이터통신 소속 기자인 와 론Wa Lone과 초 소우Kyaw Soe Oo는 미얀마 라킨 주에서 로힝야를 대상으로 이루어진 미얀마군의 잔혹 행위를 조사하던 중, 2017년 12월 양곤 북부에서 경찰 관계자들에게 저녁 식사 초대를 받은 뒤 구금되었다. 로힝야는 미얀마 서부 라킨Rakhine 주에 거주하며 대부분 이슬람교를 믿는 인구 110만 명의 소수민족이다. 이들은 수 세대에 걸쳐 미얀마에 거주해왔으나 미얀마 정부는 로힝야 전원이 방글라데시에서 온 불법 이민자라고 주장하고 있다. 이러한 주장을 근거로 정부는 불법 살인, 임의 체포, 강간 및 여성과 소녀를 대상으로 한 성적 괴롭힘을 자행할 뿐만 아니라, 방글라데시 국경지대에 지뢰를 매설하는 등 무자비하게 인권을 침해하는 것으로 알려졌다.[32] 이를 취재하던 두 기자는 2018년 1월 수도 양곤의 한 법원에서,

국가의 안전 또는 이익에 해를 끼치려는 목적으로 문서 또는 정보를 입수, 기록하거나 전달할 경우 최대 징역 14년 형에 처할 수 있다고 명시한 미얀마의 공직자 비밀 엄수법을 위반한 혐의로 공식 기소되었다. 미얀마 경찰은 두 기자의 체포 사유에 대해, 외국 언론사에 전달하려는 목적으로 라킨 주와 보안군에 관련된 정부의 중요 기밀문서를 소지했기 때문이라고 밝혔다. 와 론과 초 소 우는 체포된 이후 2주간 독방에 구금되었고, 그동안 변호인이나 가족과의 접촉이 완전히 차단되었다. 제임스 고메즈 국제엠네스티 동남아시아-태평양 사무소장은 두 기자의 구속은 명백히 라킨 주에서 군이 로힝야를 상대로 한 폭력과 범죄 사실을 은폐하고, 다른 언론인들에게는 선례를 남겨 겁을 주려는 시도라고 비난하였다. 또한 두 사람이 우연히 불쑥 체포를 당한 것이 아니라, 최근 정부가 독립적인 매체를 강력하게 제한하고 있는 상황에서 벌어진 것이라고 폭로하고,[33] 청원 서명 운동을 전개하였다. 이러한 인권 침해 사례는 전 세계적으로 만연해 있다.

　인권은 인간이 인간답게 살기 위한 보편적이고 절대적인 지위 및 자격을 의미한다. 국제 사회에서 인권에 대한 논의는 1948년 12월 10일 세계 인권 선언을 채택하면서 본격적으로 시작되었다. 세계인권선언은 세계의 자유, 정의, 평화를 위해 인간의 고유한 존엄성 및 평등하고 양도할 수 없는 권리를 인정하고, 인권이 법에 따른 지배로 보호되어야 하며, 인권과 기본적 자유에 대한 보편적 존중 및 준수의 증진을 달성할 것을 서약한 국제 인권기준이다.

> **세계인권선언 1조**
> "모든 인간은 태어날 때부터 자유로우며 그 존엄과 권리에서 동등하다. 인간은 천부적으로 이성과 양심을 부여받았으며 서로 형제애의 정신으로 행동하여야 한다."

인권은 국제활동의 목표이자 과정에서 준수해야 할 원칙이다. 일반적으로 인권은 다섯 가지로 크게 분류하여 이해되고 있다. 첫 번째는 시민적 권리로, 공정한 재판에 대한 권리, 고문 금지, 사상, 양심, 종교의 자유 등이 이에 해당한다. 두 번째는 정치적 권리로, 평화로운 집회의 자유, 결사의 자유, 정치에 참여할 권리를 말한다. 세 번째는 경제적 권리로, 적절한 생활 수준을 획득하고 유지할 권리, 공정하고 유리한 노동 조건에 대한 권리, 노동조합을 형성하고 가입할 권리, 파업할 권리 등으로 구성된다. 네 번째는 사회적 권리로, 가족, 임산부, 아동의 권리, 혼인의 자유, 육체적, 정신적 건강에 대한 권리 등이 해당한다. 다섯 번째는 문화적 권리로, 기초의무교육에 대한 권리, 소수자의 권리 등을 말한다.

전 세계적으로 인권의 침해는 다양한 방식과 심각한 수준으로 자행되고 있다. 세계인권선언 20조에 "모든 사람은 평화적인 집회 및 단체 결성의 권리를 가진다."고 명시되어있음에도, 2011년 한 해에만 집회 참가자에게 고문이나 부당대우를 자행한 국가는 101개국 이상이며, 일례로 터키의 반정부 시위로 기소당한 시민의 숫자는 5만 5,000여 명에 달한다(집회시위의 자유).[34] 국제연합의 고문방지협약이 채택된 지 30년이 지났음에도 여전히 약 75%의 국가는 고문을 자행하고 있으며, 일례로 멕시코 인권위원회는 2000년부터 2013년까지 연방 공무원에 의해 자행된 고문이 7,000건이 넘는다고 밝혔다(고문).[35] 분쟁지역에서 민간인을 공격 목표로 삼거나 민간인들이 사는 마을 등을 공격하는 것은 전쟁범죄이나, 2014년 분쟁으로 목숨을 잃은 사람의 수는 18만 명에 달하며, 500여 명의 민간인이 사망한 시리아 정부군의 고우타 공습 당시 인근에는 군사시설이 하나도 없었다(분쟁지역 민간인 보호).[36] 아직 세계 어느 나라도 성 평등을 성취하지 못한 상태이며, 매년 등굣길이나

학교에서 성폭행을 당하는 소녀의 수는 6,000만 명 이상이다(여성 인권).37)
모든 사람은 전쟁, 고문 그리고 폭력을 피하여 다른 나라에서 피난처를
구하고 보호받을 권리가 있으나 2015년 1월에서 4월까지 1,700여 명의
난민이 지중해를 건너다 바다 위에서 목숨을 잃었고, 2015년 동남아시
아 안다만 해(海)에서는 인근 나라인 태국, 말레이시아, 인도네시아 정부
가 난민 수용을 거부해 난민 수천 명을 실은 보트 수십 척이 해상에
버려진 채 방치되어 있다(난민과 이주민).38) 국가안보는 세계인권선언에
명시된 어떤 개인의 권리에도 우선할 수 없으나, 전 세계 많은 정부가
자국민의 안전을 지키고 테러를 방지한다는 명분 아래 민간인을 불법
으로 감시하거나 적법한 절차 없이 가두고 정부에 비판적인 인사들을
탄압하기 위해 안보를 악용하고 있다(안보와 감시).39) 모든 기업은 주의
의무(duty diligence)에 따라 인권 침해의 규명, 예방 및 해결을 위해 가능한
노력을 기울여야 하고 자신들의 기업 활동 전 과정에서 발생하는 인권
침해에 책임이 있으나, 대형 전자기업인 애플, 소니, 마이크로소프트
등은 콩고민주공화국에서 스마트폰 배터리에 사용되는 광물인 코발트
를 생산하기 위해 하루에 12시간 이상 광산에서 고통받는 어린이들에
대해 적절한 대응을 하지 않고 있다(기업 책무).40)

아동

2016년 2월, 아프가니스탄 우르즈간 주의 주도인 타린코트 시에서 한
10세 소년이 등교하던 길에 집 근처에서 머리에 두 발의 총상을 입고
살해당하는 사건이 발생하였다. 이 소년은 탈레반에 의해 아버지를
잃게 되자 삼촌과 함께 여러 차례 탈레반에 맞서 싸워 이 지역의 영
웅으로 추앙받게 된 아마드였다. 아마드의 가족이 아마드에게 평범

한 삶을 돌려주려고 노력한 끝에, 아마드는 소년병 복무를 중단하고 학교에 갈 수 있게 되었다. 하지만 당시 군복 차림에 무기를 들고 있는 아마드의 사진이 현지 언론에 소개되는 등 이미 인상착의가 널리 알려진 상태였고, 결국 아마드는 등굣길에 탈레반에 의해 살해당하고 말았다.[41]

소년병은 정규군이나 비정규군으로서 분쟁집단에 속한 모든 남녀 어린이들을 의미한다. 어린이가 도대체 왜 소년병으로 활동하게 된 것일까.

북대서양조약기구NATO가 탈레반 정부를 무너뜨린 2001년부터 아프가니스탄은 폭력적이고 복잡한 무력 분쟁에 휩싸이게 되었다. 2014년 말, NATO는 아프가니스탄에서의 전투를 종료하고 아프가니스탄 보안군Afghan National Security Forces이 국가의 보안을 담당하였으나 탈레반이 국가에 대한 권력을 다시 장악하기 위해 보안군과 전투를 벌이면서 분쟁은 더욱 악화되었다. 이 과정에서 많은 아동이 소년병으로 죽임을 당하거나, 성폭력 피해를 보거나, 자살폭탄테러에 투입되었다. NGO '소년병반대국제연합'은 연구와 조사를 통해 아프가니스탄 무장 단체와 경찰의 소년병 징집과 그것이 왜 막기 어려운 문제인지에 대한 관심을 높였고 소년병 이슈가 국제 의제에서 중요하게 논의될 수 있도록 하였다. 2015년 6월 국제연합 안전보장이사회에 제출한 보고서에 따르면 탈레반과 친정부군 모두 오랜 기간 미성년 병사들을 운용하고 있었다. 친정부군 병력의 10%는 소년병이며, 이들은 거점 확보나 전투와 같은 일반 군인의 의무를 똑같이 수행하고 있다. 탈레반 측도 전투에 소년병을 자살폭탄테러나 첩보 활동 등에 동원하는 것으로 알려졌다.

너무나도 충격적인 소년병 징집은 남수단에서도 찾아볼 수 있다. 2011년 수단으로부터 독립해 세상에서 가장 젊은 나라인 남수단은

2013년부터 남수단군과 무장세력 간 내전이 시작되어 어린이도 군대에 징집되는 상황이 벌어지고 있다. 소년병으로 징집된 어린이의 수는 약 1만 6,000명으로 추산되며 많은 어린이가 강제로 징집되었다. 마을을 장악하고 어린이를 인질로 잡아 목숨을 위협하며 소년병이 되도록 강요하거나 거주인에게 부와 지위의 상징인 소를 몰수하겠다고 위협하며 어린이를 보내도록 유인하였다. 소년병들은 일반 전투뿐 아니라 간첩, 지뢰 제거, 총알받이 등 가장 위험한 최전선에 투입된다. 전쟁에 동원된 아동의 20~30%는 여자 어린이로 식모 및 성 노예 등으로 착취당하기도 한다.[42]

그렇다면 전 세계의 이 시대 아동은 어떻게 살아가고 있을까. 가장 부유한 어린이들과 비교했을 때, 가장 빈곤한 어린이들의 5세 미만 사망 확률이 1.9배 높다. 극심한 빈곤으로 고통받는 어린이 10명 중 9명은 사하라 사막 이남의 아프리카에 거주하고 있다. 어린이 사망률은 출생 지역에 따른 편차가 매우 커서, 룩셈부르크에서는 1,000명당 2명의 어린이가 5세가 되기 전 사망하는 데 반해, 시에라리온에서는 1,000명당 120명의 어린이가 5세 전 목숨을 잃고 있다. 5세 미만 어린이 사망률이 가장 높은 사하라 사막 이남 아프리카에서는 선진국의 약 12배에 달하는 어린이가 5세가 되기 전에 사망한다. 5세 미만 어린이의 25%가 출생 신고가 되지 않은 채 살아가기 때문에 국민으로서 보건 서비스와 복지 서비스, 교육 서비스를 누리지 못하고 있고 정확한 나이를 알 수 없어 조혼과 강제 징집, 어린이 노동으로부터 보호받지 못할 뿐 아니라 범죄로 기소를 당해도 어린이로서의 보호를 받지 못하고 있다. 전투에 참여하고 있는 18세 미만 소년병의 수는 25만 명에 이르렀다. 2015년 기준, 노동하는 어린이(5세~14세)는 1억 5,000만 명에 이르렀다. 현 추세로 본다면, 2030년도에는 불평등이 더욱 가속화되어

1억 6,700만 명의 어린이들이 극심한 빈곤에 처한 생활을 할 것이고, 6,900만 명의 5세 미만 어린이들이 예방 가능한 원인으로 사망할 것으로 보인다.[43]

이러한 문제들에 대처하기 위해 1989년 국제연합United Nations, UN 총회에서 아동권리협약을 채택하였다. 아동의 생존, 발달, 보호, 참여의 권리를 실현하기 위한 토대를 마련하여, 아동을 부모와 보호자에게 종속된 수동적 존재나 자선의 대상으로 바라보는 인식을 넘어 아동을 권리의 주체로 인식하고자 한 것이다.

여성

네팔 서부 오지마을을 가다 보면 군데군데 움막 같은 흙집이 눈에 띈다. 한쪽에 나 있는 작은 문을 통해 소녀에서부터 아줌마까지 동네 여성들이 들락거린다. 다리를 쪼그려 기다시피 들어갔다 나갔다 하는 모습이 여간 불편해 보이지 않는다. 이곳은 힌두교 대대로 내려오는 의식 중 하나인 '차우파디chaupadi'를 위한 장소다. 차우(chau)는 네팔어로 월경을 뜻하는 단어로 차우파디는 월경이나 출산 시기의 여성들을 불결하게 여겨 가족에게서 격리하는 공간이다. 주로 버려진 헛간이나 마구간 등을 사용하며 여러 명이 한꺼번에 기거해 불편함이 크다. 차우파디는 힌두교의 오래된 의식 중 하나로, 월경 중인 여성은 불결하며 접촉해서는 안 된다는 관습에서 유래한다. 사람들은 이들이 집안에 함께 있으면 가족이 다치거나 죽는다고 생각한다. 네팔 여성 인권단체 관계자는 "1~2명에서 많게는 10여 명까지도 함께 기거해야 하는 비좁은 움막에서 여성들은 잠도 제대로 못 잔다. 또한 여름에는 덥고 겨울에는 추운 데다 제대로 된 음식이나 물의 섭취도 금지돼 질병에 걸릴 확률도 높다. 더욱이 뱀이나 자칼의 공격으로 치명상을 입기도 하고 성폭행의 위험에 노출되기도 한다"고 설명했다. 실제로 차우파디를 당한 여성 중에는 히말라야산맥의 추운 겨울을 견디지 못해 움막에 불을 피웠다가 질식사하거나 타 죽는 경우도 있었다. 2005년 네팔 대법원이 차우파디를 불법으로 규정했음에도 이곳 여성들의 삶에는 아무런 변화도 일어나지 않았다. 하지만 인식의 변화가 전혀 없는 것은 아니다. 도로가 생기고 전기가 들어오면서 서부 오지마을에도 텔레비전과 휴대전화가 유입되기 시작했고, 주민들은 이것들을 통해 다른 세상을 들여다보기 시작했다. 주민들은 차우파디에 대해 새롭게 인식하기 시작했고 몇몇 마을에서는 폐지하기도 했다. 하지만 종교적 신념으로 뿌리 깊게 자리한 관습은 변하기가 어려워 아직도 많은 오지 마을에서는 논쟁만 분분하다.[44]

"청소년들은 생리대를 대체하기 위해 '헌 옷'을 사용합니다. 옷이나 천 자체도 귀하지만 매달 드는 생리대 값을 낼 수 없어서 그렇습니다. 헌 옷을 제외하고도 나무껍질, 진흙 등을 사용합니다. 다 떨어져 가는 비위생적인 생리대를 사용하거나 다른 오염 물질을 생리대로 대체하는 것은 다시 한 번 질병을 일으킵니다.[45]" "지금도 짐바브웨에는 나뭇잎이나 마른 소똥으로 생리대를 대신하는 소녀가 많습니다." 짐바브웨 여성인권활동가인 엔젤라인 마코레Angeline Makore는 생리대가 없어 학교에 가지 못하는 학생들의 실상을 접하고 면 생리대 보급 운동을 시작하였다. 면 생리대의 보급이 물 부족 상황에선 비현실적이라는 비판에 대해 짐바브웨는 시골에도 학교에서는 물이 나오기 때문에 학생들이 일찍 등교해 생리대를 세탁하고 말리도록 하고 있다.[46]

양성평등의 문제가 국제적인 이슈로 본격적으로 등장한 것은 오래되지 않았다. 1995년 제4차 베이징 여성대회에서 채택된 성 주류화 전략은 여성의 문제가 국제활동의 핵심적인 이슈로 등장한 계기가 되었다. 즉, 국제활동에서 성차별적인 요소를 방치하는 활동을 배제하고 이에 따른 예산의 배분이 이루어질 수 있도록 하는 것이다. 성차별 현상은 사회 전반에 걸쳐 발견된다. 첫째, 관습이나 가난 등의 이유로 나타나는 교육에서의 차별, 둘째, 성폭력이나 가정폭력을 포함하고 나아가 할례 등 부적절한 풍습으로 인한 여성 폭력, 셋째, 조혼, 안전하지 못한 낙태, 부족한 산전 진찰 등 건강으로부터의 여성 소외, 넷째, 경제활동에 참여할 기회의 제약이나 가사, 육아 등 무급노동에 집중되어 나타나는 여성의 경제참여 제약이 있다. 이러한 여성에 대한 차별은 단순히 여성의 권익 문제를 떠나서 사회 전반에 부정적인 영향을 미친다.

그렇다면 양성평등의 현주소는 어디에 있을까? 여성은 남성과 같은 노동을 했음에도 남성이 받는 임금의 절반만 받고 있으며, 여성과 남성 간 임금 격차가 현재 속도로 감소한다면 170년이 지나야 완전히 해소될 것이다. 세계경제포럼World Economic Forum의 양성평등 자료에 따르면, 여성의 정치적 활동과 관련된 항목이 가장 더딘 진전을 보인다. 여성 3명 중 1명은 일생 동안 가까운 파트너에 의해 물리적 또는 성적 폭력을 경험하고 있다.47) 양성평등지수가 100%(만점)로 양성평등이 완전히 실현된 국가는 아직 없다.

이를 개선하기 위한 노력은 국제기구와 NGO가 중심이 되어 이루어지고 있다. 양성평등을 이루기 위한 국제연합 여성기구의 HeForShe 캠페인48)은 국제연합 여성기구에 의해 2014년 시작된 양성평등 캠페인이다. 이들은 여성의 경제적 권한 증대, 여성의 정치적 참여 및 지도력 향상 등을 위해 활동하고 있다. 예를 들어, 'IMPACT 10×10×10'은 파일럿 프로그램으로, 정부, 민간, 학술 분야의 세계 지도자들과 함께

상의하달식(top-down)으로 양성평등과 여성의 권리 증진을 위해 활동하는 것이다. 이 프로그램에서는 개인, 기관, 학생이 시행할 수 있는 HeForShe 활동 키트를 만들어 배부하고 '#Are you HeForShe' 비디오를 제작해 SNS에 올리는 캠페인을 진행하는 등 모두가 참여할 수 있는 활동으로 양성평등에 대한 인식을 높이고 있다.

    NGO '월드비전'은 2015년부터 매해 면 생리대 만들기 캠페인인 '꽃, 희망 DIY 키트 만들기' 프로젝트를 진행하였다. 월드비전의 자료에 의하면, 위생용품이 없어 학교에 결석해야 하는 여학생이 세계에 6억 명에 이르며, 아프리카 여학생 10명 중 1명은 생리대 문제로 학교를 그만두고 있다.[49] 2016년 5월부터 12월까지 진행된 이 캠페인을 통해 케냐 앙구라이의 소녀들이 11,411개의 면 생리대를 받았고, 10명의 재봉사에게 현지 생산이 가능한 생리대를 연구할 수 있도록 지원하고 교육하였다.[50]

건강

2015년, 중동호흡기증후군인 메르스(MERS)가 중동에서 10,000km나 떨어져 있는 대한민국을 휩쓸고 지나갔다. 메르스 첫 환자 A씨는 바레인에서 농작물 재배업을 하며 체류하다 업무차 2015년 4월 중순부터 5월 3일까지 사우디아라비아와 아랍에미리트를 방문하고, 5월 4일 카타르를 거쳐 인천공항을 통해 귀국하였으며 입국 시 증상이 없었다. 입국 7일 후인 5월 11일, A씨는 38도 이상 고열과 기침 증상이 발현되었다. A씨는 5월 20일 삼성서울병원에서 메르스로 확진 받기 전까지 삼성서울병원을 포함한 병원 네 군데를 옮겨 다니면서 바이러스가 무차별적으로 퍼지었고 정부는 이에 빠르고 정확하게 대처하지 못했다. 메르스 공포가 전국으로 확산되면서 2,000곳이 넘는 학교가 휴교를 단행했으며, 사람들이 외출을 꺼리면서 2015년 6월의 경우 5월보다 백화점 매출이 12.6%, 대형마트 매출이 14.7%나 떨어지는 등 경제에도 큰 타격을 주었다. 2015년 12월 24일 메르스 사태 '상황 종료' 선언까지 총 186명이 메르스에 감염되었고 이 중 38명이 사망하였다. 이는 중동 이외의 지역에서 발생한 것 중에서 가장 큰 규모였다.

최근 국제화, 도시화, 기후변화 등 전 지구적 변화로 보건 문제들이 국경을 초월하고 있다. 국제보건의 개념도 '인터내셔널 헬스'International Health로부터 '글로벌 헬스'Global Health로 확대·변화하고 있다. 이는 과거의 인터내셔널 헬스가 주로 두 국가 사이의 문제를 다루었다면, 최근에는 두 국가 사이의 관계뿐 아니라 전 지구적 문제로 옮겨가고 있다는 것을 의미한다. 또한 글로벌(Global)이란 단순히 국경을 넘나드는 건강 문제만을 가리키는 것이 아니다. 여러 국가가 함께 관련된 문제, 기후변화나 도시화 같은 국가를 초월하는 초국가적 결정요인, 그리고 소아마비 박멸과 같은 해결책이 나타나면 전 세계적으로 혜택을 받는 모든 건강 문제를 의미한다. 또한 글로벌 헬스는 흡연, 영양소 결핍, 비만, 부상 예방, 이주 노동자 건강 문제까지 다루고 있다. 인터내셔널에서 글로벌로의 이러한 변화는 개개인의 건강이 지구적 차원의 건강 위협에서 벗어날 수 없으며, 지구적인 협업의 중요성이 갈수록 커지고 있기 때문에 나타나고 있다.

1948년 세계인권선언은 건강이 인간의 기본권이라고 하였다.[51] 그렇다면, 건강이란 무엇일까? WHOWorld Health Organization, 국제보건기구에 따르면, 건강은 단순히 질병이나 허약함이 없는 상태가 아니라 신체적, 정신적, 사회적으로 완전한 안녕 상태를 의미한다.[52] 1978년 구소련 알마아타(현 카자흐스탄 알마티)에서는 인간의 건강권을 실현하고자 'Health for all by 2000'을 선언하고, 전 세계적으로 일차보건의료를 실현 도구로 삼기로 하였다. 이후 전 세계적으로 유행하는 에이즈 등 감염병의 문제를 해결하기 위해 특정 질병의 퇴치 노력으로 이어졌다. 또한 주로 빈곤으로 발생하는 건강상의 문제에 접근하였다. 건강에 가장 큰 영향을 미치는 요소는 소득 수준이다. 실제로 한 국가의 소득 수준에 따라 질병의 양상은 매우 다르게 나타난다. 저소득 국가일수록 감염성 질환의 발병률과 출산 과정에서 발생하는 질병의 비중이 상대적으로 높다. 또한 저소득 국가는 영양실조가 많이 나타나는데 이는 다른 질병 발생의 기회를 높이는 역할을 하기도 한다. 이러한 현상을 해결하기 위한 노력 중에 대표적인 경우가 결핵 퇴치를 위한 노력이다.

약 150만 명. 이는 매년 전 세계적으로 결핵으로 인한 사망자 수이다. 결핵 치료제는 약 50년 전에 이미 개발되었으나 여전히 매일 약 4,000명의 사람이 결핵으로 사망하고 있는 것이다. 결핵은 감염성 질환 중 가장 많은 사람을 사망에 이르게 하는 질환이다. 3초마다 한 사람이 결핵에 걸리는데, 대부분 환자는 소득이 적은 국가에서 발생하고 있다. 결핵의 치료는 복잡하며 여러 종류의 항생제를 적어도 6개월 동안 복용해야 한다. 이러한 치료가 완전하게 이루어지지 않고 완화와 악화가 반복되다 보면 내성이 강해지고 다제내성 결핵(multidrug-resistant tuberculosis)에 걸리게 된다. 다제내성 결핵은 치료 기간이 최소 18개월이다 보니 치료 성공률이 현저히 떨어진다. 또한 소득이 적은 국가의 환자들은 비싼 결핵약을 살 수 있는 여력이 없어, 더욱 다제내성 결핵에 걸릴 위험이 커지게 된다. 이러한 문제를 해결하기 위한 노력 중의 대표적인 사례가 NGO 파트너스인헬스의 다제내성 결핵 환자를 위한 치료제 개발 프로젝트 'endTB'이다.[53] endTB는 NGO 파트너스인헬스, NGO 국경없는의사회, 그리고 국제의약품구매기구 UNITAID가 함께 다제내성 결핵의 치료제 개발을 위해 진행한 프로젝트이다. 그리고 이 기관들의 노력으로 50년 만에 베다퀼린(Bedaquiline)과 델라마니드(Delamanid)라는 새로운 결핵치료제가 개발되었다. 파트너인헬스가 개발한 두 치료제는 16개국 다제내성 결핵 환자들에게 사용되었고, 이전 치료제를 사용했을 때 부작용이 나타나고 호전이 없었던 환자들은 이 새로운 치료제를 활용하면서 빠른 속도로 치료적 반응을 보였다.

저소득 국가의 감염으로 인한 사망에서 신생아는 가장 취약한 위치에 놓여 있다. 신생아의 주된 감염은 임신 중 산모의 감염(말라리아, 에이즈, 요로감염 등), 청결하지 못한 분만, 분만 후 위생적이지 못한 가정 내 돌봄 환경에 의해 발생한다. 우리나라의 NGO 메디피스의 탄자니아 프로젝트는 이러한 문제를 해결하기 위한 노력 중 하나다. 탄자니아 다레살람주의 키논도니와 우붕고 지역의 신생아 감염관리 프로젝트는 의료기관에서 분만하는 의료시설 분만율이 90%에 달함에도 생후 28일 이내에 사망하는 신생아가 1,000명당 35.5명[54])에 이르는 모자보건 병원을 주요 대상으로 활동하고 있다. 병원 의료진들의 감염관리 능력을 높이고, 병원 내 감염관리 체계를 개선하여 신생아 감염감시체계를 구축하며, 탄자니아 보건부와 보건소 등 하위의료기관 역량을 강화하는 활동을 공동으로 진행하고 있다. 향후 메디피스는 현지 기관과 협력하여 본 프로젝트의 활동들을 다른 지역 의료시설들로 확장할 준비를 하고 있다. 이러한 활동의 결과로 해당 병원의 신생아 사망률은 2012년 1,000명당 35.5명에서 2017년 18.9명으로 낮아졌다. 해당 병원에서만 1년에 약 200명의 신생아 사망을 줄이는 결과를 가져온 것이다. 이 프로젝트를 탄자니아 보건부와 함께 전국적으로 확산시키게 된다면, 매년 수천 명의 신생아 사망을 줄일 수 있을 것으로 기대한다.

다양한 보건 분야에서 국제활동을 진행한 결과, 2000년과 2015년 사이 전 세계의 평균 기대수명이 5년 증가했다는 점, 이 증가 속도는 1960년대 이후로 가장 빠른 것이라는 점, 한때 전 세계 전체 사망원인의 10%를 차지하기도 했던 천연두가 1979년 박멸되었다는 점 등으로 비추어보았을 때 국제보건 수준이 부분적으로 향상되고 있음을 알 수 있다. 하지만 2015년에 매일 1만 6,000명이 넘는 5세 이하 아동이 사망했다는 점, 대략 260만 명의 아기가 사산되었다는 점, 저소득국가의 비감염성 질환(NCDs)[55]으로 인한 사망자가 증가하였다는 점, 허혈성 심장질환과 뇌졸중으로 인한 사망자가 1,500만 명이라는 점 등은 국제보건에서 개선되어야 할 점을 시사한다.[56]

교육

2012년 파키스탄. 하굣길의 한 통학버스 안으로 10여 명의 괴한이 무장한 채 들이닥쳤다. "누가 말랄라냐?" 학생들은 대답을 거부했지만, 총부리를 대자 어쩔 수 없이 말랄라를 지목하고 말았다. 괴한은 총격을 가해 말랄라의 머리와 목을 관통시켰다. 15세의 말랄라는 중상을 입었지만, 다행히 뇌수술을 비롯한 집중적인 치료 덕분에 건강을 회복하였다. 탈레반은 왜 말랄라를 살해하려고 했던 것일까.

> "나는 교육을 받을 권리, 노래할 권리, 시장에 갈 권리, 하고 싶은 말을 할 권리가 있다."

말랄라는 2009년 12세이던 때에 영국 BBC 방송의 블로그에 자신이 살던 파키스탄 북부 스와트 벨리 지역을 장악한 탈레반이 이 지역에서 학교를 폭파하고 소녀들의 등교를 전면 금지했다는 소식을 알리고 공부할 권리를 주장했다. 이 일로 국제적 위상에 손상을 가져올까 우려한 탈레반이 말랄라를 죽이기로 했던 것이다.

말랄라가 탈레반에 의해 총상을 입었다는 소식을 들은 전 세계 사람들은 탈레반의 잔혹함을 비난하며 이 같은 위협을 예상하고도 여성의 교육권을 지키기 위해 나선 말랄라의 용기에 박수를 보내기 시작했다. 탈레반의 억압에 짓눌려 목소리를 내지 못하던 파키스탄 여성들도 나서기 시작해, "내가 말랄라다(I am Malala)"라는 문구가 새겨진 티셔츠를 입은 여성들이 파키스탄의 거리를 가득 메웠다. "내가 말랄라다"라는 발언은 소녀에게 총격을 가한 탈레반이 버스에 올라 "누가 말랄라냐?"라고 물은 질문에 대한 답이자, 탈레반의 위협으로 교육받을 기회를 잃은 1만 2,000여 명의 파키스탄 소녀들의 현실을 세상에 알리는 연대의 구호였다. 말랄라는 이렇게 전 세계 여성 교육의 상징이 되었다.57)

> "테러리스트들이 두려워한 것은 책과 펜, 그것을 통해 전해지는 억압받는 사람들의 목소리입니다. 문맹과 빈곤, 테러리즘에 맞서 싸우기 위해 책과 펜을 들어주십시오. 책과 펜은 가장 강력한 무기입니다."

말랄라는 2013년 미국 뉴욕 국제연합 본부에서 열린 청소년 국제연합 총회에 참석해 전 세계 모든 어린이가 배움의 권리를 누릴 수 있도록 해 달라고 호소했다. 그는 "한 명의 어린이, 한 명의 선생님, 한 자루의 펜, 한 권의 책은 세계를 모두 바꿀 수 있다"며 "우리가 책과 펜을 가질 수 있게 해 달라. 책과 펜은 가장 강력한 무기"라고 말했다. 그의 연설은 그를 지지하는 300만 명의 청원을 반기문 국제연합 사무총장이 받아들여 성사됐다. 말랄라 유사프자이는 여성 교육 인권 운동가로서 2014년 역대 최연소로 노벨평화상을 수상했다.58)

파키스탄의 인구는 약 2억 명으로, 그중 5세부터 16세 사이의 2,200만 명의 어린이들은 학교에 다니지 못하고 있다. 유네스코는 파키스탄을 세계에서 가장 문맹률이 높은 국가 중 하나로 선정하였으며, 이러한 파키스탄의 교육 위기는 학교 등록률, 중퇴자 비율, 그리고 학업 성과의 문제에 의한 것이다. 파키스탄에서는 69%의 초등학교 학생들이 5학년까지 도달하지 못하고, 오직 28%의 학생만 10학년까지 공부한다. 파키스탄에서는 57%의 여학생들은 학교에 다니지 않는데, 이는 학교에 다니지 않는 남학생 45%와 대비되는 수치이다. 파키스탄에서 활동하는 NGO '중앙아시아협회'는 파키스탄의 5개 지방에서 교육 사업을 수행하고 있으며, 학교 건설 및 유지 사업, 여성 문해력 및 직업 교육 센터 사업, 교육자 지지 사업, 장학 사업 등을 진행하고 있다.

교육의 힘은 무엇인가. 질 높은 교육은 아동의 삶과 그들이 살아가는 사회를 발전시켜 세대 간 불평등의 순환을 끝낼 힘을 가지게 한다. 먼저 교육은 아동이 성공적인 삶을 사는 데 필요한 지식과 기술을 제공할 수 있다. 교육은 수입 증가, 빈곤 감소 그리고 건강 수준 향상과 연관이 되어 있는데, 교육이 이러한 역할을 하기 위해서는 초기 아동기에 교육이 제공되기 시작해야 하며 질 높은 교육 기회가 모든 아동에게 지속될 수 있어야 한다. 또한 여자 어린이를 교육하는 것은 모성사망률 감소, 아동사망률 감소, 어린이 영양 향상, 조기 임신 감소, 인구증가율 조절, 조혼 감소, 남녀 경제 격차 감소, 여성의 구직활동 증가 등의 사회적 이익을 가져온다.

그러나 현실은 안타깝다. 초등학교를 중퇴한 어린이 중 38%는 읽기, 쓰기 및 간단한 산술 연산을 학습하지 못한 채 학업을 중단한다. 학교에 다니지 않는 아동 중 절반 이상은 사하라 사막 이남의 아프리카에 거주하고 있다. 또한 여자 어린이의 교육과 관련하여 2013년 기준, 초등학교에 가지 못하는 어린이 5,900만 명 중 52%가 여자 어린이고, 전 세계에서 글을 읽지 못하는 15세~24세 인구 1억 1,500만 명 중 59%가 여성이다. 이렇게 교육의 양적, 질적 확대는 여전히 제자리걸음 수준이며, 교육 자원의 균등한 분배가 이루어지지 않는 현재의 교육시스템은 불평등을 공고히 하고 있다.[59]

아동이 이렇게 교육을 충분히 받지 못하는 데는 빈곤, 어린이 노동, 조혼, 장애, 전쟁 등 다양한 원인이 있다. NGO '한국희망재단'[60]은 그 원인 중 노동으로 인해 교육의 기회를 박탈당하는 여성의 교육 문제를 해결하고자 한다. 멀리 물을 길어야 해서 학교에 가지 못하는 여성을 위해 마을 안에 우물을 짓고 있는 것이다.

인도의 카스트제도는 브라만-크샤트리아-바이샤-수드라의 네 계급으로 구성돼 있는데, 달리트는 카스트 계급 어디에도 속하지 않는 바깥세계의 사람들이면서 최하위층의 사람들이며, 인도 전체 인구의 16%에 해당하는 1억 6,000만 명에 이르고, 가장 비천한 일인 시체처리, 오물 수거, 가죽가공, 세탁 등에 많이 종사하고 있다. 법으로 금지되어 있지만, 카스트제도의 지배력이 여전히 공고한 인도에서 달리트 여성으로 산다는 것은 여러 고난을 경험한다는 것을 의미한다. 달리트는 접촉하는 것만으로도 더러워진다고 여기기 때문에 상층 카스트들이 사용하는 공동 우물을 사용하지 못하고 마을에서 떨어진 달리트로만 구성된 공동체에 사는 경우가 많다. 마을 공동 우물을 사용하지 못하면서 주민들은 심각한 식수난을 겪고 있으며, 대대로 집안의 물은 여성들이 관리해오던 전통에 따라 달리트 여성들은 물을 구하러 매일 3~4km를 걸어갈 수밖에 없다. 물 긷는 데 하루 반나절 이상이 걸려 여자아이들은 학교에 가지 못하고, 가난과 차별의 악순환이 되풀이되고 있다.

NGO 한국희망재단과 인도 현지 단체 HRDF Human Resource Development Foundation가 협력한 우물 사업은 2008년부터 마을별로 우물 개발, 저장 탱크, 핸드 펌프 등을 설치해 안전하고 깨끗한 물을 공급하고 있다. 여자아이들은 마을 우물이 생기면서 학교 결석률이 줄고 안정적으로 공부할 수 있게 되었으며, 문맹률이 줄어들고, 사회성이 높아졌으며, 전문직 여성이 되겠다는 꿈을 품게 되었다.

평화(분쟁)

시리아의 스탈린그라드[61]라 불릴 정도로 내전의 최전선이 된 북부 도시 알레포는 2016년 6월부터 정부군이 러시아군 지원 속에 도시를 봉쇄하고 연일 폭탄을 쏟아부어 죽음의 도시가 되었다. 2016년 8월 17일 5세 사내아이 오므란 다크니시 Omran Daqneesh는 정부군과 러시아군이 알레포 동부 카테르지 지역을 공습했을 때 무너진 건물 속에 깔렸으나, '하얀 헬멧'으로 불리는 시리아 시민방위대 구조대원들이 구해내 간신히 살아남았다. 알레포 미디어센터의 한 활동가는 다크니시의 모습을 촬영하여 알레포의 참혹함을 세계에 알렸다. 영상 속 다크니시는 흙먼지를 뒤집어쓰고 앉아서, 머리에는 피가 흐르지만 충격 탓인지 울지도 않고 멍한 표정으로 이마를 만지다가 손에 묻은 피를 의자에 문지르고 있었다. 다크니시의 이러한 모습은 시리아 참상의 상징이 되었다.[62]

시리아 내전은 2011년 3월 독재자 바샤르 알아사드 Bashar al-Assad 대통령의 퇴출을 요구하는 반정부 시위에서 시작되어 수니파-시아파 간 종파 갈등, 주변 아랍국 및 서방 등 국제 사회의 개입, 미국과 러시아의 국제 대리전 등으로 번지며 수년째 계속되고 있는 내전이다.[63] 국제연합은 지난 5년간 시리아 내전으로 인해 25만 명의 사망자가 발생했다고 발표하였으나 이 자료는 2015년 8월 이후 갱신되지 않은 정보로, 영국의 한 조사 기관은 사망자 수를 32만 1,000명 이상으로 집계하고 있다. 국제연합에 따르면 대부분 여성과 어린이로 구성된 500만 명의 난민은 시리아를 떠나 주변 국가인 레바논, 요르단 그리고 터키로 피난하였고, 세 국가는 현대 역사에서 가장 규모가 큰 난민 대탈출에 대처하기 위해 고전하고 있다. 시리아 전체 인구의 3분의 2 이상은 극심하거나 절망적인 빈곤을 경험하고 있다. 1,200만 명 이상의 시리아 사람들은 의료 서비스가 필요하며, 대략 170만 명의 어린이들은 학교에 가지 못하고 있다.[64]

평화를 위협하는 것은 분쟁이다. 분쟁은 정부군과 반군 간의 내전뿐 아니라 무장단체, 범죄조직 등이 관여하는 '새로운 전쟁'을 의미한다. 분쟁은 기아와 연결되어 있다. 국제식량정책연구소의 2015년 보고서 『세계기아지수 2015』에 따르면, 지구촌에서 8억 명에 가까운 인구가 굶주리고 있는데, 그 주된 원인은 내전과 같은 분쟁 때문이라고 한다. 이 보고서에서 기아지수는 최고 점수인 '50'에 가까울수록 굶주림 문제가 심각하다는 의미인데, 높은 점수를 받은 중앙아프리카공화국, 차드, 잠비아, 동티모르, 시에라리온 등 대부분 국가가 내전 등 분쟁을 경험하였다. 시리아, 남수단, 콩고민주공화국 등 분쟁국은 신뢰할만한 자료가 부족하여 이번 조사에서 제외되었다는 점을 고려하였을 때 분쟁에 따른 기아 문제는 더 심각하다고 볼 수 있다. 또한 분쟁은 난민을 발생시킨다. 국제연합난민기구United Nations High Commissioner for Refugees, UNHCR의 2016년 자료에 따르면, 지난 20여 년간 전 세계의 난민 인구는 1997년의 3,390만 명에서 2016년의 6,560만 명으로 상당히 증가하였다. 이러한 증가는 주로 2012년에서 2015년 사이에 집중되어있는데, 이는 주로 시리아 분쟁 때문이었지만, 그 외 이라크, 예멘뿐만 아니라 부룬디, 중앙아프리카공화국, 콩고민주공화국, 남수단, 그리고 수단과 같은 사하라 사막 이남 지역 국가에서 발생한 분쟁들도 이 증가의 원인을 제공하였다.

NGO '세이브더칠드런'은 시리아 북부를 중심으로 현장에 직접 파견한 본부 직원을 통하여, 그리고 현지 파트너 기관을 통하여 긴급 구호를 진행하고 있다. 시리아 북서부와 북동부의 50개가 넘는 장소에서 음식이 담긴 소포와 구급 상자, 주거지를 제공하고, 깨끗한 물 뿐만 아니라 아동 보호 활동, 교육, 생계 지원, 보건, 영양 등 필수적 서비스에 대한 접근성을 높이는 활동을 하고 있다. 세이브더칠드런은 현재까지 85만 명이 넘는 아동과 그들의 가족에게 지원을 제공하였다.[65]

전쟁의 방지를 위한 국제연합의 노력은 세계대전 직후부터 시작되어, 1948년 안전보장이사회의 결의에 따라 국제연합군이 창설되었다. 푸른 헬멧을 쓰고 활동해서 블루헬멧이라는 별칭을 가진 국제연합 안전보장이사회 산하의 군대는 국제연합 평화유지군 UN Peace-keeping Forces이다. 주요 임무는 무력 불사용 원칙에 따라 국제연합 헌장 6장 "분쟁의 평화적 해결"이 명시한 바에 따라 평화유지활동 업무를 맡는 것이다. 국제연합의 평화유지활동 PKO, Peace Keeping Operations은 크게 군사감시단과 평화유지군으로 나뉜다. 군사감시단(military observer)은 무장하지 않은 소규모 장교들로 구성되고, 평화유지군은 개인화기와 장갑차 등으로 경무장한 장교와 사병으로 구성된 대규모 군대이다. 이들은 평화조약이 체결되지 않은 분쟁 지역에서 긴장을 줄이고 협상을 통한 평화 정착을 추구하기 위해, 또는 휴전한 뒤 분쟁 당사자 간의 협정 위반사항을 감시하기 위해 국제연합에서 분쟁 지역에 파견된다. 활동의 원칙은 분쟁 당사국의 평화유지활동에 대한 동의를 구하고, 분쟁 당사자 사이에서 중립성을 유지하며, 자위 목적 하에서만 군사 행동을 허용한다는 것이다. 무력의 사용은 자위 목적에서만 사용할 수 있고, 분쟁이 종결된 후에는 복구 지원, 정전 및 휴전 협정 이행 감시, 의료 지원 및 대민 활동 등을 지원한다. 국제연합 사무총장의 통제를 받아, 사무총장이 사령관을 임명하며 안전보장이사회에 활동 현황을 정기적으로 보고함으로써 국제연합의 직접적인 통제하에 활동한다. 1948년부터 2016년 2월까지 총 71개 지역에서 국제연합 평화유지활동이 전개되었다. 총 124개국이 평화유지활동에 관여하고 있으며, 파견 규모는 1명에서 5,000명까지 다양하다. 5,000명 이상의 규모를 파견하고 있는 국가는 에티오피아, 인도, 방글라데시, 파키스탄, 르완다, 네팔이며 한국은 464명을 파견하였다.[66]

하지만 국제연합 평화유지군에 대한 비판은 끊이지 않고 있다. 그 이유 중 한 가지는 평화유지군의 일탈 문제다. 대표적으로 2016년 3월 11일 국제연합 안전보장이사회에서 국제연합 평화유지군의 성범죄를 근절하기 위한 결의안을 채택한 배경을 들 수 있다. 유엔 자체 조사에 따르면 평화유지군의 성범죄 혐의는 2015년에만 69건이 확인되었으며, 대다수는 중앙아프리카공화국과 콩고에서 발생하였다. 주로 아프리카를 중심으로 국제연합 평화유지 활동과정에서 국제연합 소속 군인과 경찰, 직원들의 민간인 상대 성적 학대와 성적 착취가 발생하고 있다.[67]

1.5 국제활동의 쟁점들

원조가 과연 국가의 성장에 도움이 될까?

원조는 세계대전 이후 미국이 유럽을 비롯한 제3세계 국가들을 대상으로 물자, 용역, 화폐자본을 무상으로 제공하는 것으로부터 시작되었다. 미국이 이러한 원조를 시작하게 되었던 동기는 정치, 군사, 경제적 목적이 일차적이었다. 사회주의 체제의 확산을 막고 미국의 영향권을 확대히는 대외 정책의 일환이었던 것이다. 더 나아가 자본주의 체제의 안정을 기반으로 하여 미국의 상품 및 자본 시장과 원료 공급지를 확보하는 경제적인 목적이 있었다. 그러나 냉전이 종식되자 원조의 효과성에 대한 문제 제기가 본격화되면서 원조 효과성을 높이기 위한 체계적이고 과학적인 원조 방식을 모색하게 되었다. 이러한 과정에서 원조의 가치에 대한 재평가가 활발하게 이루어지면서 개발의 측면에서의 원조의 역할을 중요시하는 '국제개발협력'이라는 개념이 제시되었다. 하지만 이렇게 재평가가 이루어지고 발전적인 국제개발협력을 위한 노력이 있더라도, 원조든 국제개발협력이든 기본적으로 국가주의의 토대 위에 놓여있기 때문에 근본적인 한계를 극복하기는 어렵다. 우리나라 역시 국제개발협력기본법에 국제개발협력의 목적이 경제 발전에 있다는 것을 분명히 하고 있다. 이러한 한계 위에서 원조 사업의 성과는 여러 가지 비판에 직면해 있다.

원조 반대론자들은 원조가 정부 관료제를 확대하며, 부패한 정권을 지속시키고 권력층이 혜택의 수원자가 되는 등 그저 낭비일 뿐이라고 지적한다. 특히 오랜 기간의 원조에도 아프리카와 남아시아에는 아직도 빈곤이 만연해있을 뿐만 아니라, 많은 양의 원조를 받은 국가(예를 들어, 중앙아프리카공화국, 콩고민주공화국, 아이티, 파푸아뉴기니, 소말리아)는 처참한 성장세를 보였다는 점을 강조한다.[68] 1960년부터 2016년까지 50여 년간의 ODA(공적개발원조) 총액은 약 3조 4,114억 달러(약 3,752조 원)로 2018년 한국 정부 예산의 8.7배 규모이다. 그러나 아직도 12센트짜리 말라리아약이 없어 죽는 어린이가 30초마다 한 명꼴로 발생하고 있다.[69] 게다가 1950년에서 2001년 사이 평균 이하의 원조를 받은 국가들은 평균 이상의 원조를 받은 국가들과 같은 성장률을 보인다.[70] 그래서 원조 반대론자들은 원조 프로그램이 극적으로 개혁 또는 상당 부분 축소되거나, 아예 없어져야 한다고 주장한다.

반면에 원조 찬성론자들의 의견은 다르다. 원조 찬성론자들은 원조가 실패한 적도 있지만, 일부 국가에서 빈곤을 감소시키고 성장을 도왔으며, 다른 나라에서는 더 심각해질 수 있는 상황을 막아줬다고 주장한다. 원조의 약점은 원조를 제공하는 공여국이 아니라 원조를 받는 수원국에 있으며, 성공적인 원조 사례로 보츠와나, 한국, 대만, 인도네시아, 우간다와 모잠비크 등을 내세운다. 또한 그들은 원조가 광범위하게 진행되기 시작한 1960년대 이래로 40년간 빈곤 지수(poverty indicators)가 전 세계의 여러 국가에서 떨어졌으며, 건강 지수(health indicators)와 교육 지수(education indicators)는 인류 역사의 그 어떤 40년 기간보다 빨리 상승하였다는 증거를 제시한다.[71]

원조가 성장에 어떠한 영향을 미치는지에 대해서 크게 세 가지 주장으로 정리할 수 있다. 첫 번째, 원조가 성장에 아무 영향을 주지 못하며, 오히려 성장에 악영향을 줄 수도 있다는 것이다.[72] 원조가 성장에 긍정적인 영향을 미치지 못하는 이유로는 대표적으로 다섯 가지가 지적된다.

첫째, 원조는 정부 관료의 리무진이나 저택에 낭비될 수 있다.

둘째, 원조는 단순히 원조 프로그램 내부의 부패뿐만 아니라 더 광범위한 부패를 조장할 수 있다.

셋째, 원조는 투자 증가와 생산성 향상에 대한 민간 영역의 인센티브를 약화시킨다(통화 가치가 절상되는 것, 식량 원조로 인해 농산물 가격이 하락하는 것 등이 그 원인에 해당함).

넷째, 원조는 이자율에 영향을 주기 때문에 민간 저축을 감소시키고, 정부의 세입에 영향을 주기 때문에 정부 저축을 감소시킨다.

다섯째, 원조는 나쁜 정부가 권력을 유지하도록 도와, 나쁜 경제 정책이 영구화되고 개혁이 미뤄지는 데 일조한다.

두 번째 관점은, 원조가 일반적으로 성장에 긍정적인 영향을 미치지만, 원조의 규모가 커질수록 점차 그 영향력은 감소한다는 것이다. 초기의 학자들은 원조가 저축을 증가시키고, 투자를 지원하며, 자본을 증가시켜 성장을 촉진할 것으로 생각하였다. 또 원조는 보건과 교육에의 투자를 통해 노동자의 생산성을 증가시키며, 기술 지원이나 자본 수입 지원을 통해 부유한 국가에서 가난한 국가로 기술과 지식을 전달할 수 있다고 생각하였다. 그리고 실제로 1970년대와 1980년대 몇몇 연구에서 원조와 성장 사이에 긍정적인 상관관계를 발견하였다.[73] 그러나 이 주장은 1990년대 중반에 큰 전환점을 맞이하게 된다. 원조에도 수익체감 현상이 발생한다는 연구 결과가 발표된 것이다. 수익체감 현상이란 어떤 생산요소의 투입을 고정하고 다른 생산요소의 투입을 증가시킬 경우 산출량이 점진적으로 증가하다가 투입량이 일정 수준을 넘게 되면 산출량의 증가율이 점차 감소하게 되는 현상을 의미한다. 예를 들어 쌀 생산의 경우, 생산요소인 노동을 추가해도 결국 수확량의 늘어나는 정도는 갈수록 줄어들며 마지막에는 전혀 늘어나지 않게 된다. 즉, 이 연구에 따르면 원조는 규모가 커지면 커질수록 점차 성장에 미치는 긍정적인 영향이 감소한다.

세 번째 관점은, 원조가 특정 상황에서만 성장을 가속하며 성장에 조건적으로 긍정적인 영향을 미친다는 것이다.[74] 이러한 주장을 하는 학자들은 원조가 성장에 긍정적인 영향을 미치는 사례들의 공통된 특징들을 조사하였다. 이 특징은 크게 '수원국의 특징' 그리고 '공여국의 원조 방법이나 절차'의 두 가지로 나뉜다. 학자들은 원조가 성장을 돕게 하는 수원국의 특징으로 강한 시민적 자유, 좋은 정책, 양질의 제도, '전체주의'정부, 열대지방에서의 위치 등을 제시한다. 또한 원조의 성공은 다양한 국가적 특징 간의 상호 작용에 의존하고 있으며, 상관관계가 학술적으로 명백하게 밝혀지지는 않았지만 좋은 정책과 기관을 가지고 있는 국가에서 원조가 잘 작동한다고 본다. 이러한 접근을 통해 한국, 보츠와나, 인도네시아, 모잠비크, 우간다에서는 원조가 성장을 자극하였으나 아이티, 라이베리아, 콩고민주공화국에서는 그러지 못했는지 설명할 수 있다. 공여국의 원조 방법이나 절차가 원조의 효과성에 강한 영향을 미친다. 예를 들어 국제연합, 세계은행 등 국제기구에 모인 여러 공여국으로부터의 출연금, 또는 출자금을 수원국에 지원하는 간접적인 지원인 다자원조가, 공여국이 수원국에게 원조자금 및 물자를 직접 지원하는 양자원조보다 효과적이라고 한다. 또한 원조 제공시 물자, 기자재, 용역 등을 구매할 때 공여국의 기업이나 기관과 체결할 것을 계약조건에 포함시키지 않는 비구속성 원조가 그렇지 않은 구속성 원조보다 효과적이라는 것이다. 그 외에 규모가 큰 관료제를 가지고 있거나, 다른 공여국과 화합하지 못하거나, 비효율적인 감시 및 평가 체계를 가지고 있는 공여국은 원조 프로그램의 효과성을 약화시킨다고 한다.

인도적 개입(humanitarian intervention)은 정당한가?

'인도적 개입'75)이 정당한지에 대해 르완다 내전의 예시를 통해 살펴보자. 르완다는 제1차 세계대전이 끝난 이후부터 벨기에의 통치를 받았다. 지배층은 유럽식 교육을 받은 투치족이었고, 농민층은 문맹에서 벗어나지 못한 후투족이었다. 이런 상황에서 1959년 후투족은 벨기에 정부의 차별 정책에 불만을 품고 대규모 반란을 일으켜 투치족을 몰아내는 데 성공한다. 이 반란은 결과적으로 1962년에 벨기에의 식민통치를 종식시켰고, 이로 인해 후투 권력의 시대가 열렸다. 그러자 프랑스는 벨기에가 떠난 틈을 타 후투 정권의 후견인을 자처하고 나섰다. 한편, 투치족은 1987년 르완다 애국전선Rwandan Patriotic Front, RPF을 인근 국가인 우간다에서 결성하고, 1990년 10월 1일 르완다 북부 지역으로 진격해 들어간다. 연일 르완다 애국전선이 승승장구하면서 수도인 키갈리의 목전까지 치고 오자, 프랑스는 1,100명의 프랑스군과 무기 및 전쟁 물자를 보내면서 후투 정권을 지원한다. 프랑스 정부는 지금까지도 공식적으로 부정하고 있지만, 사실상 르완다 내전은 르완다 애국전선과 프랑스 간의 대리전쟁이었다. 하지만 프랑스의 지원에도 전세는 후투족 정부에게 점점 불리하게 전개된다. 그러자, 1993년부터 후투 정부 내에서는 민간자위병력(civil self-defense forces)의 창설과 그를 통한 인종청소가 거론되기 시작하였다.

　1993년 8월 4일, 국제사회의 중재로 르완다 정부와 반군 사이에 일시적인 정전협정이 체결된다. 그리고 그 협정을 위해 평화유지군인 UNAMIR(국제연합 르완다 지원단)의 파병이 결정된다. 1994년 1월 10일, UNAMIR의 부사령관이던 룩 마샬Luc Marchal 장군은 투치족에 대한 인종청소 계획과 이를 위한 주요 무기고 네 곳의 위치를 알게 된다. 그리고 UNAMIR이 무기고의 무기를 압수하기 위한 작전의 승인을 요청했다. 그러나 국제연합 본부는 그것이 국제연합 평화유지군의 임무를 넘어서는 것이라는 이유로 작전을 승인하지 않았다.

　그러던 중, 1994년 4월 6일, 르완다 대통령 쥐베날 하비야리마나Juvénal Habyarimana와 이웃 부룬디 대통령인 시프리엔 타리오미라Cyprien Ntaryamira를 태운 비행기가 키갈리 상공에서 격추되어 두 사람을 포함한 탑승객 전원이 사망하는 사고가 일어난다. 그리고 45분 뒤 수도 키갈리 시내 곳곳에는 민병대원들에 의해 바리케이드가 설치되기 시작하고 정부 소유의 한 라디오에서는 '투치 바퀴벌레들'을 찾아서 죽이라는 자극적인 선동방송이 흘러나왔다. 거리는 무장한 후투족 민병대들과 그들을 피해 달아나는 투치족 주민들로 인해 생지옥 같은 아수라장이 연출되었다. 학살은 불과 몇 시간 만에 르완다 전역으로 확산되었고, 투치족뿐만 아니라 그들을 숨겨주거나 평소 후투족 강경파들의 눈 밖에 난 후투 온건파 주민들도 학살의 먹잇감이 되었다.

　그러나 르완다 애국전선 반군이 장악하고 있던 일부 지역을 제외하고 주민들이 숨을 곳은 없었다. 학살이 시작된 지 일주일 뒤, 약 2,000여 명의 주민들이 벨기에 평화유지군이 주둔하던 한 기술학교로 피신해왔지만, 국제연합 사령부에서는 평화유지군만 공항으로 철수하라는 명령을 내린다. 남겨진 주민들은 학교 밖에 진을 치고 있던 민병대원들에게 무참히 살해되었다.

그리고 한창 학살의 불길이 타오르던 4월 20일, 국제연합은 국제연합 평화유지군의 임무와 병력 수준을 재조정하기 위한 국제연합 안전보장이사회 결의안을 통과시켜 그나마 주둔 중이던 2,548명의 평화유지군을 270명으로 줄여 버린다.

그리고 미국 또한 르완다 학살에 대한 개입 자체를 달가워하지 않아 했다. 실제로 학살 당시 미 국방성 아프리카 담당 차관보였던 제임스 우즈James Woods는 "이에 관한 모든 정보를 읽고 있던 백악관, 국방부 관리들은 무슨 일이 벌어지는지 아주 잘 알고 있었다. 그러나 고위층들은 이 문제에 관여하는 데 별로 흥미가 없었다"고 증언했다. 즉, 미국으로서는 국토도 작고, 매장된 천연자원도 별로 없고, 경제의 90%를 차와 커피 수출에 의존하는 르완다에 만만치 않은 비용과 자국 병사들의 안전을 걸고 굳이 개입할만한 이유가 없다고 판단한 것이다.

그래서 미국 정부는 르완다의 참상이 언론을 통해 널리 알려진 뒤에도 후투 민병대의 인종청소가 대량학살(genocide)로 규정되지 않도록 하는 데 오히려 노력을 집중했다. 대량학살로 규정될 경우 제네바 협정과 국제연합 헌장에 따라 국제연합 안전보장이사회 상임이사국 입장에서 더는 책임을 회피할 수 없기 때문이다. 그런 미국 정부의 노력 덕분인지, 4월 30일 통과된 국제연합 안전보장이사회 결의안에서는 대량학살이라는 단어가 빠지게 된다.

대량학살이 시작된 지 한 달여가 지난 1994년 5월 17일이 되어서야 국제연합 안전보장이사회는 아프리카 출신이 주축이 된 5,500명의 평화유지군 추가 병력 파병을 결정한다. 그러나 국제연합은 르완다 대학살의 주역이며 후투족 민병대를 조직하고 무장시키는 데 있어 배후 지원 역할을 했다는 의혹을 강하게 사고 있는 프랑스에 평화유지 역할을 맡기는 이상한 결정을 하게 된다. 프랑스군은 오히려 학살 책임자들과 가담자들 상당수가 난민들 틈에 끼어 이웃 나라인 자이르(현재의 콩고민주공화국)로 피신하게끔 용인하였다. 그 때문에 후투 민병대들은 난민촌에 있던 투치족들을 추가로 살해할 수 있었으며, 이는 이후 콩고내전이라는 또 다른 재앙의 불씨가 된다. 이 사태는 같은 해 7월까지 약 100일간 지속되었고, 그 짧은 기간 동안 최소한 80만 명에서 100만 명의 목숨이 아무런 이유도 없이 이 세상에서 사라져버렸다.[76]

이토록 참혹했던 르완다 내전에는 '인도적 개입'을 명목으로 국제연합 평화유지군이 참전하였다. 그들은 어떻게 활동하였는가? 과연 '평화'를 '유지'하는 데 기여했는가?

특정 국가 권력이 그 나라의 국민에게 너무나도 부당하고 잔혹한 행위로 국제사회의 양심을 경악하게 하는 경우, 이를 중지시키기 위해서 다른 한 국가 또는 여러 국가가 연합하여 합법적인 무력을 행사하는 것을 인도적 개입 또는 인도적 간섭이라고 한다. 그런데 왜, 1994년 아프리카의 정중앙에 있는 르완다에서 불과 100여 일 만에 최소 80만 명의 목숨이 잔혹하게 살해되어 제2차 세계대전 이후 최악의 인종청소가 벌어졌던 대량학살이, 이미 르완다에 파병되어 있던 국제연합 평화유지군이 지켜보는 가운데 저질러졌을까? 왜 국제연합과 서구 강대국 정부들은 몇 달 전에 이미 대량학살이 임박했음을 알고 있었음에도 오히려 국제연합 평화유지군을 철수시키는 결정을 내렸을까?

국제연합 평화유지활동이 르완다 내전에서 실패한 원인은 첫 번째, 국제연합의 의사결정과 실행 과정의 핵심에 있는 상임이사국 중 한 나라인 프랑스가 분쟁에 직접 개입된 점에서 객관성, 공정성 그리고 중립성의 결여와 의도적인 정보 무시를 통한 책임의 회피 때문이다. 두 번째, 학살이 일어나고 있는 시점에서도 국제연합 평화유지군이 현지 민간인 보호보다는 외국인 철수에만 집중했던 비인도주의적인 활동의 방향성 때문이다. 세 번째, 가장 근본적인 이유로 1999년의 국제연합 보고서에서도 밝힌 것처럼 르완다가 제3국들에게 전략적 이해관계가 있는 나라가 아니었다는 사실로 인한 회원국들의 정치적 의지의 부족 때문이었다.[77]

오랜시간 강대국이 약소국을 침입하거나 점령하는 구실로까지 이용된 인도적 개입에 대해 인도적 개입 옹호론자들은 모든 인간은 공통된 인간성에 근거해 위험으로부터 최소한 보호 받을 권리를 가진다고 주장하고 있다. 반면 반대론자들은 국가는 인도주의의 목적만을 위해 개입하지 않으며, 국가는 인도적 개입 원칙을 선택적으로 적용하고, 인도적 개입은 언제나 강대국의 문화적 편견에 근거해 이루어진다고 주장하고 있다.[78]

인도적 개입과 달리 군사적 개입을 배제하고 생명의 연장이나 고통을 경감시키려는 재난대응 등의 '인도적 활동'은 일반적으로 '인도적 지원(humanitarian aid)'이라고 구분하여 부르기도 한다. 즉 인도적 지원은 정치적인 상황이나 종교적인 문제를 초월하여 감당할 수 없는 어려움에 처한 사람을 도와주는 것이다. 이러한 활동에 있어서 중요한 쟁점은, 인도적 지원이 정치적 중립을 유지할 수 있는지 또는 정치적 중립이 필요한 것인지에 관한 것이다. 이 쟁점이 두드러진 계기는 비아프라 전쟁(1967년~1970년) 과정에서다. 비아프라 전쟁은 나이지리아에서 동부의 주가 비아프라 공화국으로 분리 독립을 선언한 데서 발생한, 나이지리아 연방정부와 비아프라 간의 전쟁이다. 이는 나이지리아의 복잡한 부족 대립, 그중에서도 문화적, 경제적으로 앞서 있던 동부 주민 이보족과, 보수적인 북부 주민 하우사족 사이의 대립이 원인이었다. 1966년 8월 쿠데타로 나이지리아 북부 출신의 야쿠부 고원 중령이 군사정권을 조직하였는데, 그것을 용인하지 않은 동부의 군정장관 오드메구 오주쿠는 1967년 4월에 동부 안에 있는 연방정부의 제반 시설을 접수하였다. 이에 고원 중령은 동부를 세 등분하여 약화시키는 행정구획 변경을 시행하였고, 그에 대하여 오주쿠 장관은 1967년 5월 30일에 동부의 독립, '비아프라 공화국' 수립을 선언하였다. 나이지리아 연방정부는 비아프라를 분쇄하기로 하여 1967년 7월 7일에 전투가 벌어졌다. 비아프라전쟁은 정치화되어 러시아, 영국, 프랑스, 포르투갈, 스페인, 중동, 이스라엘, 남아프리카공화국 등 국가들이 가세해 각각 정부군과 비아프라군을 지원하고 무기를 판매 및 원조하며 커졌고, 탄자니아, 가봉 등 일부 아프리카 국가는 비아프라를 정식 주권국가로 승인하기도 하였다. 1968년 10월에는 연방정부가 비아프라의 모든 주요 도시를 점령, 1970년 1월에는 임시수도 오베리를 함락시켰고 같은 해 1월 15일에 비아프라는 전면적으로 항복하였다.[79]

이때 나이지리아군은 비아프라 지역을 봉쇄하는 전술을 사용하였고, 이로 인해 많은 비아프라 주민들은 기아로 목숨을 잃었으며 전쟁이 끝날 무렵에는 비아프라의 5세 이하 어린이 중 대략 31%인 약 48만 명이 심각한 영양실조로 고통받게 되었다.[80] 이에 적십자사는 인도적 지원을 하였다. 그런데 나이지리아 정부는 비아프라 구호 활동을 방해하기도 하였는데, 적십자사는 나이지리아 정부의 비인도적 행위를 증언하고 이에 비판적인 의견을 표명하는 것을 꺼렸다. 적십자사가 이를 꺼렸던 이유는, 적십자사는 중립적 지원을 강조하였는데, 전쟁의 정치적 상황에서 나이지리아 정부를 공개적으로 비판하면 그것이 정치적 지지의 의도로 이해될 수 있다고 판단했기 때문이었다.[81]

이 순간에 프랑스 적십자사를 통해 비아프라전쟁에 파견을 온 의사 막스 레카미에Max Recamier와 베르나르 쿠시네Bernard Kouchner가 있었다.

레카미에와 쿠시네는 주변을 봉쇄한 군인들 때문에 민간인들이 목숨을 잃고 굶주리는 모습을 목격하면서 전 세계가 이 상황을 알아야 한다고 생각하여, 나이지리아 정부를 공개적으로 비난하는 동시에, 나이지리아 정부에 동조하는 듯한 태도를 보이는 적십자사도 비판하였다. 나이지리아 정부와 적십자사를 공개적으로 비난하던 '비아프라인들'로 알려진 이 의사들은 기존의 인도주의 관행에 의문을 제기하였다.[82] 이들은 적십자사와 달리, 중립성에 자가 검열과 잔혹 행위 보도 거부를 포함하는 것에 대해 비판하였다. 무력 분쟁에 대한 정치적 개입은 피했지만, 그들의 증언 속에는 무력 분쟁에 대한 정치적 주장이 포함되어 있었다. 과연 인도적 개입(지원)은 공정하게 중립을 유지하면서 이루어질 수 있는지와 공정하다는 것과 중립을 유지한다는 것이 동시에 지켜질 수 있는지에 대한 중요한 문제 제기가 이루어진 것이다. 이들은 비아프라 전쟁에서 비효율적인 원조 활동과 이를 충분히 알리지 못하던 당시 상황 속에서 좌절과 분노를 느끼고 국경없는의사회 Médecins Sans Frontières를 공식적으로 설립하였다(1971년). 국경없는의사회는 설립 당시, 활동의 필수적인 원칙에 떼므와냐지(Témoignage, '증언' 혹은 '입장 표명' 등을 의미하는 프랑스어)를 포함시켰다. 즉 의료 지원을 받는 사람들을 대변해 공개적으로 입장을 표명하고, 잊혀진 위기에 대해 대중의 관심을 불러일으키고, 주목 받지 못하는 가혹한 사건들을 알리고, 부적절한 구호 체계를 공공연하게 비판하며, 정치적 이해관계 때문에 인도주의 지원 방향이 달라지는 것에 문제 제기를 하는 것이다. 그들의 표어는 '활동'과 '발언', '치료'와 '증언'이다.[83]

이러한 인도적 지원에서 '중립'과 '증언'을 둘러싼 논쟁의 중심에는 국제적십자사와 국경없는의사회가 있는데, 두 기관의 특성을 살펴보면 두 주장의 의미와 이유를 확인할 수 있다. 국제적십자사는 전쟁터에서 전투능력을 상실한 부상자들을 적군과 아군을 구별하지 않고 그들을 간호하기[84] 위해서 설립되었다. 16개국 대표가 모여 1863년에 외교 회의와 본 회의를 통해 적십자 규약을 채택하고 정식으로 출범한 것이다. 다시 말해 참여한 나라들의 외교적 이해가 적용되어 규약이 만들어졌다고 할 수 있다. 오늘날 국제적십자운동 기본원칙은 인도, 공평, 중립, 독립, 자발적 봉사, 단일, 보편의 일곱 가지로 구성되어 있는데 이들 원칙에는 이러한 역사적 배경을 둘러싼 외교적 이해관계가 전제되어 있다. 반면 국경없는의사회는 정부 기관과 철저하게 거리를 두고 어떠한 지원도 받지 않는 독립성을 강조한다. 국내 정치, 국가 간 이해와 철저히 거리를 두고 독립적인 활동을 전개한다. 기관의 명칭에서도 이러한 정신을 엿볼 수 있다. 중립이나 중재보다는 정의라는 가치에 기반하여 활동할 수 있는 것은 이러한 배경이 있기 때문이다. NGO는 정치적, 군사적, 외교적 상황으로부터 간섭 받지 않는 독립성을 매우 중요한 가치로 여긴다. 대립하고 있는 정치적, 군사적 상황에서 중립을 지킨다는 것은 그 자체가 결과적으로는 정치적, 군사적 행위가 될 수밖에 없다. 예를 들어, 중립국인 스위스가 중립이라는 정치적, 군사적 방법을 선택한 것과 같은 이치다. 사회의 구조적인 문제로 인한 약자들의 입장에서 대중의 이타적 의지를 모아 연대하고 돕는 것이 NGO의 사명일 것이다. 따라서 NGO는 중립이라는 방법보다는 추구하는 가치에 토대를 두고 외부의 간섭으로부터 벗어나 독립적인 활동을 적극적으로 펼쳐나갈 필요가 있다.

인도주의 VS 채러티(charity)

얼마 전 종교적 배경을 가지고 있는 한 대형 의료기관에서 의료봉사의 발전 방안에 대해 토론회를 개최한 적이 있었다. 이 토론회는 다양하게 전개되는 단기 의료봉사 활동의 체계적인 접근이 무엇인지 논의하고자 열렸지만, 본래의 토론 목적과는 달리 단기 의료봉사 활동의 효과성에 대한 논의가 집중적으로 이루어졌다. 단기 의료봉사 활동의 효과에 대해 회의적인 시각을 가지고 있는 발표자는, 지역과 봉사활동에 따라 차이는 있지만 대체로 15명 정도 4박 5일 일정이라고 했을 때 5,000만 원 이상의 비용이 들어가는데, 소화제나 감기약만 나눠주고 오는 것에 대한 문제점을 지적하였다. 또한 약화사고 등 환자들의 예후를 살피지 못해 야기되는 윤리적 문제와 커뮤니티가 중심이 되어 현지의 보건의료시스템에 맞춰 지속 가능한 활동이 보장되지 않는 것에 대한 한계도 지적하였다. 활동의 효과도 적고 지역사회에 기여하는 바도 거의 없다는 것이다. 좀 더 효과적인 활동을 위해서는 지속 가능하고 체계적인 방법론을 만들어야 하는데, 이를 위해서는 결과 중심적 관점을 통한 성과 평가가 뒤따라야 한다는 의견이었다. 반면 단기 의료봉사 활동의 필요성을 주장하는 발표자는 선한 동기를 통해 나눔을 실천하는 것 자체가 선한 결과라는 의견이었다. 특히 종교적 동기에 의해 이루어지는 의료봉사 활동은 종교적 가르침을 실천하는 삶의 좋은 사례임을 강조하였다. 활동에 따른 크고 작은 성과에 의미를 두어서는 안 되며, 동기와 과정에서 오는 긍정적인 시그널이 인간의 삶을 윤택하게 해주는 소중한 양식이라는 뜻이다. 이 토론은 단기 의료봉사 활동의 효과성에 대한 간단한 논의였지만, 그 바탕에는 인도주의적 접근과 채러티(charity)적 접근 간의 이견이 깔려있다. 바로 국제활동의 동기, 방법 및 목적에 관련된 쟁점이다.

채러티는 전통적으로 자비로운 행동들에 대한 규범적이고 포괄적인 의미의 표현이었다. 1950년대 즈음까지 채러티란 단어는 당시 많은 사람이 만족하지 않았음에도 가장 널리 쓰이는 일반적인 용어였다.[85] 그러나 자비로운 행동은 다양한 모습을 가지고 있다. 이러한 행동들을 각각의 접근 방법이나 관점에 따라 구분을 짓다 보니, 채러티는 제한적인 의미로 활용되게 되었다. 즉, 지나치게 단순하다고 말할 수 있겠지만, 채러티는 고통을 완화하는 행동이라는 상당히 한정된 의미로 함축해 사용되고 있다.[86] 인도주의의 개념에 대한 논쟁은 현재 활발히 진행 중이다. 이 책에서는 인도주의를 보편성(universality)의 원칙을 기본으로, 차별과 편견이 없는 '공익을 위한 자발적 행동[87]'이라고 본다.

그렇다면 채러티와 인도주의의 차이점은 무엇일까? 인도주의와 채러티는 '왜?', 즉 목적에서 결정적인 차이점이 있다. 인도주의는 인권 향상을 최종 목적으로 삼고 있어, 우리 사회를 좀 더 인간답게 살 수 있는 공간이 될 수 있도록 하는 노력 그 자체에서 참여를 이끌어낸다. 하지만 종종 연민과 일치되는 채러티는 동정심을 호소하여 참여를 이끌어낸다. 여기서 연민이란, 동정심을 갖고 우리를 움직여 고통받는 자를 구제하게 하는 것을 의미한다. 연민은 대외원조와 관련하여 '구호', 혹은 '인도적 지원'과 연결되며, 연민의 핵심적 가치는 고대 유대인이나 기독교인의 종교적 가르침에서 확인할 수 있다.[88] 접근 방법에서도 인도주의적 접근과 채러티적 접근은 적지 않은 차이를 보인다. 인도주의는 대체로 인간의 존엄성과 비종교성을 추구하나(종교적 동기는 가질 수 있으나 목적은 비종교적임), 채러티는 종교적 접근이 많다. 인도주의는 인종이나 종교, 국가를 초월한 보편적(universal) 적용을 추구하여 국제적인 문제를 해결하려는 경향이 강하고, 채러티는 특수한(partial) 대상을 상대로 지역적 문제를 해결하려 하는 경향이 강하다. 인도주의와 채러티는 개념적으로 매우 가깝지만 분명한 차이를 가지고 있다. 그렇다면 우리는 국제활동을 인도주의의 관점에서 바라볼 것인가, 아니면 채러티의 관점에서 바라볼 것인가? 국제활동의 목표와 방향, 그리고 방법에 대한 고민과 함께 이들 질문은 국제활동 영역에 종사하는 많은 사람들에게 깊은 성찰을 요구한다.

2

국제활동 NGO

2.1 NGO란 무엇인가?

지구의 미래를 예측하는 몇 개의 세계적인 연구소들이 있다. 진보 성향의 브루킹스연구소Brookings Institution, 보수 성향의 헤리티지재단The Heritage Foundation과 더불어 국제전략연구소Center for Strategic and International Studies가 대표적이다. 국제전략연구소는 헨리 키신저, 즈비그뉴 브레진스키, 제인스 슐레진저 등 세계적인 석학들을 배출한 워싱턴에서 가장 유력한 싱크탱크이다. 이 연구소는 좀 더 나은 지구 환경을 만들어 가기 위한 핵심적인 예측을 시도하는데, 2035년 이후에 7대 혁명이 일어날 것으로 보고 있다. 7대 혁명이란 7가지 주요 영역에서 일어날 변화를 말한다. 예컨대 지구 인구는 2050년 98억 명에 이를 것이며, 전 세계의 평균 기대 수명이 77.8세로 상승할 것으로 보고 있다. 자원 관리 영역에서는 2040년 33개 국가가 극심한(extremely high) 물 부족을 경험할 것이며, 중국, 인도와 미국은 심각한(high stress) 수준의 물 부족을 경험할 것으로 본다. 이외에도 기술 측면, 정보와 지식 측면, 경제 측면, 안보 측면에서의 중요한 예측을 하였다. 이 중에서 눈여겨볼 만한 것이 거버넌스[1]의 변화이다. 연구소는 전통적인 정부를 벗어난 새로운 거버넌스의 시대가 올 것으로 보고 있다. 그래서 리더들은 혁신적인 방안을 마련해야 하며, NGO, 정부, 기업, 학술 기관의 전략적 연합이 이에 대한 효과적 대응과 중요한 기회 포착에 필수적일

것이라고 말한다.2)

　그 전에 국제전략연구소는 2025년 이후에는 사회를 지탱하던 두 개의 축인 정부와 시장 외에, NGO 등 시민사회가 새로운 축으로 부상할 것으로 내다본 바 있다. 과거 두 개의 바퀴로 나아가던 사회가 이제 세 개의 바퀴가 필요해지는 혁신적인 변화가 올 것이라는 뜻이다. 우리나라에서 체감하기에는 아직 조금 이르지만, 미국의 경우 2013년 비영리단체 관련 전체 고용 인원은 1,440만 명으로 전체 민간 부문 고용의 10.6% 이상을 차지하는데, 이는 국방, 건설, 부동산, 우주 연구 산업에서 일하는 고용 인원을 다 합친 것보다 많은 숫자이다. 또한 2013년에 비영리 부문은 6,340억 달러의 임금에 기여하였고, 이것은 그해 미국의 전체 임금의 약 9%에 해당하는 금액이다.3) 2003년과 2013년 사이 비영리 부문의 고용 성장률은 기업과 정부의 성장률을 넘어서기도 했다. 비영리 부문 고용 비중도 2003년 9.7%에서 2013년 10.6%로 상승하였다.4) 이는 한 국가의 경제 구조 안에서 NGO의 역할이 빠른 속도로 커지고 있다는 것을 보여준다. 그리고 우리나라도 이러한 흐름에서 크게 벗어나지 않고 있다.

　시민사회는 새로운 미래를 여는 혁명적인 변화의 중요한 축이라 할 수 있다. 즉 시민사회는 정부의 공권력, 시장의 자본력 지배를 벗어나서 우리 사회의 발전을 위해 시민들이 자발적으로 참여하여 형성된 또 하나의 추동력이라고 할 수 있다. 우리 삶에 반드시 필요하지만, 정부나 기업이 스스로 해결하지 못하거나 부족한 부분에 대해 적극적인 개입을 통해 해결하고자 대안적인 행동을 하는 집단이 시민사회이다. 시민사회의 실체는 다양한 조직 형태와 집단행동에 의해 나타나는데, 조직은 자발적 결사체이고 행동은 공익을 위한 자발적 행동을 의미한다. 여기서 결사체(association)란 인간의 특정한 요구를 얻기 위해 인위적으로 만들어진 뚜렷한 이해 의식을 가진 사회를 의미한다. 시민사회는 공공 서비스의 생산과 민주주의적 가치의 재생산, 그리고 인간 소외의 극복 등에 관심을 두며, 이러한 관심을 통해 시민사회는 각종 사회 문제를 진단하고 대안을 제시하게 된다. 시민사회는 다양한 특징을 가지고 있다. 우선 구조적으로는 국가와 개인 사이에 존재하며, 역사적으로는 봉건사회가 해체되고 근대국가와 자본주의가 발달함에 따라 성장하였다. 시민사회는 다양한 가치관과 다층적 세력이 갈등하고 협력하는 다원적, 복합적 영역으로서, 다양한 결사체가 서로 의견을 나누고 집합적 여론을 형성하게 된다.[5]

시민사회에 존재하는 조직은 그 범위가 넓을 뿐만 아니라 추구하는 목표와 조직 원리, 제공하는 서비스도 다양한데, 이렇게 시민사회에서 활동하는 단체는 NGO(non-governmental organization), NPO(non-profit organization), VO(voluntary organization), CSO(civil society organization) 등 여러 가지로 불리고 있다.[6] 이 단체들이 다양한 이름으로 불리게 된 이유는 역사적인 특성과 역할 등이 다양했기 때문이다. 각기 다른 이름이 붙여진 배경을 살펴보면 시민사회의 조직들의 역할과 사명을 이해하는 데 도움이 될 것이다. 이 책에서는 NGO라는 용어를 사용하는데, 이 또한 그에 대한 역사적인 배경이 있기 때문이다.

NGO(Non-Governmental Organization, 비정부기구)

앞서 설명했듯이 NGO라는 용어는 국제연합United Nations, UN이 설립되는 시기에 만들어졌다. 공식적으로 NGO라는 명칭은 국제연합 헌장 71조에 처음 나오는데, 이는 정부 기관이 아니라는 배타적 의미에서 사용되었다. NGO에 대한 정의는 1950년 채택된 국제연합 경제사회이

사회 결의문에 처음 나타나는데, 이 결의문에서는 NGO를 국제 조약에 의해 설립되지 않은 국제 조직이라고 규정하였다. 1996년 7월에 채택된 결의문에서는 국가적 차원, 소지역적 차원, 지역적 차원, 국제적 차원 등의 다양한 형태로 존재하는 NGO를 언급하였고, 기본적으로 정부 기관이나 국제 협정에 의해 설립되지 않은 조직을 NGO로 간주하며, 여기에는 조직의 자유로운 의사 표현을 간섭받지 않는다는 조건에서 정부에서 지명하는 인사들이 참여하는 조직들도 포함된다고 정의하였다. 국제연합의 정의는 매우 모호하며 NGO에 무엇이 포함되고 무엇이 포함되지 않는지 엄밀하게 구분하는 데 어려움이 있기는 하다.[7] 세계은행은 NGO란 사람들의 고통 경감, 빈민들의 권익 증진, 환경 보호, 기초적인 사회 서비스의 제공과 지역사회의 발전 등의 활동을 추구하는 민간단체라고 규정하였다.[8] 이러한 정의들을 종합해 보면, 비정부성, 공익성, 연대성, 자원성, 공식성, 국제성을 특성으로 하는 민간단체[9]가 NGO라고 할 수 있다.

여기서 주의 깊게 볼 것은 NGO가 가지고 있는 국제성의 특징이다. NGO라는 용어의 등장 배경에서도 국제적인 문제를 해결하고자 하는 국제성을 찾을 수 있는데, 이는 국제연합이 형성될 때 작성된 국제연합 헌장에서 NGO라는 용어가 공식적으로 처음 등장하였고, 동시에 국제 기구에 자문해줄 수 있는 지위를 받았기 때문이기도 하다. 우리말로 NGO에 가장 가까운 표현은 재야(在野)가 아닐까 싶다. 이 단어는 독재 정권 시절에 반체제 인사들을 표현할 때 주로 사용되었다. 여기에서 야(野)는 궁궐 밖, 즉 관직에 있지 않은 경우를 뜻한다. 자국 내의 시민들의 조직을 비공무원 조직이라고 배타적으로 표현하는 것은 상식적으로 받아들이기 어려운 일이다. 그러다 보니 국내 활동을 하는 시민 조직을 NGO라고 칭하지는 않았을 것이다. 다만 국제 공간에서는 이러한 표현이 충분히 가능했기 때문에 이 명칭이 출현했을 것으로 보인다. 하지만 NGO라는 명칭이 일반화된 이후에는 국내 활동 시민 조직을 지칭할 때도 사용되기도 한다. 어쨌든 NGO라는 용어의 특성은 국가들이 국제 정치 공간에서 세계 시민들을 바라보고 칭했던 정치권력의 시각에서 만들어진 것이라 할 수 있다. 이 책에서 이러한 NGO라는 용어를 쓰는 이유는 NGO라는 명칭이 일반적으로 활용되고 있기 때문이기도 하지만, 국제활동 공간에서의 국가주의를 기반으로 하는 반지구적 접근에 저항하고 대안을 제시하는 조직으로서의 시민 조직의 정체성을 잘 보여 주기 때문이다.

최근 들어 개발 NGO라는 용어가 자주 등장하고 있다. 하지만 개발 NGO라는 용어가 국제개발협력의 정의와 역사를 살펴볼 때 적절한 표현이라고 볼 수 없다. 개발 NGO라고 자신을 규정하는 이유는 제3세계의 개발에 참여하면서 정부 차원의 공적개발원조(ODA)와 대응하는 개념으로서의 사적 원조 기관이기 때문이라고 한다. 또한 19세기부터 역사적으로 재난 지역이나 빈곤 지역에 대한 구호 활동이 시작되었는데 이것이 오늘날 국제개발 NGO의 전신[10]이라고 보고 있다. 즉 서구 유럽의 기독교 윤리에 따라 구제나 복지사업을 벌이던 민간단체들인 1884년 설립된 적십자사, 1919년 설립된 영국의 세이브더칠드런 펀드 등이 대표적인 개발 NGO의 전신이라는 것이다.

정부가 추진하는 국제개발협력 사업을 수행하는 것을 단체 본연의 목적으로 두고 있는 NGO라면 모르겠으나, 국제개발협력 사업에 협력한다고 해서 해당 NGO의 조직적 성격을 '개발'에 묶는 것은 옳지 않다. 국가, 국제기구를 포함한 많은 국제활동 주체들은 NGO가 활동하는 시민 영역에서의 독자적인 역할을 인정하지 않고 정부의 틀 안에 가두어 바라보는 것 또한 바람직하지 않다. 특히 NGO가 스스로 개발

NGO라고 자칭하는 것은 자발적 굴욕이라고 할 수 있겠다.

NPO(Non-Profit Organization, 비영리단체)

NGO가 권력의 시각에서 나온 명칭이라면, 영리를 추구하지 않는 시민조직을 의미하는 NPO는 자본과 수익의 관점에서 나온 명칭이다. 즉 시장의 시각에서 바라본 것이다. 실제로 NPO는 시장이 지배적이며 경제 중심 문화를 가지고 있는 미국에서 많이 사용되는 용어인데, 시민조직이 상업적 목적이나 이윤 추구가 아니라 공익을 위해 일하는 것을 증명하면 재정적 혜택을 받는[11] 제도적 특성의 산물이라 할 수 있다.

VO(Voluntary Organization, 자원단체)

반면 VO는 공공서비스의 시각에서 나온 명칭이다. VO는 영국을 포함한 유럽 국가의 높은 복지 수준과 맞물려 정부의 지원을 받아 공공서비스를 전달하는[12] 비영리단체를 칭할 때 주로 사용하였다. 그래서 VO는 복지가 잘 발달한 국가가 시민사회와 함께 공공서비스를 생산하거나 전달하는 시민조직을 칭할 때 잘 어울리는 용어이다. 영국에서 자원(自願) 또는 봉사(奉仕)의 뜻을 가진 voluntary가 포함된 VO라는 용어를 자선단체(charity)와 함께 사용하는 이유는, 기독교적 가치를 바탕으로 봉사 활동을 하는 오래된 전통과 자선 법안의 발전 때문이기도 하다.[13]

CSO(Civil Society Organization, 시민사회단체)

NGO, NPO, VO 등의 용어는 시민사회 밖의 시각을 통해 만들어졌다. 반면 CSO는 이러한 용어들이 발생하게 된 역사성과 그 개념들에 담긴 소극적 의미에 대한 반발에서 나온 측면이 있다. 즉 CSO는 정부가 하지 않는 일을 수행하거나 정부를 보조하는 임무를 수행하는 단체가 아니라, 시민사회가 국가와 상대하여 적극적으로 국가 권력을 견제하고 시민 권리를 옹호하는 시민 조직임을 강조한 용어이다. 현재 세계 NGO들의 모임인 세계시민단체협의회CIVICUS도 NGO 대신 CSO라는 용어를 공식적으로 사용하고 있다.14) CSO는 시민사회의 정체성에 기반하여 주체적으로 자기규정을 하고 있다는 측면에서 가장 적절한 용어라고 할 수 있으나, 각 시민조직의 특성들을 구체적으로 반영하는 데 한계가 있다.

〈표 1〉 시민 조직을 바라보는 시각의 차이

NGO	NPO	VO	CSO
권력 (power)	수익, 자본 (profit, capital)	공공서비스 (public service)	정체성 (identity)

시민 조직들은 일반적으로 자발성, 독립성, 비영리성, 비당파성, 공식성의 다섯 가지 특성이 있다. 우선 자발성은 관변 단체들과는 달리 조직의 활동이나 경영에 자발적인 참여가 이루어진다는 것을 의미한다. 즉, 시민들의 시간, 재원, 자문 등의 기부 행위와 자발적 참여는 강제성 없이, 스스로 원해서 이루어져야 한다. 두 번째, 독립성은 정부 등 외부 기관에 예속당하지 않는 것을 의미한다. 설령 정부로부터 재정적 지원을 받더라도 그 조직은 민간 주도로 설립되고 정부로부터

독립적으로 운영되어야 한다. 이러한 독립성은 시민조직의 정체성을 지키는 데 가장 필수적인 요소이다. 세 번째, 비영리성은 조직의 활동으로 인해 생긴 이득을 소유자, 대표자 또는 회원 등 개인에게 배분하지 않는 것을 의미한다. 수익은 다시 비영리 활동에 재투자해야 한다. 하지만 그렇다고 해서 비영리부문이라고 이익을 내는 수익 사업을 전혀 할 수 없다는 것은 아니다. 다만, 수익 사업으로 발생한 이익을 배분해서는 안 된다. 네 번째, 비당파성은 특정 정치 집단이나 정당의 정책을 지원하는 것이 아니라 불특정 다수를 위한 공공선을 추구하는 것을 의미한다. 이러한 측면에서 시민 조직은 특정 이데올로기의 보급을 목표로 하는 정당과 구별된다. 다섯 번째, 공식성은 조직적인 측면에서 공식적인 구성원, 그리고 재정과 관련된 규정과 조직을 갖추고 정기적으로 활동하는 것을 의미한다. 즉 시민 조직에는 상설 조직을 구성하는 구성원들이 조직의 목적을 공유하면서 구성원 간 관계를 유지하고 발전시키기 위한 내부 구조와 규칙이 있어야 한다.

2.2 국제활동 NGO가 중요하게 생각하는 가치들

2015년 네팔의 수도 카트만두에서 80km 떨어진 곳에서 진도 7.8 규모의 대규모 지진이 발생해서 주변 국가를 포함하여 8,000여 명이 사망하였다. 우리나라는 50여 개의 NGO가 네팔 전역에서 다양한 방식으로 구호 활동을 펼쳤다. 그러나 한국의 일부 개신교 NGO들의 구호 활동으로 인해 네팔 사람들의 반감을 사게 되었다. 네팔 국민은 대부분 힌두교 신자이다. 그런데 '개신교를 믿지 않아 지진이 생겼다'는 주장을 하는가 하면 선교 관련 인쇄물을 네팔 사람들에게 나누어 주면서 지진으로 인해 트라우마에 시달리는 현지 주민들의 고통을 가중시켰던 것이다.

이는 비단 2015년 네팔 지진 현장에서만 일어난 일이 아니다. 한때 긴급구호 현장은 절호의 선교 기회라고 주장한 한 종교인의 발언으로 비난을 받았던 적이 있었고, 한 개신교 NGO 단체가 쌀자루에 성경을 넣어 전달하여 상처를 남기기도 하였다. 또, 한 대형 교회에서 개최했던 선교 관련 토론회에서 일부 참가자의 발표 시간에 녹취와 녹화를 중단시킨 채 정부의 국제개발협력 기금을 어떻게 선교에 활용했는지를 버젓이 공개하기도 하였는데, 이러한 왜곡된 국제활동은 한국의 국제활동 NGO에게 작지 않은 상처를 남기고 있다. 국제활동과 선교 활동은 많은 활동 현장에서 충돌하곤 한다. 이질적인 문화와 다양한 종교 환경을 가지고 있는 국제 현장에서 일방적인 신앙의 강요는 국제 활동의 기본적인 원칙들을 어기는 것이며 결국 부정적인 결과를 가져오게 된다. 보편적 가치에 기반을 두지 않은 국제활동은 어떠한 상황에서도 긍정적인 결과를 기대할 수 없다. 종교적 가르침을 실천하기 위해 국제활동에 참여하는 것과 선교 활동은 분명히 구분되어야 한다. 그래서 종교적 배경에서 설립된 일부 NGO는 선교를 배제한 국제활동의 가치와 원칙을 준수하기 위해서 노력하기도 한다.

그렇다면 국내 국제활동 NGO의 가치는 무엇일까. 기관의 성격을 표현하는 내용을 살펴보면 각 기관의 가치를 유추해 판단할 수 있다. 국제구호개발옹호 NGO, 국제구호개발 NGO, 글로벌 아동복지 전문기관, 국제개발 NGO, 국제자립개발 NGO 등이 우리나라 국제활동 NGO가 사용하고 있는 표현이다. 주로 '국제', '개발', '구호'라는 용어를 사용하고 있다는 것을 확인할 수 있다. 단체의 철학이나 가치를 표현하기보다는 활동 내용을 표현하는 것을 선호하고 있는 것이다. 즉 개발과 구호 활동이 국내 NGO 국제활동의 중심에 놓여 있다.

국제활동에서 가치는 매우 중요하다. 가치는 다양한 행동의 원칙이나 표준을 이끌어내며, 태도와 행동을 규정하고 지배하는 역할을 하기 때문이다.[15] 한국 국제활동 NGO는 개신교에 기반한 국제활동이 주류를 형성하는 상황에서 NGO의 철학과 가치에 대해 깊게 고민하지 못하였고, 이 때문에 기관의 존재, 의사소통 그리고 사업 수행의 기초는 아직 명확히 마련되지 못하였다. 이제 우리나라의 각 기관은 스스로 자신들의 정체성과 가치가 무엇인지를 분명하게 확인하고 설정해야 한다.

여기서는 국제활동 NGO가 추구하는 가치로 인도주의(humanitarianism), 채러티(charity), 정의(justice), 세계시민주의(cosmopolitanism), 필란트로피

(philanthropy), 국제개발협력(international development cooperation)에 대해 살펴보고자 한다. 이러한 가치들은 완벽히 다른 것으로 구획되는 것이 아니라 중첩적이기 때문에 현실적으로 한 기관을 단 하나의 가치로 규정하기는 어렵다.

인도주의(humanitarianism)

인도주의는 비교적 최근에 우리 사회에 소개되었다. 인도주의에 관한 학술적인 저서가 2008년 처음으로 미국에서 출판된 것을 보면 아직 인도주의의 학문적 정립은 확실히 이루어지지 않았음을 알 수 있다. 물론 인도주의의 개념에 대한 논쟁은 지금까지도 활발히 진행되고 있다. 어떤 사람은 인도주의를 과거 공산주의의 대체라고 보는 사람도 있는가 하면, 또 어떤 사람은 생명 구조와 고통 경감에 초점을 두는 긴급 구호를 중심으로 보는 경우도 있다. 이처럼 인도주의에 대한 다양한 쟁점들이 있지만, 아직 우리 사회에서는 인도주의에 대해 이렇다 할 논의가 이루어지지 않고 있다.16)

줄리안 사불레스크Julian Savulescu는 인도주의란 인간을 대할 때 차별과 편견이 개입되어서는 안 된다는 보편성과 그러한 보편성을 바탕으로 한 이타주의를 통해 도움이 필요한 사람들의 요구에 마땅히 응하는 행위를 말한다고 한다. 즉, 인도주의는 역사적으로 편파적이지 않은 자비심으로 인식됐으며, 선함의 윤리학, 보편적 인간에 대한 동정과 자비심에 그 근원을 두고 있다고 한다. 마크 해리슨Mark Harrison은 인도주의가 보편적 권리인 인권을 옹호하기 위해 취하는 모든 행동이라고 한다. 또한, 인도주의가 200년 동안 많이 변화해왔지만 한 가지 변하지 않는 핵심은 우리 사회가 좀 더 좋은 사회가 되기 위하여 개입하는 다양한 방식의 활동이라고 말한다. 즉, 인권은 보편적 권리이고, 인도주의는 그것을 도와주는 것이다. 그래서 이 책에서는 앞에서 언급하였던 것처럼 인도주의를 "보편성의 원칙을 기본으로, 차별과 편견이 없는 공익을 위한 자발적 행동[17]"이라고 본다. 인도주의가 목적으로 삼는 인권에는 자유를 누릴 수 있는 권리와 정치에 참여할 권리가 포함되며, 특히, 근래에는 건강권을 인권에 포함하는 경향이 두드러진다. 다시 말하면 인도주의는 개념적으로 보편성(universality) 원칙을 기본으로 한다. 그리고 여기서 보편성은 인간을 대할 때 차별과 편견이 있어서는 안 된다는 것을 뜻하고, 넓게는 공정성(impartiality, 어느 한 쪽에 치우치지 않는 태도)을 의미한다.

역사적인 관점에서 바라보았을 때, 인도주의는 18세기 계몽의 산물이며, 그때 새로 등장한 인권의 원칙들과 밀접한 연관이 있다. 인도주의는 노예제 폐지를 위한 캠페인으로 전형화되었으며, 감옥, 병원, 공장과 같은 기관 개혁으로 표출되기도 하였다. 19세기 인도주의적 실천이 우리의 역사와 사회에 나타난 모습으로는 노예제 폐지, 노동자 환경 개선, 수감자 교화, 감옥 환경 개선, 고문 폐지, 정신질환자에 대한 처우 개선, 여성에 대한 대우 개선, 동물 학대 금지 등을 들 수 있는데, 이러한 예시들은 보편적인 인도주의 활동이 채러티 활동이나 긴급구호를 넘어서 우리 사회의 긍정적 변화에 큰 영향을 미칠 수 있는 활동임을 말해준다. 또한 실천적인 측면에서 보면, 인도주의적 접근은 사회 속에 살고 있는 개인, 사회적 구조로 인한 피해자의 상황을 개선하는 사회구조적 관점에서 문제 해결을 시도하는 경우가 많다. 물론 재난 상황에서의 인도적인 지원은 개인의 생명 연장과 고통 경감을 목표로 하지만 복구와 재건 과정에서는 지역사회 발전의 시각에서 접근하게 된다.

채러티(charity)

채러티는 라틴어의 카리타스(caritas)에서 파생된 용어이며, 그것은 사랑의 또 다른 표현 방식, 예를 들어 에로틱한 사랑, 또는 우정과는 구별되는 방식으로 타인에 대한 사랑을 의미하였다. 채러티는 개인적 차원의 소위 측은지심이라는 감성적 성격이 강하며 타인의 고통의 원인에 대한 설명이 전혀 없이 감정적 수준에서만 전달되는 경향이 있다. 가난하고 고통받는 어린이들은 이해의 맥락에서 제외하며, 이것을 지켜보는 사람(viewer)들로 하여금 그들의 상황이 불운에 의해 발생한 것이라고 보게 한다.

채러티의 뒤에 자리하고 있는 감정적 반응 중 하나는 연민(pity)이다. 역사적으로 국제활동 NGO의 맥락에서 피해자들에 대한 동정과 연민의 감정은 많은 국제활동 NGO들의 모금 메커니즘에 효율적으로 사용되었다. 대다수의 국제활동 NGO가 채러티의 이미지를 사용하는 것이 좋지 않으며, 연민에의 호소는 장기적으로 보았을 때 해롭다는 것을 인지하고 있음에도, 이러한 이미지들은 기금을 빨리 모으는 데 매우 효과적인 방법으로 남게 되었다. 채러티의 이미지들은 아직도 많은 국제활동 NGO의 모금과 마케팅을 위해 사용되고 있으며, 우리는 인도적 위급상황(humanitarian emergency)에서 모금이 빨리 이루어져야 할 때 채러티가 자주 동원되는 것을 볼 수 있다.

죄책감(guilt)은 연민, 그리고 공감과 연관되어 있는데, 죄책감은 어떤 사람이 고통을 겪고 있는 것을 앎에도 아무 행동을 취하지 않았을 때 발생하며, 공감(empathy)에의 호소는 모금액을 증가시키기 위해 '고통받는 이'와의 연결 형성을 목적으로 자주 사용된다. 국제활동 NGO의 연민, 죄책감, 그리고 공감은 대체로 문제가 있다. 슬픈 표정을 한 누추한 아이의 개인적인 정보를 제공하면서, 우리는 그 아이의 삶을 대상화한다. 고통받는 아이와 관대한 공여자 사이에는 가부장적(paternalistic)인 관계가 발생하여 아이는 본인을 지켜보는 사람들(viewers)에게 감사해야 한다. 제일 중요한 문제인, '왜 그러한 상태가 존재하게 되었는가?', '왜 '우리'와 '그들' 사이에 불평등이 발생하는가?', '개인의 이야기 뒤에 있는 빈곤과 불평등 같은 구조적 문제에는 어떤 것이 있는가?'에 대한 내용이 다루어지지 않는다.[18] 대중적으로 잘 알려진 일대일 해외 아동결연은 이러한 가치에 기반을 두는 접근이다.

정의(justice)

존 롤즈는 20세기 주요 정의 이론가로, 롤즈의 정의에 대한 이론은 사회 협력의 기본권과 의무에 관한 것이다. 롤즈는 정의가 본질적으로 배분적 정의나 인구 내에서 상품이 분배되는 방법에 관한 공정함이라고 생각한다. 롤즈의 이론은 두 가지 가설을 기반으로 하는데, 첫 번째 가설은 인간은 모두 이성적인 존재라는 것이고, 두 번째 가설은 개인이 한 종류의 사회를 골라야 하고, 그 사회에서 본인이 어디에 있을지 모르는 가상적 상황에서, 대부분의 이성적인 사람들은 평등하고 '공정한' 사회를 고르리라는 것이다.

세계시민주의자들은 정의에 대한 개념을 '모든 사람은 평등하다'는 사고로 확장해, 국적이나 지리적 출신에 상관없이 모든 사람은 똑같이 가치 있다고 보았다. 현대 세계시민주의의 핵심적 내용은 타인으로부터 가깝거나 먼 관계가 한 사람의 책임의 수준에 영향을 미치면 안 된다는 것이다. 우리는 먼 타인에게 가족과 지역사회와 같은 연결성을 가지고 있다고 주장하며, 이러한 주장을 통해 '우리'와 먼 '타인'들 사이의 거리는 좁아지게 된다.

정의의 가치는 국제활동 NGO에 핵심적이지만, 1990년대 후반이 되어서야 NGO 캠페인과 애드보커시(옹호 활동)에서 사용되기 시작하였다. 최근 국제활동 NGO와 시민 사회 주체들은 '국제 정의'를 둘러싼 네트워킹을 더 많이 해 왔다. 앞서 언급한 '주빌리 2000(Jubilee 2000)'과 2005년에 진행된 무역, 채무, 그리고 원조의 측면에서의 정치적 변화를 요구한 '빈곤을 역사로 만들자(Make Poverty History)' 캠페인은 '정의' 프레임을 채택하였고, 많은 국제활동 NGO들은 정의의 측면에서 이슈와 캠페인을 진행하였다. 동시에, '국제 정의 운동'은 세계 경제 포럼World Economic Forum에 대항해 매년 열리는 전 세계 NGO 대표들의 모임인 세계 사회 포럼World Social Forum을 포함한 다양한 이니셔티브들에서 발전하게 되었다. 국제활동 NGO의 애드보커시(advocacy), 로비 활동 그리고 캠페인은 세계시민주의적 정의를 주로 사용한다.19)

세계시민의식(cosmopolitanism)

세계시민의식은 '국경을 넘어선 시민의식'20) 또는 '민족을 초월한 시민의식'21)으로, 또는 보편적 가치에 기초해 다양성과 다원성을 존중함으로써 자신을 그때 그곳의 타인 및 환경과 연결하고 이해하며 행동하는 방법으로 정의된다. 또 세계시민의식은 광범위한 공동체와 인류 전체에 대해 느끼는 소속감과 관련이 있으며, 지역과 국가를 세계와 연결하는 '세계를 향한 열린 시각'을 장려한다. 세계시민의식은 세 가지 요소로 구성된다. 첫 번째, '지구적 세계관'에서는 세계를 전체적인 관점으로 보고, 인류를 하나의 같은 운명공동체로 보는 '지구적 사고'를 할 수 있는 자세와 능력이 핵심적이다. 두 번째, '인권과 다양성 존중'이다. 다양성 존중과 관용을 포함하고 있는 인권을 가지고 있다는 것은 다른 사람들을 희생하지 않으면서 자기 자신의 권리를 신장할 의무를 지고 있다는 것이다. 세 번째는 '배려와 평화적 갈등 해결'로, 배려와 정의감은 서로 다른 문화, 국가, 민족, 인종에 속한 사람들이 이해관계와 가치관 차이로 갈등이 발생했을 때 이를 평화적으로 해결하기 위한 전제 조건이다.[22]

국제활동 NGO는 거리상 떨어져 있는 타인에 대해 그들의 구성원들을 관여시키기 때문에 선천적으로 세계시민주의적 기관이다. 개발에 대한 중재와 인도주의에 대한 중재는 세계시민주의의 시각을 통해 수행된다. 개발 활동도 선천적으로 세계시민주의적이며, 국제활동 NGO는 모든 개발 활동 주체 중에 가장 세계시민주의적이다.[23]

필란트로피(philanthropy)

필란트로피란 공익을 위한 자발적 행동(voluntary action for public good)을 의미하는데, 이 단어는 그리스어로 인류에 대한 사랑을 의미하는 philanthropia에서 나온 것이다. 자발적 행동은 자발적 기부와 자발적 봉사, 그리고 자발적 결사체를 포함하는데, 자발적 기부는 통상적으로 돈의 기부를, 자발적 봉사는 시간의 기부를 말하며, 자발적 결사체는 기부와 봉사활동을 위한 매개체 혹은 수단을 의미한다. 필란트로피란 말은 통상적으로 사용되는 몇 가지 포괄적 상위 용어 중 하나일 뿐이다.[24] 자원 부문(voluntary sector), 비영리 부문(non-profit sector), 제3 섹터(third sector), 독립 부문(independent sector), 박애(benevolence), 이타주의(altruism), 인도주의(humanitarianism), 시민사회(civil society) 같은 여러 다른 표현이 존재

한다.

  필란트로피의 목적은 첫 번째, 어떤 공식적 또는 법적 책임도 없는 사람들의 고통을 완화해 주는 것이며, 음식, 쉼터, 의복, 의료와 같은 기초적 수요를 충족시켜 주는 것을 포함한다. 두 번째, 지역사회 내 모든 사람의 삶의 질을 어떤 식으로든 개선하는 것이며, 지역사회의 문화, 교육, 레크레이션 등 삶의 질을 향상시켜주는 것을 포함한다. 필란트로피의 역할은 첫 번째, 서비스 역할로, 서비스를 제공하여 해당 수요를 충족시키는 것을 의미한다. 두 번째, 애드보커시 역할로, 특별한 이해, 특별한 인구 집단 혹은 공익에 대한 특별한 견해를 제시하고 이를 위해 개혁을 주창하고 옹호하는 것을 의미한다. 세 번째, 문화적 역할로, 보존해 온 가치, 전통, 특성 및 문화의 다양한 측면을 표현하고 유지해 갈 수단을 제공하는 것이다. 네 번째, 시민적 역할로, 공동체 건설, 사회적 자본 조성, 시민적 참여를 독려하는 것이다. 다섯 번째, 선구자적 역할로, 사회적 혁신, 실험 그리고 기업가적 도전을 위한 장을 의미한다.[25]

국제개발협력(international development cooperation)의 시각

국제개발협력이란 선진국-개발도상국 간, 개발도상국-개발도상국 간, 또는 개발도상국 내에 존재하는 개발 및 빈부의 격차를 줄이고, 개발도상국의 빈곤 문제 해결을 통해 인간의 기본권을 지키려는 국제사회의 노력과 행동을 의미한다. 이전까지는 개발 원조(development assistance), 국제 원조(foreign aid), 해외 원조(overseas aid) 등의 용어가 유사한 의미로 사용됐으나, 최근에는 개발도상국과의 포괄적 파트너십을 통한 '협력'이 강조되면서 국제개발협력이라는 용어가 주로 사용되고 있다.[26] 국제개발협력의 주된 목적은 수원국의 경제·사회 발전과 복지 증진에 있지만, 개발원조를 지원하는 동기와 목적은 공여국의 국가 목표와 국익 등 다양한 원인에 의해 발생한다고 볼 수 있다.

주요 목적은 크게 정치·외교, 개발, 인도주의 및 상업적 목적의 4가지로 분류되는데, 그 외에 최근에는 글로벌 공공재를 강화하기 위한 목적과 인권 보호의 목적도 포함되는 추세이다. 첫째, '정치·외교적인 목적'은 국제 안보, 국제 정치 및 지정학적 분야에서의 국가 간 관계를 포함하며, 특히 원조에서 정치·외교적인 동기는 공여국과 수원국 간의 역사적인 관계가 중시된다. 둘째, '개발적 목적'은 개도국의 사회경제적 발전과 빈곤 퇴치는 원조의 수단임과 동시에 목적임을 의미한다. 개발을 위한 원조는 구체적으로 자금지원, 구조조정 및 부채 탕감, 기술협력을 통한 기술수준향상, 사회경제적 인프라 형성 등 개도국의 경제안정과 경제성장을 목적으로 한다. 또한 교육 및 보건 분야 공공서비스의 범위와 수준을 높여 개도국 주민의 삶의 질을 높인다. 셋째, '인도주의적 목적'은 개발원조가 개도국의 절대 빈곤 감소와 인간의 보편적 가치 실현을 위한 도덕적 의무로 해석되는 것을 의미한다. 긴급 구호 등으로 대표되는 인도적 목적의 원조는 가장 논란의 여지가 적은 목적이라고 할 수 있으며, 원조의 인도적 목적은 국제사회가 극도의 기아와 빈곤, 재해 등으로 고통받는 이들을 간과해서는 안 되는 의무를 졌음을 의미한다. 넷째, '상업적 목적', 즉 경제적 또는 사업적 동기는 공여국의 전략적 자원 확보와 수원국에 대한 민간 자본 투자 확대에 유리한 환경 조성, 수출 시장 확대 등을 목적으로 원조하는 것을 말한다. 이러한 경제적 동기는 개도국을 선진 공여국의 잠재적인 투자 및 수출 시장으로 간주하고, 원조를 통한 개도국의 경제 성장과 무역 환경 개선이 선진국 기업들의 수출 및 투자 촉진과 수익성 증대에

기여한다는 국익의 관점에 입각한다.27)

국제개발협력을 좀 더 정확히 이해하기 위해서는 역사적인 배경을 확인해야 한다. 1947년 미국의 트루먼 대통령은 "공산주의 세력의 압박으로부터 자유와 안전이 위협받는 나라를 지원하기 위한 목적으로 대외원조를 시행한다"는 트루먼 선언을 발표하였고, 이를 기점으로 미국을 중심으로 한 자본주의 진영과 구소련을 중심으로 한 국가사회주의 진영은 각 진영의 세력 확대 및 저지를 위해 원조, 즉 국제개발협력을 활발하게 추진하기 시작하였다. 트루먼 선언은 1947년 유럽부흥계획인 '마셜플랜(Marshall Plan)'과 1949년 후진국 개발원조 계획인 '포인트포계획(Point Four Program)'으로 이어졌으며, 구소련도 사회주의 체제의 우위를 확보하기 위해 여러 대외원조 전략을 펼쳐 아프가니스탄, 인도, 인도네시아, 이집트, 이란 등을 중심으로 국제개발협력을 진행하였다.28) 트루먼 대통령은 1949년 1월 20일 취임연설에서 포인트포계획을 천명, 비서구 세계의 사람들을 "역사상 처음으로" 돕겠다는 의지를 표명하였는데, 이는 서구 세계가 비서구 세계를 구원할 선택받은 자라는 자아도취적 공상에서 비롯된 것이며 저개발국의 서구화 시도를 무시한 것이다. 이렇게 포인트포계획으로부터 시작된 온정주의적 개발원조는 서구 의존형 개발 계획이자 유토피아적 계획이었으며 결국 실효성이 없었다.29)30)

다음으로, 식민지 독립과 국제개발협력 간의 관련성을 살펴보자. 제2차 세계대전이 끝나면서, 아시아와 아프리카 지역에 신생 독립국이 대거 등장하게 되었다. 영국, 프랑스, 일본 등 공여국으로 전환한 기존 제국주의 국가들은 식민지 지배에 따른 역사적 책임감을 느끼고 개발도상국에 대한 경제원조, 즉 국제개발협력을 시작하게 되었다. 예를 들어, 영국, 캐나다, 호주, 미국 등의 국가들은 남아시아 및 동남아시아

지역의 경제적, 사회적 발전을 촉진하기 위해 콜롬보 플랜(Colombo Plan)을 발족하였다.[31] 제2차 세계대전 이후 아프리카 신생 독립국들은 식민지 시절 지나친 착취로 인해 해외 원조 없이 국가를 개발하기 어려웠으므로 구식민지 통치 국가와 경제적 관계를 유지해야만 했다. 구 식민지 통치 국가는 '개발' 정책을 통해 구 식민지 국가의 자원, 경제와 정치에 개입하게 된 것이다. 결국, 구 식민지 국가와 구 식민지 통치 국가의 정치적, 경제적 관계는 식민지 시대에 그들이 가졌던 정치적, 경제적 관계와 비슷해지게 되었다.[32][33][34]

2.3 국제활동 NGO의 협력 활동

민관협력이란 효율적인 공공서비스를 위해 정부, 민간기업, NGO, 지역주민 등이 업무를 분담하는 협력관계를 의미하는 용어로, 요즘처럼 빈번하게 사용된 것은 그리 오래된 일이 아니다. 민간단체의 활동이 정부예산에 포함되어 지원을 받는 경우, 관변단체라고 이야기하던 시절이 있었다. 관변단체는 정부가 의도적으로 지원해서 육성하는 비영리단체를 말한다. 일제 강점기에는 조선총독부의 일본과 조선이 같은 조상을 갖고 있다는 내선일체론(內鮮一體論)을 지지·홍보하는 관변단체들이 있었는데, 국민정신총동원조선연맹, 조선문인협회, 애국금차회 등이 대표적이다. 해방 후 권위주의 정권은 국민 통제와 계도를 목적으로 관변단체를 조직하거나 친정부 단체를 지원하여 권력유지 도구로 활용하였다. 박정희 정권 시대에도 시민의 이익이라는 명분 아래 정부에 의해 동원되어 정책 관련 홍보를 하거나, 각종 캠페인과 시위에 적극 참여하는 관변단체들을 육성하기도 하였다. 새마을운동협의회, 한국자유총연맹 등이 대표적이다. 이명박, 박근혜 정부에서도 다양한 관변단체를 동원하여 정치적 이슈가 있을 때마다 맞불 시위를 지원하기도 하였다. 어버이연합이 대표적이다. 어용학자(御用學者), 관변학자(官邊學者)라는 표현도 있었다. 정부는 통치(행정)에 필요한 다양한 정책 연구 및 조사를 위해 아카데미나 민간 연구소를 활용하기도 하는데, 여기서

독재정권 시절 정부 정책의 정당성을 포장하기 위해 전문적 지식을 활용하고 그에 대한 연구비를 받았던 연구자를 의미한다. 이렇듯 정부에 협조하는 민간 영역은 대개 부정적인 측면에서 인식되었다.

사실 민간 영역에서 가장 많은 정부 예산을 사용하는 것은 기업이었지만, 이러한 기업은 비난의 대상에서 제외되는 경향이 있었다. 인프라 건설 분야가 대표적이다. 도로, 발전소, 공장, 각종 안전시설 등 정부가 민간 기업에 맡긴 공공시설의 건축은 정부의 예산이 민간으로 흘러나오는 주요 채널이었다. 복지 시설은 전혀 다른 경우이긴 하다. 복지 시설은 주로 한국 전쟁 이후 전쟁고아를 위해 해외 구호단체가 세우고 운영하였는데, 그래서 한때는 정부보다 구호단체에 의한 지원이 더 많이 이루어지기도 하였다.

오늘날처럼 특정 계층의 국민 개개인들에게 현금을 나누어주는 정책을 펴는 등 민간이 정부 예산을 사용하는 것이 그다지 어색하지 않게 된 것은 민주화 이후에 두드러진 현상이다. 지금은 대놓고 민관협력을 이야기하고 정부 예산을 민간이 활용한다고 해서 거기에 정치적 의미를 부여하는 경우는 거의 없다. 국제활동 NGO는 다른 분야에 비해 더 '민관협력'에 친숙한 편이다. 심지어는 국제활동 NGO 중에서 자신을 개발 NGO라고 칭하는 경우가 많은데, 마치 정부의 ODA(공적개발원조) 정책을 캠페인 하는 관변단체를 자처하는 느낌이 들기까지 한다. 일본의 한 보건의료 NGO의 대표는 농담 삼아 NGO를 세 가지로 분류하는데, Not Governmental Organization, Non Governmental Organization, Near Governmental Organization가 있다고 한다. 사실상 지금 한국의 국제활동 민간 영역은 대부분 'Near Governmental Organization'들인 셈이다.

NGO '국경없는의사회'는 자신들의 최고의 원칙 중 하나로 독립성을 두었다. 그래서 국경없는의사회는 정부의 지원을 전혀 받지 않는다. 심지어 각 나라에 지부를 설립할 때에도 특별한 경우를 제외하고는 외교부 소관 법인으로 들어가지 않으려 한다. 외교적 문제로 인해 간섭을 받을 수 있기 때문이다. 하지만 조직의 특성상 정부와 독립적 관계를 형성하는 이 경우에도 각국 정부와 파트너십(partnership) 관계를 가지고 활동한다. 즉 각각의 NGO들은 외부 기관과의 다양한 파트너십을 갖고 활동하고 있다.

NGO와 국제기구

국제활동 NGO들이 갖는 파트너십 중에 대표적인 경우가 국제기구와의 협력이다. 국제연합United Nations, UN 헌장에 따르면 경제사회이사회 Economic and Social Council, ECOSOC는 그 권한 내에 있는 사항과 관련이 있는 NGO와의 협의를 위해 적절한 약정을 체결할 수 있다. 그러한 약정은 정부 간 기구와 체결할 수도 있으며, 관련 국제연합 회원국과의 협의 후에 국내 기구와도 체결할 수 있다. 즉 국제연합은 NGO의 존재와 기능을 인정하고, ECOSOC으로 하여금 특별협정의 체결을 통해 일정한 자격요건을 갖춘 NGO에게 협의 지위(consultative status)를 부여한다.

국제연합이 NGO에게 부여하는 협의 지위는 세 가지로 나뉜다. 일반적 지위(general status)는 경제사회이사회가 행하는 대부분의 활동에서 실질적이고도 지속적인 공헌을 기대할 수 있고, 조직 면에서 광범위한 지역과 국가, 다수의 개인 및 단체를 포괄하는 국제 NGO에 주어진다. 특별 지위(special status)는 인권이나 환경, 보건 등 경제사회이사회와 그 부속기관의 업무 중 특정 분야의 활동에 대해 관련이 있거나 공헌이 기대되는 NGO에게 주어진다. 명부 지위(roster)는 경제사회이사회나 사무총장에 의해 이사회 및 그 밖의 국제연합 기관의 활동에

때때로 유용한 공헌을 할 수 있다고 판단된 NGO에게 주어진다. 2018년 3월 기준 일반적 지위에는 그린피스, 옥스팜, 국경없는의사회를 포함한 136개 단체가 가입되어 있고, 특별 지위에는 국제앰네스티, 구세군을 포함한 3,880개 단체가 가입되어 있으며, 명부 지위에는 974개 단체가 가입되어 있다.35) 각 지위의 종류에 따라 NGO는 의제에 대해 해당 기관과 협의할 수 있음은 물론, 의제를 제안할 수 있고, 회의에 대표자를 옵서버로 참석시켜 구두로 진술할 수 있으며, 해당 사안에 대해 특별한 능력이 인정되는 경우 문서로 만들어진 의견서를 제출할 수 있다.

국제연합 총회는 경제사회이사회와 달리 NGO와 공식적 관계를 설정한 것이 없으나 주요 위원회와 몇 개의 산하기관에서 의제 항목의 토의를 돕기 위해 NGO의 비공식적인 참여를 부분적으로 허용해왔다. 정기 총회 이외에 특별총회와 국제연합 밖에서 대규모로 개최되는 전 지구적 회의 역시 NGO들의 일정한 참여 하에 이루어지고 있다. 예를 들어, 2011년 부산에서 개최된 OECD DAC(경제협력개발기구 개발원조위원회)의 부산 세계개발원조총회에는 전 세계 160여 개국의 대표단, 국제기구 대표, 민간기업 관계자뿐만 아니라 NGO도 함께 참여한 바 있다.36)

파트너십에 의해 설립된 대표적인 국제적인 기관으로는 '글로벌펀드(The Global Fund to fight AIDS, Tuberculosis and Malaria, 에이즈, 결핵, 말라리아 퇴치를 위한 세계기금)'가 있다. 글로벌펀드는 에이즈, 결핵, 말라리아의 퇴치를 앞당기기 위해 2002년에 설립된 21세기 파트너십 기관인데, 여기서 파트너십은 정부, 시민사회, 민간, 그리고 위 질환들에 영향을 받은 사람들 간의 파트너십을 의미한다.

글로벌펀드는 가장 도움이 필요한 국가와 커뮤니티에서 지역 전문가에 의해 운영되는 프로그램을 지원하기 위해 매년 40억 달러에 달하는 금액을 모금하고 투자하고 있다.37) 글로벌펀드가 기금을 모금하고 재원을 수행기관에 전달하는 과정은 다양한 국제적 이해관계자 간의 협력 관계 및 채널을 이해하는 데 도움이 된다. 우선 수원국은 별도의 위원회를 구성하는데, 이를 국가조정메커니즘(country coordinating mechanism)이라고 한다. 여기에는 해당 국가의 정부 기관, NGO, 학술기관 등이 참여해서, 전체 국가를 대신하여 자금에 대한 요청서를 글로벌펀드에 제출하게 된다. 이 과정에서 각 국가 내에서의 우선순위나 사업을 수행하는 기관에 대한 평가에 따라 기관별 참여 자격을 준다. 글로벌펀드는 2개의 채널을 통해 이 제안서를 검토하게 되는데, 하나는 각 분야의 전문가들로 구성된 독립적인 기구인 기술리뷰패널(technical review panel)이고, 또 하나는 사업의 수행과 데이터를 평가하는 독립적인 컨설턴트인 지역 자금 에이전트(local fund agent)이다. 이 두 기관의 심사 결과에 따라 자금 지원이 결정된다. 이후 진행 사항에 대한 모니터링은 글로벌펀드 이사회에 직접 보고하는 독립 기구인 감찰관 사무소(office of the inspector general)에서 자금의 오용을 감시한다.

NGO와 국가

각국의 국제활동 NGO은 해당 정부와의 협력관계를 유지하며 재원을 확보하게 된다. 정부의 NGO 재원 지원은 대부분 국제개발협력기금에서 이루어진다. 우리나라도 국제활동 NGO에 대한 거의 모든 지원은 KOICA(한국국제협력단)의 민관협력 관련 기금을 통해 집행되고 있다.

각국의 NGO와 정부의 협력 방법은 두 가지가 있다. 먼저 CSO 자체 사업 지원(aid to CSOs)방식이 있다. 이 지원금은 NGO 등 민간기구가 자체적으로 기획한 프로젝트 중에 선별하여 재정적으로 지원하는 배

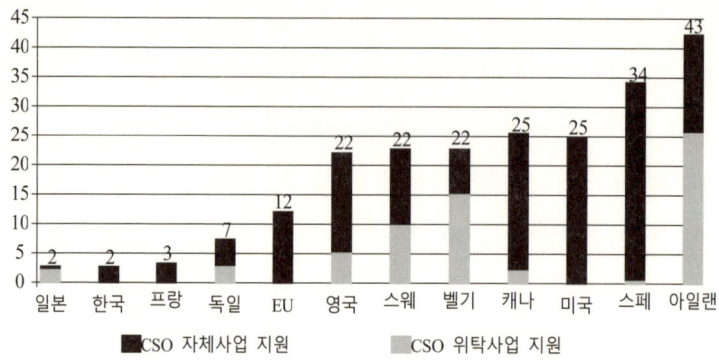

〈그림 2〉 OECD DAC 주요 회원국의 양자원조에서 CSO가 차지하는 비율

※ 각 바의 수치는 CSO 자체사업 지원과 CSO 위탁사업 지원의 합이 전체 원조에서 차지하는 몫(%)을 나타냄

출처: OECD (2017), Development Co-operation Report 2017: Data for Development, OECD Publishing, Paris. p. 150. http://dx.doi.org/10.1787/dcr-2017-en

분 방식이다. 두 번째 CSO 위탁사업(aid channelled through CSOs)은 정부가 직접 기획한 프로젝트를 시행하기 위해 NGO와 다른 민간 기구에 위탁하는 방식이다. 이 두 가지 방식으로 이루어지는 OECD 회원국들의 양자원조 비중을 보면 그 나라의 NGO와 정부 간의 협력 정도를 파악할 수 있다. 우리나라는 2%로 OECD DAC 회원국 중에서 일본과 함께 최하위권이다.[38]

한국의 양자원조의 경우, CSO(civil society organization)가 차지하는 비중이 심각할 정도로 낮을 뿐만 아니라, CSO 자체사업 지원 규모 역시 너무 작은 상황이다.

NGO와 정부 간의 협력 정도를 알 수 있는 또 하나의 방법은 정부가 NGO에게 제공하는 펀딩 메커니즘 유형의 수를 확인하는 것이다. 2011년 발간된 OECD의 개발 NGO와 협력에 관한 보고서에 따르면,[39] OECD DAC 24개 회원국의 시민사회협력 프로그램의 펀딩 메커니즘

〈표 2〉 한국의 양자원조에서 CSO 자체사업 지원과 CSO 위탁사업 금액

(단위: 백만 달러, 2014년 불변 가격)

	2010년	2011년	2012년	2013년	2014년	2015년
CSO 위탁사업 (ODA through CSOs)	19.0	23.8	26.7	28.1	32.7	40.0
CSO 자체사업 지원 (ODA to CSOs)	1.4	0.7	1.3	0.9	1.9	0.6
합계	20.4	24.5	28.0	29.0	34.6	40.6

출처: OECD (2017), Development Co-operation Report 2017: Data for Development, OECD Publishing, Paris. p. 229. http://dx.doi.org/10.1787/dcr-2017-en

은, 자국 및 국제 NGO의 프로젝트 및 프로그램 지원, 수원국에서 사업제안서 접수를 통한 지원 등 크게 7가지 유형[40]이 있다. 스웨덴, 노르웨이, 호주, 스위스, 영국은 7개의 펀딩 메커니즘을 사용하는데, 다양한 재정지원방식의 운용은 시민사회협력의 규모를 확대하고 튼튼한 민관협력 체계를 구축하는 데 도움이 된다. 한국과 그리스는 1개의 펀딩 메커니즘만을 사용하고 있다.

NGO와 정부와의 협력은 나라마다 다양한 특성이 있다. 여기서는 영국과 우리나라의 특성을 비교해보도록 하겠다. 영국 정부가 실행하는 ODA는 과거 식민지 유대관계를 기반으로 하는 영연방[41] 국가와의 교역을 위해 시작되었다. 초기에는 자국의 경제적 이익과 번영을 위해 극히 기본적인 투자만 이루어졌으나, 구 식민지국의 반발 및 여러 정치적, 경제적 배경으로 인해 원조의 규모와 범위를 넓혀 교역국의 사회후생과 복리 증진에 기여하는 바람직한 방향으로 발전한 사례국 중 하나이다.

영국 ODA의 중심에는 외교부가 아닌 전담부서인 DFID Department for International Development, 국제개발부가 있다. 85% 이상의 원조는 DFID가 집행하기 때문에 비교적 체계적이고 일관성 있는 집행이 가능하다는 장점이 있다. 타 부처도 독립적으로 일부 원조를 시행하고 있지만, 실무에서는 DFID의 긴밀한 협조와 지원을 받는 형태로 이루어지고

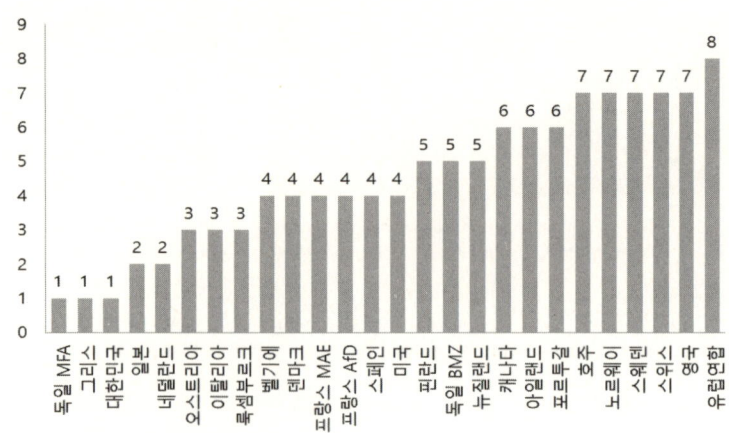

〈그림 3〉 OECD DAC 회원국의 펀딩 메커니즘 유형의 수

출처: OECD, "How DAC Members Work with Civil Society Organizations: An Overview." Paris: OECD, 2011, p. 26.
- 독일 MFA: Ministry of Foreign Affairs
- 프랑스 MAE: Ministère des affaires étrangères (Ministry of Foreign Affairs and International Development)
- 프랑스 AfD: Agence Française de Développement
- 독일 BMZ: Bundesministerium für wirtschaftliche Zusammenarbeit und Entwicklung (Federal Ministry of Economic Cooperation and Development)

있다. 영국 ODA의 또 다른 특징은 현지 사무소의 운영 방식을 통해 살펴볼 수 있다. 세계 각지의 현지 사무소는 지역 담당국에서 주로 지원하지만 지역 담당국과 동등한 지위를 가지고 있으며, 필요에 따라 다른 국의 실무 지원과 협력이 가능하도록 하고 있다. 이렇게 현지 사무소의 독립성과 재량을 최대한 부여한 것도 영국 ODA 체계의 특징 중 하나이다. 즉 원조 체계가 DFID를 필두로 중앙집권화된 것처럼 보이긴 하지만, 실무 권한의 상당 부분을 현지 사무국에 양도함으로써, 파트너 정부의 필요를 잘 반영하고, 좀 더 실효성 있고 효과적인 원조 프로젝트를 이행할 수 있도록 충분한 유연성이 부여된 것이 영국 원조 체계의 핵심이라고 할 수 있다.[42]

영국 ODA의 85%를 차지하는 DFID의 NGO를 위한 중앙 지원금은 네 가지로 구성되어 있다. UK Aid Match는 민간 기부금을 자선 구호에 대한 호소에 연결한다. UK Aid Direct는 소형 및 중형 NGO를 위한 경쟁 지원금이며, 이 지원금은 비용 효율성을 입증한 단체에 주어진다. UK Aid Connect는 NGO, 씽크탱크, 공공 및 민간 분야, 그리고 제3섹터 기관의 연합체를 지원하는데, 이는 미래에 발생할 과제들에 대응하면서, 현재 우리가 직면한 복잡한 상황들을 해결할 방법을 찾기 위한 것이다. UK Aid Volunteers는 봉사 프로그램이 개인과 지역사회에 가져올 특수하고 드넓은 사회적 혜택에 대한 인식에서 시작되었으며, ICS(International Citizen Service는 영국 정부가 지원하는 봉사 프로그램)와 미래에 DFID의 관계에 함께할 모든 봉사 활동 기관을 포함한다. 그 외에 DFID의 NGO를 위한 지원금으로 국가 내 지원금(in-country funding)이 있는데, 이는 DFID 현지 사무소가 시민 사회 프로그램을 직접 지원하는 것이다.[43] 이 프로그램은 해당 국가의 특수한 우선순위, 요구와 기회들에 대응하며 UK Aid의 전략을 전달하는 데 공헌한다. 또한 국가 사무소는 파트너 기관을 정하는 데 앞장서며, 더욱 더 높은 효율성을 향해 DFID 중앙조직과 함께 일한다.

한국의 경우, ODA 담당 기관은 총괄 및 조정기구, 주관기관, 시행기관으로 구성되어 있다. 먼저, 국제개발협력위원회는 총괄 및 조정기구로서, ODA에 관한 정책들이 종합적·체계적으로 추진될 수 있도록 주요 사항을 심의 및 조정하며, 국무조정실에 2010년 신설된 개발협력정책관실은 국제개발협력위원회의 사무국 역할을 수행하고 있다. 기획재정부와 외교부는 ODA 주관기관으로, 기획재정부는 개발도상국에 상환의무를 부과하는 차관인 유상원조를 주관하며, 외교부는 개발도상국에 상환의무를 부과하지 않고 무상으로 공여하는 무상원조를 주관한다. 두 기관은 분야별 5개년 기본계획과 연간 시행 계획안을 작성하고 이행을 점검한다. KOICA와 한국수출입은행은 각각 무상원조와 유상원조를 집행하는 시행기관의 역할을 하며, 2016년 기준, 한국 수출입은행, KOICA 이외의 40여 개 정부부처 및 지방자치단체에서도 무상원조를 수행한다.

OECD는 2012년 1월 말 한국의 대외원조에 대한 동료검토(peer review) 결과 보고서를 발표하며, 무상원조 내 분절화(fragmentation) 문제를 개선하기 위한 노력이 더 요구된다고 밝혔다. 정부의 대외원조를 감시하고 제언해온 시민단체들도 분절화로 인해 정부의 대외원조가 비효율적으로 집행될 뿐 아니라 원조 행정비용이 커지고, 원조받는 나라들의 요구와 동떨어진 방향으로 갈 수 있다고 지적해왔고, 심지어 기본적인 원조 윤리가 지켜지지 않는다는 지적도 제기되고 있다. 이처럼 대외원조의 분절화는 사업의 효율성을 떨어뜨리는 주요인으로 비판받아 왔다.

이러한 상황에서 민관 파트너십의 정부 측 주체는 사실상 KOICA가 유일하며, KOICA의 민관 파트너십은 시민사회협력프로그램과 혁신적 개발협력사업으로 나누어 진행하고 있다. 이 중 시민사회 협력프로그램을 통하여 NGO와의 협력이 이루어진다. 시민사회 협력프로그램은 개발도상국의 빈곤감소와 복지증진을 위해 활동하는 NGO의 국외 개발협력활동을 지원하는 사업으로, 국별 민간단체 지원, 사업발굴지원, 현지 NGO 지원 사업 등이 포함되며, 이러한 시민사회의 개발협력사업은 정부-NGO 간 파트너십 구축을 통해 국제개발협력사업의 성과를 높이고 개도국 현지주민의 실생활 개선을 포함한 현장밀착형 사업을 지원한다. 연 1회 상반기 공모이며, 국내 비영리 민간단체, 국내 대학 및 연구기관이 지원할 수 있다. 지원대상 국가는 OECD DAC 수원국 중 KOICA 사무소 설치 국가가 우선 고려대상이며, 지원 분야는 고등교육, 교육, 보건, 농림수산, 다분야의 다섯 가지로 구분하여 실시한다. 반면 혁신적 개발협력사업은 주로 민간기업을 대상으로 하며, KOICA 개발협력사업의 원조 효과성을 높이고, 개도국의 민간부문 역량 강화를 도모하기 위하여, 새롭고 다양한 분야의 전문성 있는 파트너와 협업하는 사업이다. 혁신적 개발협력사업 중 혁신적 파트너십 프로그램(IPS, Innovative Partnership Solution)은 KOICA가 기존에 시도하지 않은 새로운 분야 또는 국가에서 양자, 다자 파트너의 관련 전문성을 활용하는 방식의 협업사업이다.

NGO와 NGO

국제활동 NGO 간 협력은 국내에서 활발하지 않다. NGO 간 협력은 상호협력의 필요성이 있고 그에 따른 시너지 효과를 기대할 수 있을 때 가능하다. 이를 위해서는 각 NGO는 고유한 전문성을 가지고 있어

NGO와 NGO 간 협력: 2016년 네팔 지진 메디피스-더프라미스-어린이재단 공동대응팀

야 하며, NGO 간 상호 보완적 관계가 성립해야 한다. 그러나 국내 NGO들이 특정 분야의 전문성을 갖추고 있는 경우가 많지 않아 적절한 협력관계를 맺지 못하고 있다. 국내에서의 NGO 간 협력의 대표적인 사례로 2015년부터 2016년까지 2년간 네팔지진에 대한 긴급구호와 복구활동에 참여했던, 메디피스-더프라미스-어린이재단 공동대응팀이 있다. 메디피스는 의료지원과 통합 학교보건 사업을, 더프라미스는 학교 복구 사업을, 어린이재단은 모금과 모니터링을 분담하여 실시하였다. 긴급구호 과정에서는 공동팀을 구성하여 사전조사활동과 물품 분배 활동을 시행하기도 하였다. 이러한 협력이 가능했던 것은 각 NGO가 각자의 전문성을 갖추고 있었고 분야가 중복되지 않았기 때문이다.

NGO와 학계

NGO와 학계와의 협력의 국내 사례로는 메디피스와 서울대학교 보건대학 간의 '탄자니아 다르에스살람 모성예방접종 현장 연구 프로젝트'가 있다. 이 협력을 통해, 메디피스가 수행하고 있는 '탄자니아 병원 중심 모자보건 감염관리 프로젝트'의 효과를 극대화하고, 모성예방접종을 위해 현장 연구와 설문을 통한 모바일헬스에 대한 수용성 및 모성예방접종에 대한 지불용의를 측정하였다. 연구에서 활용된 설문지는 서울대학교 보건대학원과 메디피스 공동 연구진에 의해 개발되었고, 설문지의 최종본은 설문지 설계와 자료 수집 분야의 전문성을 보유한 데이터 컨설턴트의 검토를 거쳐 완성되었다.

외국의 사례로는, 이집트에서의 Takamol 사업이 미국 국제개발처 USAID, NGO 패스파인더 인터내셔널 Pathfinder International, 기업 JSI John

NGO와 학계 : 메디피스와 서울대학교 보건대학교 탄자니아 다르에스살람 모성 예방접종 연구 프로젝트

Snow Inc., 그리고 존스홉킨스대학교 보건대학Johns Hopkins Bloomberg School of Public Health 가의 협력으로 이루어졌다.[44] Takamol 사업은 2006년부터 2011년까지 USAID의 지원을 받아 패스파인더와 이집트 정부가 협력하여 진행한 모성·아동 보건, 가족계획 및 생식 보건 통합 사업이다. 모성 보건과 아동 보건, 가족계획 그리고 생식 보건을 강화하는 통합형 모형(model)을 제시하는 데 있어 각 참여 주체들의 역할 분담을 통해 진행되었다.

NGO와 민간지원기관

국제활동 NGO는 국제기구, 정부, NGO, 학계 이외에 다양한 기관과도 협력하는데, 대표적인 경우가 빌 앤드 멜린다 게이츠 재단이다. "모든 생명은 동등한 가치를 가지고 있다(All lives have equal value)"라는 이념 아래 설립된 게이츠재단은 국제보건(global health), 국제개발(global development), 국제 발전 및 기회 제공(global growth & opportunity), 미국 프로그램(U.S. program)과 국제정책 및 옹호(global policy & advocacy)의 다섯 가지 분야의 사업을 진행하고 있다. 게이츠재단이 지원금을 집행하는 분야는 위 다섯 분야 중 총 네 가지 분야로, 국제개발사업, 국제보건사업, 국제정책 및 옹호 사업, 그리고 미국 사업이다. 본부는 미국 시애틀에 있으며, 그 외에 미국 동부, 인도, 중국, 유럽 및 중동 그리고 아프리카에 사무소를 가지고 있다. 빌 게이츠, 멜린다 게이츠, 워런 버핏이 이사로 있으며, 워런 버핏은 2006년 자신의 주식 대부분을 기부하겠다고 약속하였고, 실제로 2006년 이래로 매해 기부하여 2016년까지 52억 달러(약 5조 7,000억 원)를 기부하였다.45) 2016년 12월 31일을 기준으로 403억 달러의 지원금을 가지고 있고, 2016년 직접 수령자에 지원한 금액(direct grantee support)은 45억 6,000만 달러였으며, 분야별로는 지원한 금액 크기 순서대로 국제개발사업 분야 22억 달러, 국제보건 분야 11억 2,000만 달러, 국제정책 및 옹호사업 5억 달러, 미국 프로그램 4억 9,000만 달러였다.46)

    게이츠재단의 지원금은 주로 게이츠재단이 직접 해당 기관에 연락하여 제안서를 받는 방법으로 이루어지며, 때때로 RFP(request for proposals, 제안요청)를 게재하여 사업을 공모하기도 한다. RFP 공모의 경우, 개인의 사업은 지원하지 않으며, 재단 자체의 지원 우선순위(funding priorities)에 해당하지 않는 사업도 지원하지 않는다. 게이츠재단의 우선순위는 보건(health), 빈민을 위한 재정적 서비스(financial services for the poor), 위생(sanitation), 농업 발전(agricultural development)이다.47)

    우리나라에는 사회복지공동모금회(이하 공동모금회) 사례가 있다. 공동모금회는 나눔문화 확산을 통해 함께 사는 행복한 대한민국을 만든다는 취지에서 설립된 나눔기관이다. 과거 지역 정부와 언론사 등 다양한 창구를 통해 진행되던 모금에 대한 관리 및 규제가 원활하지 않자 중앙정부가 이를 통합 관리하고 모금을 통제하고자 만들어진 기관이다. 사회복지공동모금회법에 따르면, 공동모금회는 사회복지공동모금 사업, 공동모금재원의 배분, 공동모금재원의 운용 및 관리, 사회복지공동모금에 관한 조사·연구·홍보 및 교육·훈련, 공동모금지회의 운영 등을 수행한다. 2016년 배분대상별 배분현황을 살펴보면, "해외·북한·기타"사업이 전체 배분의 약 5%에 해당하며, 나머지 약 95%의 사업이 국내사업이다. 최근에는 해외 사업 지원은 국제보건의료재단이나 다른 법인에 위탁하여 진행하는 경향이 있다. 하지만 공동모금회가 불투명하고 방만하게 운영되고 있다는 지적이 지속해서 제기되고 있으며, 특히 해외 사업은 국내 복지기관에 적용하는 회계 정산 방식을 그대로 적용하는 등 해외 사업의 특성을 반영하지 않아 국제활동 NGO들이 피하는 펀드로 알려졌다. 또한 국내사업을 주요 사업으로 진행하고 있기 때문에 국제활동 NGO의 사업에 대한 이해도가 부족한 점도 지적되고 있다.

순수 민간 차원의 기관이 국제활동 NGO와 협력하는 국내 사례로는 바보의나눔이 있다. 재단법인 바보의나눔은 사람이 사람답게 사는 세상을 꿈꾸었던 김수환 추기경의 뜻을 이어 인종, 국가, 종교, 이념과 관계없이 도움이 필요한 이웃을 위해 나누는 순수 민간 모금 및 배분 전문 단체이다. 공모배분사업과 기부자의 지원 의사에 따라 전달되는 지정기탁사업을 통해 지원한다. 바보의나눔은 정부지원금 없이 개인과 기업의 기부금으로만 운영되며, 지원활동 분야는 총 10가지로, 아동·청소년, 노인, 장애인, 다문화, 지역공동체, 생명, 여성, 해외, 환경개선, 비영리단체 실무자이다. 국제활동은 해외 분야에 해당하며, 이 분야는 해외 지역 공동체 개발 지원 사업, 긴급구호 지원사업, 의료

지원사업으로 나뉜다. 국제연합의 지속 가능 발전 목표(SDGs)에 중점을 둔 단체를 지원하는데, 해당 단체의 현지 활동이 현지 주민들의 능력과 권리를 정립시킬 수 있도록 도움을 주고 지속 가능 발전 목표(SDGs)에 기여하는 해외 지역 공동체 개발 사업 지원에 중점을 두고 있다. 다만 재단의 해외 사업 지원은 아직 재원의 규모가 크지 않아 실질적인 지원 효과를 내기에는 다소 한계를 가지고 있다. 연 1회 공모 형태로 사업을 신청받으며, 공정한 심사 과정을 통해 선정한다.

우리나라에서의 또 다른 사례로는 다양한 분야의 국제활동 주체들이 참여하여 구성된 협의체인 개발협력연대(DAK, Development Alliance Korea)가 있다. 개발협력연대는 지구촌의 빈곤, 불평등 감소와 지속 가능한 개발 지원활동을 수행하는 기업, 시민사회, 정부 및 학계를 포함하는 혁신적인 민관협력체제를 표방한다. 하지만 정부의 해당 사업에 대한 예산이 미비하여 실질적인 활동이 제대로 이루어지지는 못하고 있어 명목상 연대라는 비판을 받고 있다.

NGO의 협력과 과제

NGO 활동은 다양한 성격의 기관들과의 협력을 통해 이루어져야 좀 더 좋은 결과를 얻어낼 수 있다. 국제기구는 NGO의 애드보커시의 대상이기도 하고 NGO를 지원하는 기관이기도 하다. 애드보커시는 다양한 회의와 논의에 참여함으로서 이루어지게 되고, 지원은 활동 지역에서의 파트너십을 통해 받을 수 있다. 정부와의 관계는 주로 국제개발협력 프로그램에 참여함으로서 이루어진다. 즉 NGO의 고유의 사업에 대한 보조금 지원이나 교육 프로그램에의 참여 등이 있을 수 있다. 활동 지역의 정부와의 관계는 활동에 필요한 행정적인 지원을 받거나 현지 정부의 프로그램의 참여 등을 통해 이루어진다. NGO와 NGO의 관계는 각 기관의 특성과 한계에 따른 상호 보완적 협력에 의해 이루어진다. 즉 각 기관의 고유의 전문성을 상호 제공하는 과정에서 협력 효과가 나타나게 된다. 학계와의 협력은 대개 구획이 명확한 분업적 성격을 갖는다. 주로 연구 기능과 실행 기능이 결합하면서 협력의 효과가 나타난다. 민간지원기관과의 협력은 NGO가 보조를 받는 입장에 서는 경우가 대부분이다.

　이렇듯 다양한 협력 관계를 유지하고 지속가능하게 하기 위해서 국제활동 NGO가 극복해야 할 몇 가지 과제가 있다. 첫 번째, 정부와의 협력에서 NGO는 국제개발협력의 프레임에서 벗어나 NGO의 가치 실현에 충실해야 한다. 또한 정부는 이러한 NGO의 존재적 특성을 적극 고려해야 한다. 정부는 일방적인 갑을 관계의 사고방식에서 벗어나서 동반자적 파트너로서 NGO를 받아들이는 것이 중요하다. 해외 사업 현장에서 벌어지고 있는 NGO 활동에 대한 지나친 간섭은 NGO의 독립성을 심각하게 침해하게 된다. NGO가 수행하는 다양한 사업 수행 방식과 사업 구성을 인정하지 않는다면 여러 성격의 파트너들 간의 협력을 통한 시너지 효과를 기대하기 어렵다. 두 번째, NGO와 학계와의 협력에서는 상호 중복성을 극복해야 한다. 대학은 본연의 역할인 연구와 세부 분야, 특히 성과관리 분야에서 전문성을 갖춰야 하며, NGO는 사업의 기획과 구성에서 전문적 지식을 동원하는 데 적극 나서야 한다. 또 NGO는 프로젝트 실행에 필요한 재원을 충분히 확보하여 학계 참여가 가능할 수 있도록 하는 것이 반드시 필요하다. 세 번째, NGO 간 협력을 위해서 각 NGO는 전문성을 높일 수 있도록 백화점식으로 사업을 진행하기보다는 특정분야에 집중하는 방향으로 체질 개선이 필요하다. 국제활동 NGO들이 간판만 다를 뿐 특화된 영역에서 장점을 갖추지 못하고 모두 비슷하다면, 국제활동 NGO의 수는 늘어나도 다양한 프로젝트의 수행 역량은 정체될 수밖에 없다.

2.4 국제활동이 걸어온 길

둥근 지구가 단지 하나의 무대로 등장한 것은 언제였을까? 우리는 서로 연결되어 있고, 결국 모두가 이웃이라는 것을 알게 된 것은 언제였을까? 넬리 블라이Nellie Bly. 1864년 5월 미국의 펜실베니아에서 태어난 그녀는 처음으로 잠입 취재(immersion journalism)의 전형을 만든 기자이다. 정신병원에 환자로 위장해 반인권적인 실태를 폭로하고 제도 개선을 유도하면서 유명 기자가 되었다. 그 후 퓰리처가 운영하던 뉴욕월드 기자로 활동하던 중, 〈80일간의 세계 일주〉48)라는 유명한 소설에서 착안하여 소설 속의 주인공인 필리어스 포그의 80일보다 더 빠른 세계일주를 제안하였다. 그녀는 출발 후 72일 뒤 출발지였던 뉴욕 땅을 밟았고 미국은 환호했다.

지구가 둥글어서 한쪽으로 직진하면 제자리로 온다는 것은 넬리 블라이보다 약 300년 전에 마젤란에 의해서 처음 증명되었다. 마젤란의 빅토리아호가 에스파냐로 돌아온 건 출발 후 3년 만인 1552년이었다. 그것도 265명이 출발하였는데 돌아온 사람은 고작 18명, 5척의 배는 1척으로 줄어들었고, 마젤란은 개종을 거부하는 필리핀의 한 섬에서 전투 중에 이미 사망한 후였다. 이렇듯 일주가 어려웠던 지구가 두 패로 나뉘어 패싸움하는 하나의 전쟁터에 불과하게 된 것은 마젤란 이후 불과 362년이 지난 후였다. 지구 전체가 하나의 작전 지도에

담기게 된 것이다.

1914년, 제1차 세계대전. 전 지구적인 인류의 첫 만남은 전쟁이었다. 인류는 이렇게 값비싼 대가를 치르고 나서야 지구적 대화의 필요성을 느끼게 된다. 그 결과 1920년 국제연맹이 설립되었다. 그러나 국제연맹의 대화 실패는 또 다른 인류 역사상 가장 위험하고 거대하며 치명적인 전쟁으로 이어졌다. 제2차 세계대전이 발발한 것이다. 1939년에 시작되어 1945년에 끝난 이 전쟁은 자그마치 5,000만 명을 희생시켰다. 이 지구적 전쟁으로 사람들은 국제 평화와 안전을 위한 대화와 공동 권력의 필요성을 더욱 절실히 느끼게 되었고, 과거 국제연맹의 실패를 거울삼아 군사적 제재까지 수행하는 범세계적 기구인 국제연합United Nations, UN을 설립하였다. 두 차례에 걸친 세계대전은 국가들에게만 위기감을 준 것이 아니다. 전 세계의 시민에게도 전쟁에 나서는 국가 자체가 불안의 대상이 되었다. 시민이 더는 국가들의 연대를 신뢰할 수 없게 된 것이다. 지구의 시민은 인류를 파멸로 몰고 갈지도 모르는 권력체에 대응하기 위해 국제적인 연대를 모색하기 시작하였다. 이러한 국가들의 연합체가 과연 전 세계의 영원한 평화를 유지 관리할 수 있을지에 대한 의구심은 NGO의 등장 배경이 되었다.

NGO라는 용어는 사실 국제연합이 설립되는 과정에서 만들어진 신조어이다. 이름이 참 특이하다. Non-Governmental Organization. 시민사회에서 만들어진 조직이라면 시민사회단체라든가 복지 활동을 하면 복지단체라든가 그 조직의 정체성과 특징을 살려 이름을 붙이기 마련인데, 왜 '정부가 아닌 조직'이라는 뜻의 이름이 붙여졌는지 궁금하다. 아마도 국제연합을 설립하는 과정에 각 정부의 대표들이 모여서 이런저런 협의를 진행했을 것이고, 회의장에 들어오지 못하는 시민 조직은 회의장 밖에서 다양한 목소리를 내고 있었을 것이다. 그때 아마 회의장 안에 있던 관료들은 이 실체가 모호한 이들을 '정부가 아닌 저들', 또 '협의에 참여할 자격이 없는 사람들'로 인식하여 NGO라는 표현을 쓰지 않았나 싶다. 공식적으로는 국제연합 헌장 71조에 NGO라는 명칭이 처음 나온다. 어쨌든 마젤란이 처음 지구를 한 바퀴 돈 이후, 이렇게 GO와 NGO를 두 축으로 해서, 이 지구의 국제활동은 본격화되었다.

몇 가지 중요한 역사적 사건들은 국제활동을 활성화시켰다. 국제활동은 전쟁과 평화의 순환 구조에서 확장성을 가지고 발전해온 경향이 있다.

베스트팔렌 조약(Peace of Westphalia)

가장 먼저, 국가의 측면에서 볼 때 국제관계가 종교로부터 정치의 영역으로 넘어오게 되는 베스트팔렌 조약은 중요한 출발점이라 할 수 있다. 베스트팔렌 조약은 1618년부터 1648년까지 지속되었던 가톨릭과 루터파와 칼뱅파 간의 30년 전쟁을 마감하고, 주권국가로 구성된 현대 유럽 탄생의 계기를 만든 조약이다. 이후 종교가 유럽의 전쟁에서 완전히 영향력을 잃은 것은 아니지만, 전쟁의 근본적인 원인은 정치적인 영역으로 옮겨지게 되었다. 즉 이 조약을 계기로 정치는 종교 중심의 체제에서 국가 간 세력 균형 중심의 체제로 전환되었고 근대 국가성이 확립된 것이다. 국제활동이 국가, 국제기구, 그리고 NGO를 중심으로 이루어지는 것을 고려하였을 때, 베스트팔렌 조약이 국제활동의 출발점을 제시했다고 볼 수 있다.

빈 회의(Congress of Vienna)

약 150년 후 1797년부터 1815년까지 또 다른 대규모 전쟁이 벌어지게 된다. 나폴레옹은 유럽 제국과 60회나 되는 싸움을 벌였다. 처음에는 프랑스혁명을 방위하는 전쟁의 성격을 띠었으나, 차차 침략적인 것으로 변하여 영국, 오스트리아, 프로이센, 러시아, 스웨덴, 스페인, 포르투갈 등과의 전쟁을 일으켰다. 이러한 20여 년에 걸친 나폴레옹 전쟁의 마무리는 역사상 유례를 찾아볼 수 없었던 대규모 국제회의를 통해 이루어졌다. 1814년부터 1815년까지 빈 회의가 진행되었는데, 이 회의를 통해 빈 체제 즉, 유럽협조체제(The Concert of Europe)가 구축되었다. 이 빈 체제는 국제기구의 효시라 할 수 있다. 국제기구들은 점차 발전하기 시작하였는데, 이중 경제 및 사회 분야의 국제기구가 특히 큰 진전을 이루었다. 이는 18세기부터 시작된 산업혁명에 힘입어 19세기에는 교통 통신의 발달, 무역의 증가 등으로 국가 간 접촉이 빈번해졌기 때문이다. 교통의 문제를 해결하기 위한 기구로 라인 강, 엘베 강 등을 관리하기 위한 국제하천위원회(River Commissions)가 탄생하였고 통신 문제를 다루기 위해서 1868년에 만국전기통신연합(ITB, 후에 ITU), 1874년에 만국우편연합(GPU, 후에 UPU)이 국제공공연맹(Public Unions)의 성격으로 설치되었다.[49] 민간 기구에서도 진전이 있었다. 서양 국가에서는 18세기부터 국가적 수준의 민간기구가 노예무역 폐지와 평화를 위한 운동 등에 집중하면서 국제적 수준까지 활동하게 되었다.[50] 인도적, 종교적, 경제적, 과학적, 기술적 문제를 다루는 민간단체들 혹은 1863년 설립된 국제적십자사(ICRC와 같은 반관반민(半官半民) 단체들도 생겨나기 시작하였다.[51]

제1차 세계대전(World War I)

하지만 빈 체제의 영향은 그리 오래가지 못했다. 나폴레옹 전쟁이 끝난 지 100년 만에 세계적 규모의 전쟁이 찾아왔다. 1914년 오스트리아가 세르비아에 대해 선전포고를 하여 제1차 세계대전이 발발한 것이다. 영국, 프랑스, 러시아 등의 연합국과 독일, 오스트리아의 동맹국이 양 진영의 중심이 되어 싸움이 벌어졌다. 전쟁의 피해는 엄청났다. 이렇게 피해가 커진 것은 화염 방사기, 독가스, 기관총, 대구경의 중포, 전차, 잠수함과 같은 근대 유럽의 과학 기술에 의해 개발된 신무기가 주요 원인이었다. 주요 참전국은 685만 명의 전사자와 약 2,000만 명의 부상자를 냈다. 이 수치에 수많은 민간인 피해자들과 이재민들의 피해를 포함한다면 실로 엄청난 규모이다.

전쟁의 끝에는 1919년 파리에서 열린 강화회의를 바탕으로 한 강화조약인 베르사유 조약이 있었다. 이 베르사유 조약을 중심으로 형성된 국제질서를 베르사유 체제라고 한다. 베르사유 조약으로 독일은 식민지를 모두 잃었고, 알자스-로렌을 프랑스에 반환하였을 뿐만 아니라, 벨기에, 폴란드, 체코슬로바키아에 각각 약간의 영토를 할양함으로써, 인구의 15%와 유럽에서 영토의 10%를 잃었다. 또 엄격한 군비제한이 부과되었고, 같은 민족인 오스트리아와의 합병도 금하여졌다. 특히, 무거운 짐이 된 것은 배상으로, 2018년 우리나라 한 해 예산에 맞먹는 1,320억 마르크가 결정되었다.[52]

이 조약은 국제활동의 주요 주체 중 하나인 국제기구 탄생의 배경이기도 했다. 상설 국제기구인 국제연맹The League of Nations이 베르사유 조약을 바탕으로 설립된 것이다. 국제연맹은 제1차 세계대전이라는 대 참화를 경험한 후, 새로운 차원에서 국제 평화를 달성하는 것에 목표를 두고 있었다. 국제연맹은 이사회, 총회, 사무국의 3개 기관과 국제노동기구(ILO), 상설국제사법재판소(PCIJ) 등 2개의 보조 기관으로 이루어졌고, 본부는 제네바에 있었다. 그리고 이 기구는 군축, 분쟁의 평화적 해결, 집단 안보, 제재, 위임 통치 등의 안보 문제는 물론, 노동, 여성, 아동보호, 상업의 자유, 질병 통제 등 경제·사회적 문제까지 다루었다. 그러나 국제연맹의 이상과 목표에도 실제 활동과 성과는 매우 제한적이었다. 특히 국제연맹의 핵심이라고 할 수 있는 집단 안보 장치는 일본의 만주 침략(1931), 이탈리아의 에티오피아 침략(1935) 등 국제 분쟁에 직면하여 무기력한 모습을 보였고, 결정적으로 제2차 세계대전의 발발로 그 한계가 명확해졌다.

제1차 세계대전은 국가적 차원에서 국제연맹의 설립을 촉발했을 뿐만 아니라, NGO의 활동도 촉발했다. 19세기 전체에 설립된 NGO 수보다 전쟁이 끝나고 1920년대에 설립된 NGO가 두 배에 달하게 된 것이다. 대부분의 NGO가 추구하고자 했던 것은 또 다른 세계 전쟁을 피하고자 전 세계적으로 군비 축소를 도모하는 것이었고 이 목표를 중심으로 여성, 평화, 노동, 학생 NGO가 형성되었다. 1930년대 세계에서 가장 규모가 컸던 청원 역시 여성 NGO가 주도했던 군비 축소 운동이었다. 또한, 현재 대표적인 INGO(International NGO)인 세이브더칠드런은 1919년에 전쟁 후 식량 부족으로 기아 상태에 있는 어린이들에게 구호를 제공하기 위해 설립되었다. 국제적십자사연맹도 전후 기아 구호 제공에 중요한 역할을 하게 되었다. 대부분의 NGO는 전쟁 중에 국제회의를 열지 못했으나 예외적으로 1915년에 약 1,000명의 여성이 네덜란드 헤이그에 모여 국제회의를 개최하였고, 이를 바탕으로 여성국제평화자유연맹 Women's International League for Peace and Freedom이 설립되었다.[53]

대공황(The Great Depression)과 나치즘(Nazism)

1929년 월스트리트의 주가 폭락으로 대공황이 촉발되었고, 이는 많은 지역에서 자유민주주의를 약화시키는 결과를 낳았다. 그에 따라 파시즘, 나치즘 정당들의 호소력은 강화되었다. 근대화된 모든 국가가 대량 실업으로 고통받고 있었는데, 독일은 인플레이션이 특히 극심했다. 이러한 경제적, 정치적 불안정은 나치당에 대한 지지가 뿌리내릴 수 있는 기반을 제공하였다. 1933년에 아돌프 히틀러가 권력을 장악하자 독일의 국가 변환이 시작되었다. 1938년 뮌헨 협정에서 히틀러는 체코슬로바키아 수데텐란트 영토를 영국과 프랑스에 요구하였고, 영국과 프랑스는 이를 평화의 대가로 용인하였다. 그런데도 독일은 몇 개월이 지나지 않아 체코슬로바키아 나머지 영토를 수중에 넣었고, 폴란드와의 전쟁을 준비했다.[54]

제2차 세계대전(World War II)

결국, 1939년 유럽, 아시아, 북아프리카, 태평양 등지에서 독일, 이탈리아, 일본을 중심으로 한 주축국과 영국, 프랑스, 미국, 소련 등을 중심으로 한 연합국 사이에서 발생한 세계 규모의 전쟁인 제2차 세계대전이 발발하였다. 참가국은 연합국 측 49개국, 동맹국 측 8개국이었으며 동원병력 1억 1,000만 명, 전사자 2,700만 명, 민간인 희생자 2,500만 명으로 현재까지 인류 역사에 가장 큰 인명과 재산 피해를 낳은 전쟁으로 기록되었다. 전쟁 종결 후 전승국인 미국, 영국, 프랑스, 소련 그리고 중국을 중심으로 1945년 국제연합이 창설되었다. 국제연합은 1945년 10월 24일 50개국 대표가 미국 샌프란시스코에서 열린 국제기구에 관한 연합국 회의(United Nations Conference on International Organization)에서 모여 국제연합 헌장을 승인하면서 설립되었다.55) 국제연합은 뉴욕의 중앙 체제, 세계보건기구나 국제노동기구 같은 전문 기구, 그리고 국제연합아동기금과 국제연합개발계획 같은 계획과 지원금으로 구성된 국제기구들의 집합체를 의미한다. 제1차 세계대전 이후 결성된 국제연맹의 한계점을 개선하고, 정의롭고 평화로운 지구적 공동체의 염원을 안고 제2차 세계대전 직후에 출범하였다.56) 또한, 제2차 세계대전의 파괴적 결과는 옥스팜, 케어인터내셔널 등 현재 많이 알려진 국제구호단체들의 등장 배경이 되었다.57) 제1차 세계대전 이후에 그랬던 것처럼 제2차 세계대전 이후 국제 NGO는 많은 발전이 있었다.

이 시기 NGO라는 표현이 처음으로 등장하게 되었다. 국제연합 헌장에 NGO가 공식적으로 명시되었는데, 초안에는 NGO에 대한 언급이 없었으나 이것을 바로 잡기 위해 여러 민간 조직이 국제기구에 관한 연합국 회의에 로비를 진행하였다. 로비의 성과로 민간 조직이 강화되었고 공식화되었을 뿐만 아니라 국제연합의 경제적, 사회적 문제에 대한 역할이 강화되었고 이후 경제사회이사회(Economic and Social Council, ECOSOC)에서의 NGO 지위도 격상되었다.59)

> **국제연합 헌장 71조**
> "경제사회이사회는 그 권한 내에 있는 사항과 관련이 있는 비정부기구(Non-Governmental Organization, NGO)와의 협의를 위하여 적절한 약정을 체결할 수 있다. 그러한 약정은 국제기구와 체결할 수 있으며 적절한 경우에는 관련 국제연합회원국과의 협의 후에 국내기구와도 체결할 수 있다."58)

냉전(Cold War)

그러나 제2차 세계대전 이후의 세계 평화를 위한 노력은 오래가지 않아 냉전을 만나게 되었다. 냉전은 제2차 세계대전 이후 구소련을 중심으로 한 사회주의 진영과 미국을 중심으로 한 자본주의 진영 간의 정치, 외교, 이념상의 갈등적 위협의 잠재적 권력 투쟁[60]을 의미하는데, 냉전의 정확한 시기는 학자마다 의견이 분분하다. 냉전을 유지하는 두 축은 미국을 중심으로 한 북대서양조약기구NATO와 구소련을 중심으로 한 바르샤바 조약기구였다. 북대서양조약기구는 제2차 세계대전 후 동유럽에 주둔하고 있던 소련군과 군사적 균형을 맞추기 위해 1949년에 체결한 북대서양조약의 수행 기구를 말한다.[61] 북대서양조약의 핵심 조항, 즉 어느 한 회원국에 대한 공격은 모든 회원국에 대한 공격으로 간주한다는 조항은 국제연합 헌장 제51조의 집단적 자위 원칙에 부합했으며, 북대서양조약의 초석은 서유럽을 방어하겠다는 미국의 공약이었다.[62] 바르샤바 조약기구는 제2차 세계대전 후 서독의 재무장 및 북대서양조약기구에 대항하기 위해 소련을 비롯한 동구권 8개국 총리가 1955년 폴란드 바르샤바에서 모여 체결한 군사동맹 조약기구이다.[63] 바르샤바 조약은 무력공격의 위협에 대처하는 협의 및 무력 공격에 대한 공동 방위 등을 내용으로 하는 11개 조항으로 이루어져 있다.[64] 이러한 상황에서 국제연합은 제 기능을 하지 못했다. 냉전으로 인해 국제연합 안전보장이사회의 가장 중요한 두 구성원인 미국과 소련 사이의 합의 도출이 어려워 애초 기대하였던 임무를 수행하는 데는 성공하지 못했던 것이다.[65] NGO의 경우, 제2차 세계대전 이후 많은 수가 등장하였으나 냉전의 환경은 NGO의 활동을 제한적으로 만들었다.[66] 냉전의 영향으로 1950년 6월부터 3년간 지속된 북한

과 남한 간의 한국전쟁은 월드비전(구 선명회)이라는 NGO의 탄생 배경이
되기도 하였다.

냉전(Cold War)의 종식

끝나지 않을 것만 같았던 냉전은 1980년대 고르바초프가 구소련을
이끌면서 사회주의 진영과 자본주의 진영 간 긴장이 완화되고 1992년
구소련이 붕괴하면서 종지부를 찍게 되었다. 냉전이 종결된 후 국제
사회에서 미국이 유일한 초강대국이 되면서 여러 지역적, 초국가적
체계 형성의 자율성에 힘을 실어주게 되었다.67) 냉전 종결 후 약 20년
동안 미국은 군사적, 경제적 측면에서 세계에서 누구도 대항할 수 없는
가장 강력한 국가였으나 2000년대 후반에 접어들면서 러시아, 중국,
인도, 브라질 등이 더욱 독립적으로 행동하면서 새로운 국제 질서가
나타나고 있다.68) 국제기구는 냉전의 의제를 버리고, 지구화로 인해
국가들은 공통된 문제를 해결하기 위해 전 세계적 조약이나 연대적
관계를 형성해야 하는 과제를 안게 되었다.69) 이러한 노력의 목적으로
2015년 세계 193개국은 국제연합에서 2030년까지 이행해야 하는 지속
가능 발전 목표(SDGs)를 채택하였다. 냉전이 종식되면서 NGO의 수는
이례적인 수준으로 증가하여 2000년대를 지나면서 대략 1만 8,000개의
NGO가 존재하게 되었으며, 1990년대 이후 NGO가 참여한 국제개발협
력의 규모는 1990년대 이후 5배 이상 증가하였다. 냉전이 종식되고
경제적으로 세계화가 진척됨에 따라 국가적 능력은 약화되었고, 이는
1990년대에 국제적인 시민사회 활동에 상당히 많은 기회를 가져오는
계기가 되었다.70)

이 시기에 살펴봐야 할 또 하나의 세계적 흐름은 1980년대 이후

신자유주의의 확산이다. 각종 규제의 철폐와 시장 개방을 중심으로 한 신자유주의 정책은 여러 국가에서 빈부 격차를 심화시켰다. 또한 신자유주의 정책은 아프리카 국가들을 비롯한 여러 나라들의 성장 동력을 고갈시키고 사회적 균형을 파괴하였다. 여기에다 2008년 미국으로부터 시작된 금융위기는 세계화로 인해 전 세계를 위기에 빠뜨리게 되었다. 이렇게 1929년 대공황에 버금가는 세계적 수준의 경제적 혼란이 찾아오면서, 시민사회를 중심으로 자본주의의 지속가능성을 의심하게 만들었다. 그 결과 세계 시민사회는 신자유주의 세계화에 대한 범세계적인 저항운동을 본격적으로 벌이게 되었다. 대표적으로 중남미 좌파 지도자들을 중심으로 세계 각국의 진보성향 시민단체 등이 모여서, '또 다른 세계도 가능하다(Another world is possible)'를 모토로 2001년부터 시작된 '세계사회포럼World Social Forum, WSF'이 있다. 이와 함께 시민사회 영역에서 공정무역과 지속가능한 발전을 위한 대안적 운동이 활성화되기도 했다.

2.5 INGO[71]가 걸어온 길

지옥에 온 것을 환영한다. 세계 주요국 정상들의 모임인 G20 회담이 12번째로 독일 함부르크에서 2017년 7월 7일과 8일 이틀 동안 열렸다. 이 시기 함부르크는 10만 명의 시위대로 뒤덮였다. 일부 과격한 시위대도 있었으나 대다수는 평화롭게 시위를 진행했다. "G20: 지옥에 온 것을 환영한다(G20 : Welcome to Hell)"는 함부르크에서의 시위에 참여하겠다고 등록한 여러 그룹 중 하나인 반(反)세계화 운동가 그룹이 내건 구호이다. 7월 6일의 "지옥에 온 것을 환영한다" 행진은 경찰과의 충돌로 공식적으로는 취소되었지만 많은 사람이 거리에 남아 시위를 이어갔다. 함부르크에서 최루탄과 강력한 물대포로 G20 반대 시위대를 분산시키는 독일 경찰의 극적인 이미지들에 세간의 관심이 집중되면서, 길 위의 시위대가 그들의 목소리에 귀 기울이는 사람들에게 던지는 메시지는 분명해졌다: "더 나은 세상은 가능하다." 전 세계의 리더들이 도착하면서, 독일 당국은 7월 7일에 공식적으로 시작하는 G20 회의의 지나친 보안 조치로 비판을 받았다. 대규모 시위가 시작되기에 앞서, G20 반대 국제행동(NoG20 International Coordination)은 말했다. "신자유주의의 정치와 전쟁이 우리 도시의 중심에서 결정됩니다. 이러한 결정은 시민들로부터 차단되어 있고, 무장한 경찰에 의해 보호받고 있으며, 정치적 권리의 제한으로 뒷받침되고 있습니다." "이 민주주의

폐쇄의 목적은 단 하나입니다. 바로 막을 수 없는 것을 막고자 함이지요. 우리의 시위는 다른 세상을 위해서 말할 것이고, 다른 세상에 대해 말할 것입니다."72)

20개국이 모인 회의는 왜 많은 사람의 반대에 부딪혔을까? 그것은 정치권에 대한 불신과 195개국이 함께 살아가는 지구촌의 난제를 두고 단 20개국의 세계 지도자들이 '밀실 논의'를 하는 게 아니냐는 의혹 때문이었다. 그뿐만이 아니다. 세계 시민들은 도널드 트럼프 미국 행정부의 지구촌 부조리 해결을 위한 재정 지원 중단과 기후 변화 대응을 위한 세계 각국의 약속인 파리협정 탈퇴 선언에 대해 반발하였다. 또한 블라디미르 푸틴 러시아 대통령의 시리아 내전 개입, 레제프 타이이프 에르도안 터키 대통령의 반정부 인사 탄압, 미셰우 테메르 브라질 대통령의 부패 추문 등도 시위대가 결집한 이유로 거론된다.73) 시위에서는 다양한 행사가 개최되었는데, 그 중에서 국제연대정상회의(Global Solidarity Summit)가 G20 정상회의에 대항하여 함부르크에서 이틀간 열렸다. 이 회의는 NGO, 정당, 싱크탱크 등을 포함한 77개 기관이 주최하였고, 참가자들은 연대(solidarity)를 바탕으로 기후, 경제, 노동, 평화 등의 주제를 토론하는 기회를 가졌다. 이 시위에 참여한 시위대는 세계시민사회(global civil society)의 한 단면을 보여준다. 세계시민사회는 지구촌의 여러 구조적인 문제를 해결하기 위해서 연대하고 다양한 목소리를 내고 있다. INGO는 이러한 세계시민사회를 주도하고 핵심적인 역할을 하고 있다.

국제연합United Nations, UN 경제사회이사회에 따르면 INGO는 "국가 간 조약으로 설립되지 않은 모든 조직"을 의미하며, "정부 권한에 의해 임명된 회원을 받아들여도 되지만, 그 회원이 기관의 관점에 대한 자유로운 표현을 방해해서는 안 된다"고 한다.74) NGO는 주로 국제

〈표 3〉 INGO 특성

목적	기관의 목적이 적어도 3개국 이상에서 활동을 수행할 의도를 가지며, 순수하게 국제적인 성격을 가지고 있어야 한다.
회원	적어도 3개국에서 완전한 투표권을 가진 개인 또는 집단의 참여가 있어야 한다. 회원권은 기관의 활동 분야에서 적절한 자격이 있는 개인이나 독립체 누구나 가입할 수 있어야 한다. 투표권은 어느 한 나라의 모임이 기관 전체를 통제할 수 없도록 해야 한다.
구조	기관의 법은 모든 회원에게 일정 기간마다 이사회와 고위간부직을 투표할 수 있는 권리를 제공하는 공식적 구조를 갖추고 있어야 한다. 영구적인 본부가 있어야 하며, 활동의 연속성을 위한 공급이 이루어져야 한다.
임직원	활동 관리를 가능하게 하기 위해, 임직원이 모두 같은 국적인 것이 기관의 부적합 요소는 아니지만, 이러한 경우에는 정해진 기간마다 본부와 다양한 나라에 있는 회원 간 교대가 이루어져야 한다.
재정	예산의 상당 부분이 적어도 세 나라에서 출연되어야 한다. 회원에게 분배해주기 위해 수익을 창출하려는 시도가 있어서는 안 된다.
타 기관과의 관계	다른 기관과 연결된 적이 있는 단체이더라도 독립적으로 운영되며 스스로 간부직을 투표로 선발한다는 증거가 있다면 국제기관에 포함된다.
활동	현재 활동하고 있다는 증거가 있어야 한다.

출처: "Types of International Organizations," Union of International Associations, assessed June 27, 2018, https://uia.org/archive/types-organization/cc.

활동을 하는 시민사회의 단체를 의미하며, INGO는 3개 이상의 지부를 둔 국제 조직이 구성된 NGO를 의미한다.

본부가 벨기에의 브뤼셀에 있는 국제협회연합(Union of International Associations)은 목적(aims), 회원(members), 구조(structure), 임직원(officers), 재정(finance), 타 기관과의 관계(relations with other organizations) 그리고 활동(activities)의 일곱 가지 측면에서 INGO의 기준을 마련하였으며, 적어도 3개 이상의 국가에서 활동하는 NGO만을 INGO로 규정하고 있다.[75] 국제협회연합은 매년 연감을 편찬하는데 3만 7,500개가 넘는 INGO가 실질적으로 활동하고 있는 것으로 파악하고 있고, 그 외에 대략 3만 8,000개의 기관도 명목상 존재하고 있는 것으로 보고 있다.[76]

INGO의 등장

INGO의 맹아(萌芽)는 19세기에 나타났다. 현대적 의미에서 첫 INGO는 1839년 설립된 '영국 및 해외 반노예 사회The British and Foreign Anti-Slavery Society'라고 할 수 있다. 19세기부터 20세기 초까지 영국을 비롯한 프랑스, 네덜란드, 독일, 이탈리아 등 제국들이 아프리카와 아시아 각지에 식민지를 확장하는 과정에서 노예와 관련한 사회 문제를 일으켰던 것이 이 단체의 출범 배경이다. '영국 및 해외 반노예 사회'의 모체는 1823년 영국에서 설립된 '반노예 사회Anti-slavery International'인데, 이 단체는 1838년 영국과 영국 식민지에서 노예가 해방되자, 1839년 전 세계의 노예제 폐지를 위해 INGO인 '영국 및 해외 반노예 사회'를 설립하였다. 식민지 문제로 인한 반노예 운동뿐만 아니라, 19세기에서 20세기 초의 INGO들은 노동 운동, 여성 참정권 운동 등을 전개하였다. 18세기 중엽부터 20세기까지 이어진 1, 2차 산업혁명으로 인해 노동 조건과 노동 환경이 열악했고, 경제 활동에 참여하는 여성의 규모가 커지면서 성차별 문제에 대해 인식이 커졌기 때문이다. 이러한 문제를 해결하기 위해서 19세기 말까지 100여 개가 넘는 INGO가 활동하였다.77) 한국에서는 1903년 창설된 황성기독교청년회(서울YMCA의 전신)가 한국에서 활동한 최초의 INGO로 알려졌다.

제1차 세계대전(World War I)

1914년 제1차 세계대전이 발발하면서 초국가적으로 개최되던 INGO의 집회 수는 급격히 감소하였고, 수많은 INGO가 해체되었다. 그러나 전쟁이 끝난 후 초토화된 유럽의 전후 복구를 위해 INGO는 폭발적으로 증가하였다. 제1차 세계대전은 인권과 평화에 대해 깊은 성찰을 하게 되는 계기가 되었다. 전후 맺어진 베르사유 조약을 바탕으로 상설 국제기구인 국제연맹The League of Nations이 설립되었고, 인권 인식을 바탕으로 전후 구호를 위해 세이브더칠드런Save the Children International Union과 같이 새로운 인도적 지원 단체들이 설립되었다. 전쟁 복구를 위해 각국 적십자 사회(Red Cross Societies)의 연합체의 필요성이 대두되면서 국제적십자사연맹(IFRC)이 1919년 5월 프랑스 파리에서 창설되었고, 재난대비 및 대응, 취약계층 지원을 위해 각국 적십자사가 협력할 수 있도록 지원하기도 하였다. 전후 국제 평화 달성이라는 목적을 가지고 설립된 국제연맹은 INGO 활동에 대한 자료 출판 지원, INGO에게 국제연맹의 회의에 참석 기회 제공, 국제연맹 공식 간행물에 INGO 청원 활동 인쇄 등의 방법으로 INGO와 부분적으로 협력하기도 하였다. 세계시민사회는 빠른 전후 복구 과정에서 전례 없는 속도로 확장되었고, 1920년대에 설립된 INGO의 수는 19세기를 통틀어 설립된 INGO 수의 두 배에 달할 정도였다.

이 시기에 INGO가 진행한 대표적 캠페인 중 하나는 군비 축소 운동이다. 특히 1930년대에 진행된 군비 축소를 위한 청원 운동은 역사상 가장 큰 규모로 진행된 국제적 청원으로 평가받는다. 1920년대에서 1930년대 초까지 군비 축소를 위한 캠페인에는 미국에서 설립된 로타리 인터내셔널Rotary International부터 러시아에서 설립된 공산당 인터내셔널Communist International까지 상당히 넓은 범주의 시민사회 단체가 참여하였다. 군비 축소 운동의 정점은 1932년에서 1933년 사이에 열린 국제연맹의 세계 군비축소회의World Disarmament Conference였는데, 여성 INGO의 주도로 진행된 군비 축소 청원 운동은 인구 대비 서명자의 비율이 가장 높다는 점에서, 역사상 가장 큰 규모로 진행된 국제적

청원 운동으로 알려졌다.[78]

대공황(The Great Depression)과 제2차 세계대전(World War II)

제1차 세계대전 후 폭발적으로 증가하던 INGO는 대공황을 맞으면서 심각한 쇠퇴기를 맞이했다. 대공황은 근대화된 모든 국가를 경제적 곤란에 빠뜨렸고, 불안정한 경제는 나치즘과 파시즘이 등장하게 된 배경을 제공하였다. 경제적 곤란은 INGO의 재원을 고갈시켰고, 많은 단체는 회의, 출판 및 기타 활동을 축소해야 했다. 반 파시스트적(anti-fascist) 성향을 가지고 있던 INGO는 독일, 일본, 오스트리아, 이탈리아, 스페인과 포르투갈 같은 나라에서 지부를 닫도록 강요받았다. INGO의 회원 수는 지속해서 하락했으며, 1930년대 하반기에는 INGO의 수가 1920년대 후반에 비해 반으로 줄어들었다. 대공황으로 그 영향력을 잃은 INGO는 제2차 세계대전으로 다시 한번 타격을 입는다. 제2차 세계대전이 시작되면서 1930년대 하반기 INGO의 수의 절반 수준으로 또다시 감소하였다.[79]

냉전(Cold War)

제2차 세계대전이 끝난 후에 INGO는 두 번의 전쟁으로 인해 발생한 다양한 사회 문제에 대해 활동을 본격화하게 된다. 하지만 구소련을 중심으로 한 사회주의 진영과 미국을 중심으로 한 자본주의 진영 간에 시작된 냉전은 INGO의 활동을 상당히 제한했다. 반면 2차 세계대전은 제1차 세계대전이 끝난 후처럼 전후 복구와 인권에 관한 관심이 높아지는 계기가 되었다. 구호, 인권에 관한 관심을 바탕으로 옥스팜(1942년

〈그림 4〉 INGO 수

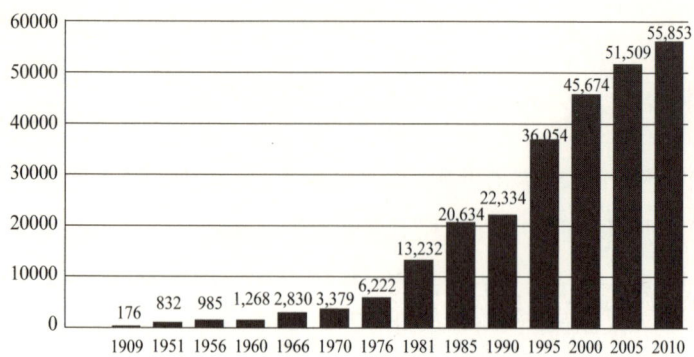

출처: "Historical overview of number of international organizations by type 1909-2013," Union of International Associations, 2013.

설립), 케어 인터내셔널(1945년 설립) 등 국제 구호 단체가 등장했다. 정의롭고 평화로운 지구적 공동체를 위해, 그리고 국제연맹의 한계점을 개선하기 위해 1945년 국제연합이 설립되었고, NGO에는 경제사회이사회의 협의적 지위가 주어졌다. 1948년에는 INGO의 지원으로 세계인권선언의 초안이 마련되었다. 당시 INGO는 공식적인 발언권은 없었다. 하지만 인권의 중요성을 각인시키기 위해서 회의장 밖에서 헌신적인 기여를 하였는데, 이를 두고 '복도로비'라고 하였다.[80]

1950년에 발발한 한국전쟁은 2차 세계대전 이후 최대의 민간인 피해를 끼친 전쟁으로, 옥스팜과 세이브더칠드런 등 인도주의적 INGO의 역할을 더욱 부각하는 계기가 되었으며, 월드비전의 등장 배경이 되기도 하였다. 1960년대에는 지구화의 흐름 속에서 여권을 비롯한 인권 신장과 환경 보호와 같은 새로운 사회 운동이 증가하였다. 특히 국제앰네스티Amnesty International와 같은 단체는 냉전의 환경에서 국가를 막론하고 정치범을 지원하여 냉전으로 나뉜 두 진영 사이에 다리를 놓고자 노력하였다. 1970년대에는 한층 발전된 초국가적 네트워크를 가지고 1972년 스톡홀름 국제연합 인간 환경 회의, 1975년 멕시코시티 세계여성대회 등에서 INGO 활동이 활발하게 진행되었다. 이 시기 INGO의 수는 급격히 증가하였으나 냉전의 지속으로 인해 여전히 비교적 제한적인 활동을 할 수밖에 없었다.[81]

냉전(Cold War)의 종식

1985년 고르바초프가 소련에서 집권하면서 냉전의 긴장이 완화되고, 1991년 소련이 붕괴하면서 냉전이 종식되었다. 냉전의 종식과 함께 지구화가 궤도에 올랐고, 세계화는 한 국가 내에서 해결할 수 없는 문제들을 대량으로 양산해내었다. 1980년대 후반부터 INGO의 수는 빠르게 늘어나기 시작하였고, 냉전이 끝난 1990년대에는 더욱 급격히 증가했다. INGO는 지구화가 빠르게 진행되면서 정부가 혼자서 대처할 수 없는 기후 변화, 에이즈, 난민 증가 등의 이슈에 관심을 두고 활발한 활동을 진행하고 있다. 탈냉전 시기의 INGO의 활동은 여러 성과를 이룩했는데, 1996년부터 2000년까지 진행된 빈곤 국가의 부채 탕감을 위한 주빌리 2000 운동(Jubilee 2000)은 1999년 G8 정상 회의에서 총 1,000억 달러에 이르는 외채 탕감 합의를 이루어내었고, 1,000여 개 이상의 민간단체로 구성된 기구인 국제지뢰금지운동(International Campaign to Ban Landmines, ICBL)을 중심으로 이루어진 지뢰금지운동은 1997년에 오타와에서 90여 개국의 찬성을 받아 대인지뢰금지협약안을 통과시켰다.[82]

이렇듯 INGO의 역사는 그 시대의 위기와 도전에 직면하여 이를 해결하기 위한 노력의 역사였다. 특히 최근에는 세계화 전략 속에서 빈곤의 문제, 지구 온난화 등의 환경 문제 등 지구적 차원에서의 연대를 통해 해결해야 하는 사회적 문제의 비중이 커지면서 INGO의 활약이 더욱 중요해지고 있다.

2.6 한국 국제활동 NGO가 걸어온 길

한국의 비영리 민간단체의 수는 약 1만 3,000개에 달한다. 우리나라 NGO의 초기단체는 1903년 YMCA를 시작으로 대한적십자사(1905년), 흥사단(1913년) 등이라고 할 수 있다. 국제활동 NGO는 약 250개로 추정된다. 이 정도의 단체가 본격적으로 활동하게 된 것은 2000년 전후부터다. 한국의 국제활동 NGO는 이제 걸음마 단계에 놓여있는 것이다. 한국 NGO의 국제활동이 그동안 어떻게 전개해왔는지 살펴보기 위해서는 국제 관계에 노출되는 상황과 현상을 살펴볼 필요가 있다. 국제활동의 관점이나 내용은 각자 처한 환경에서 역사적 경험을 통해 형성되기 때문이다. 그래서 한국 시민이 국제 관계 속에서 체험한 것은 어떤 것인지 이를 중심으로 보는 것이 중요하다. 아울러 우리에게 국제 현상들이 어떻게 누적되어 왔는지를 확인하고 그 특성을 파악하는 것은 한국의 특성에 맞는 국제활동을 그려보는 데 도움이 될 것이다. 예를 들어, 영국이 갖는 국제활동의 경험과 역사가 우리의 것과는 전혀 다른 궤적을 갖고 있기 때문에 국제활동을 바라보는 시각에 차이가 있을 수밖에 없는 이치와 같은 것이다.

한국 현대사에서 국제활동 NGO의 역사가 본격적으로 시작된 것은 1950년대 한국전쟁 이후 기독교 교회 중심의 외국 NGO가 원조 활동을 진행하면서부터라고 볼 수 있다.[83] 하지만 이 시기는 한국의 경제적 기반이 약하여 타 국가나 외국 NGO, 즉 외국민간원조단체로부터 원조를 받은 국제활동 NGO의 '수혜기'라고 볼 수 있다. 그 후 1987년 시민이 이루어낸 정치적 민주화, 한국 경제의 한강의 기적 그리고 냉전의 긴장 완화는 시민사회를 활성화시켰다. 국가적 차원에서도 국제활동이 증가하였다. 이 시기는 국제활동 NGO가 처음 등장하였으나 본격화되지는 못한 '변동기'라 할 수 있다. 2000년부터 국제활동 NGO 수는 급증하고, 2010년 한국이 OECD DAC(경제협력개발기구 개발원조위원회) 회원국으로서 활동하기 시작하게 되었다. 2000년대부터 한국의 국제활동 NGO는 명실상부한 국제활동 기여자로서 활동하는 '기여기'를 맞이하였다.

수혜기: 전쟁, 안보, 개발독재

1950년대에서 1987년 6월 항쟁까지의 기간은 다시 안보국가의 시기와 개발독재의 시기로 나눌 수 있다. 1950년대 한국전쟁 후 한국은 안보국가(national security state)의 시기, 1960년대부터 1987년 6월 항쟁 전까지는 독재 혹은 권위주의가 존재한 시기, 즉 개발독재의 시기로 볼 수 있다.

안보국가의 시기는 국가가 반공을 국가 목표로 하여 새로운 반공 대결적 국가로 재정립한 시기를 의미한다. 즉 극우적인 반공주의가 국민을 규율화하고 국가적 목표를 향해 국민을 통제하고 동원하는 중요한 메커니즘으로 작동하였다는 것이다. 이식된 미국식 민주주의 제도들은 국민에 유리한 방향이 아니라 집권층에 유리한 방향으로 규정되고 운용되었다. 이 시기에는 저항적인 사회운동조직이 합법적으로 존립할 수 없었을 뿐더러 기타 조직들도 국가에 종속된 조직으로 존재할 수밖에 없었기 때문에(대중단체의 관변단체화) 한국노총, 농협 등 각 분야의 대중조직이 극우적인 국가권력에 종속된 채 명맥을 유지하였고 해방공간과 한국전쟁을 거치면서 급진적이거나 저항적인 사회조직과 집단은 제거당하였다. 현재 시민단체들의 전신이라고 할 수 있는 다양한 민간단체들 역시 철저히 국가권력에 종속된 어용적인 조직으로 존립하게 되는데, 예를 들어 흥사단이나 YMCA, YWCA 같은 비정부조직이 현실 정치나 정권의 문제와는 거리를 두는 탈정치화한 조직으로 자리 잡게 되었다.[84]

1950년 6월 25일, 한국전쟁이 시작되었다. 3년간의 전쟁은 한국을 초토화시켰다. 한국전쟁 후 남한 쪽 사망자만 50만 명이었고, 폐허 주택은 61만 채였으며, 이산가족은 760만 명이었다. 산업기반시설 역시 파괴되어 공업시설의 43%, 발전시설의 41%, 철도 312km가 손상되었다. 한국은 전후 당시 세계에서 가장 많은 원조를 받았는데, 각국 정부뿐만 아니라 외국 NGO들의 지원활동이 매우 활발하였다. 원조는 경제, 사회, 문화 등 많은 분야에 영향을 미쳤으며 그 흔적은 아직도 존재하고 있는 많은 NGO를 통하여 확인할 수 있으며, 한국에서 활동하였던 외국 NGO들은 한국 국제 활동 NGO의 발달과정에 일정 부분 역할을 하였다. 1950년 7월에서 1952년 11월까지 국제연합United Nations, UN을 통해 세계 각국의 NGO로부터 받은 구호금이 1,000만 달러를 웃돌았다.

한국에서 활동한 외국의 NGO들을 외국민간원조단체(이하 외원단체)라 하였다. 1952년에는 이들 협의체인 외국민간원조단체 한국연합회Korea Association of Voluntary Agencies, KAVA가 결성되었다. 외원단체에 의해 한국에 도입된 무상원조는 1945년 해방 이후부터 시작하여 1993년까지 총 12억 달러를 웃돌았고, 총 130여 개 외원단체들이 활동하였다. 이

외원단체들은 종교적 연관성이 높았는데, 구한 말 이래 한국에서 활동한 총 147개 외원단체의 종교적 배경을 살펴보면 기독교 113개(개신교 73개, 가톨릭 40개), 불교 1개, 비종교단체 33개[85])로, 기독교 배경을 가진 외원단체가 전체의 약 76%였다. 외원단체들의 기독교적 배경은 한국사회와 사회사업의 종교적 연관성에 크게 영향을 미치게 되었다. 기독교 성향을 가지고 있는 외원단체는 1970년대 무렵 활동이 축소되면서 일부는 철수하였지만 많은 경우 한국에서 활동방향을 바꾸어 정착하여, 한국인에게 상당 부분 역할을 위임하였고 선교단체는 새로운 선교의 계기로 삼았다. 현재 활동하는 기독교적 배경의 국제 활동 NGO는 궁극적인 목적으로 장기적인 선교활동을 위해 단기적으로 구호, 사회복지 등의 사업을 하는 경우가 다수 있다.

1961년부터 1987년에 이르는 시기는 독재 혹은 권위주의가 존재한 시기, 즉 개발독재가 지배하던 시기이다. 개발독재 시기의 시민사회는 기본적으로 '억압과 배제'로 특징지을 수 있다. 독재체제가 견고해짐에 따라 반대로 전투적인 민중운동이 발전하고 확대되는 결과를 낳았다. 이러한 민중운동의 선도적인 투쟁과정에서 급진적인 저항운동 세력이 출현하게 되었다. 권위주의 시대 시민사회 내에서 존재하는 사회단체는 크게 첫째, 권위주의 국가가 후견하는 관변단체, 둘째, 전투적이고 저항적인 사회운동 단체, 셋째, 그 중간지대에 탈정치화한 혹은 비정치화한 시민사회 단체가 존재하였다. 1950년대와 다른 점은 한국전쟁 후 시기에는 저항적인 사회운동 단체가 존립조차 할 수 없었으나, 군부 권위주의 아래서는 그에 대응하는 저항적 사회운동 단체가 비록 합법성을 지니지는 못했어도, 일정한 국민적 공감을 획득하면서 존재했다는 점이다.[86])

이 시기 우리 사회의 또 하나의 잊어서는 안 되는 경험은 베트남 참전이다. 한국 정부는 1964년부터 1973년까지 약 5만 여명의 병력을 파견하였는데, 이는 호주, 뉴질랜드, 태국, 필리핀, 대만, 스페인이 베트남에 파병한 총병력의 약 3배에 달하는 규모였다. 한국 정부가 베트남 전쟁에 이처럼 적극적으로 대응한 것은 전쟁 개입을 통해 국제사회에 더욱 깊게 진입하려는 의도였다. 특히 파병의 대가로 우리나라는 국군의 전력을 증강시키고 경제개발에 필요한 차관을 제공받을 수 있었다. 또한 군수품을 수출하고 파병 군인이 보내주는 적지 않은 외화를 벌어들였다. 이로써 파병 군인과 그들의 가족들이 전쟁을 통해 국제사회를 바라보았던 비극적인 기억은 아직도 우리 사회에 남아있게 되었다.

1970년대부터는 경제적 측면에서 자립기 또는 준비기로서 외국으로부터 받는 원조가 줄어들어 외원단체도 줄어들었으나 한국의 기독교가 뿌리를 내려 세력이 커지면서 해외 선교 및 개발사업에 관심을 두게 된 시기였다. 한국의 경제가 급속도로 성장하면서 케어 인터내셔널 등 일부 유수한 선진 원조 단체들이 국내에서 국제 NGO의 역할을 전환하지 못하고 철수하였다. 하지만 한국의 최대 복지단체로 성장한 초록우산어린이재단(구 한국복지재단)은 미국의 기독교 아동복리회(CCF) 한국지부로서 1950~1960년대에 외국 원조 물자를 가장 많이 유치하여 우리나라 복지 분야에 크게 기여하며 1980년대에 가장 먼저 자립을 하게 되었다.[87]

변동기: 국제활동 NGO의 등장

한국의 국제활동 NGO는 1990년 즈음에 이루어진 세 가지 특징적인 계기를 통해 싹을 틔우기 시작하였다. 먼저, 정치적 계기가 있었다.

1987년 민주항쟁은 한국 역사 최초의 '민주주의 시대'이자 동시에 '시민사회 시대'의 개막을 알렸다. 여야 합의로 전격적인 헌법 개정이 이루어졌고 대통령 직선제가 시행되었다.[88] 두 번째, 경제적 계기로 1987년은 한국 경제가 산업화의 성과를 확인하면서 경제적 자율화의 토대를 건설하기 시작한 시점으로도 볼 수 있다. 한국 경제는 1960년대 경제개발이 시작된 후 최초로 1986~1989년까지 무역수지 흑자를 기록하였다. 1980년대 중반에 3저(저금리, 저유가, 저달러)로 호황을 누린 것이다.[89] 마지막으로, 국제적으로는 1985년 고르바초프가 구소련을 집권하기 시작하면서 냉전의 긴장이 완화되기 시작하였고 1991년에는 소련이 붕괴하여 냉전체제가 종결되었다. 우리나라도 1990년 한소수교(한러수교), 1992년 한중수교 등으로 국제 관계의 긴장이 완화되었다. 1987년의 민주화, 경제 성장 그리고 냉전 완화의 세 가지 시대적 특징은 시민사회를 활성화했다.

이 시기 우리 시민에게 결정적으로 국제적인 의식을 강화해준 사건으로 빼놓을 수 없는 것은 1988년 올림픽이다. 올림픽은 구소련을 비롯한 유럽 동구권 국가들과 수교를 맺는 데 결정적인 역할을 하였고, 1988년 공산권 국가들과의 교역량을 1987년보다 80% 증가시키는 역할을 했다. 올림픽 이후 한국의 경제발전과 성장이 국제적으로 알려짐으로써 외국인 노동자들이 유입되기 시작하였다. 3D 업종 종사에의 기피에 따른 단순 기능 인력 부족 현상으로 1991년 법무부 훈령[90] 이후 외국인 노동자의 국내 진출이 현저히 증가하게 된 것이다. 1990년대 초 5만여 명에 불과했던 외국인 노동자의 규모는 2016년 100만 명을 넘어섰다. 이러한 사회적 분위기는 해외여행자유화로 이어졌고 다양한 국제교류가 활성화되기 시작하였다.

그리고 이 1980년대 후반에서 1990년대 사이에 국내에서 처음으로 자생 국제활동 NGO가 등장하였다. 여기서 크게 두 가지 배경을 확인할 수 있다. 첫째, NGO 활동이 부상하였다. 1980년대 후반부터 시민운동이 활발해지게 된 것은 민주화로 인해 제도정치에 참여할 기회가 확대되고 사회 운동의 공간이 자율적으로 확장되었기 때문이다. 이 시기부터 시민단체가 시민사회운동의 주요한 정치행위자[91]로 등장하게 되었다.[92] 시민운동이라는 이름으로 '시민사회운동의 르네상스'기를 알리는 상징적인 사건은 경제정의실천시민연합(경실련)의 출범이라고 할 수 있다. 경실련은 1989년 7월 부동산 투기 근절 및 경제 정의 실현 등을 목적으로 하여 출범하였다.[93] 또한 시민운동단체들은 1994년 9월 한국시민단체협의회를 결성하게 되며 집단적 실체로서 부상하게 되었다.[94] 둘째, 국가적 차원에서도 국제활동이 체계화되기 시작하였다. 1987년에는 대외경제협력기금(EDCF)이 설립되어 유상협력이 본격화되었고, 1991년 KOICA(한국국제협력단)가 설립되어 당시 정부 각 부처에서 분산되어 시행되던 무상원조 및 기술협력 업무가 통합되어 원조 실시체제가 정비되기 시작하였다.[95] 그리고 정부의 개발원조를 전담하는 KOICA에 1995년 민간협력팀을 설치하여 정부 차원의 NGO 지원이 시작되었다.[96] 그 전에 한국에 대한 원조를 위해 설치되었던 외국민간원조단체한국연합회(KAVA)가 1994년에 해체되고, 1999년 국내 NGO들이 회원단체로 참여한 협의회인 국제개발협력민간협의회(구 해외원조단체협의회)가 설립되었다. 이 협의회는 해외 원조 사업이 효과적으로 수행되도록 회원 단체 간의 정보공유와 협력관계 구축을 위해 노력하고, 해외 원조 사업에 대한 국민의 참여를 촉진시킴으로써 국제협력사업의 발전에 기여하는 것이 목적이었다.[97]

이러한 시대적 분위기 속에서 1990년대부터 한국 국제활동 NGO들이 설립되기 시작하였다. 굿네이버스(구 한국이웃사랑회), 지구촌나눔운동,

글로벌 케어, 한국 JTS 등이 처음부터 국제활동 NGO를 목표로 세우고 활동을 시작하였다. 한국 내 자생 국제활동 NGO들이 생겨난 것이다. 이런 NGO들의 등장은 한국 시민사회 역사의 새로운 전환점이 되었다고 할 수 있다. 한국에서 활동 경험은 없지만 기독교 선교방법으로써 특별히 기아문제에 초점을 맞추어 활동하는 국제기아대책기구가 1989년 국내 최초로 해외를 돕는 NGO로 창립되었고, 1990년에 국내에 사단법인을 등록하고 해외 기아문제를 이슈화하여 활동하기 시작하였다.[98] 월드비전(구 선명회)은 외국 지원금으로 국내지원을 하다가 1991년부터 본격적으로 해외 지원으로 전환하였다. 경실련은 1996년 베트남에 기술학교를 세웠는데, 이는 국내 시민사회단체로는 최초로 개발협력사업을 추진한 것이었다.[99]

  이 무렵 우리 사회에 미치는 영향 중에 무시하지 못할 것이 코리안 디아스포라에게 나타난 문제이다. 디아스포라는 같은 민족적인 기원을 지닌 사람들이 여러 나라에 흩어져 살게 되거나, 국외에 흩어져 살고 있으면서 민족에 대한 귀속 의식과 같은 신념 체계를 지닌 사람들을 지칭하는 광범위한 개념이다.[100] 조선족의 경우, 냉전이 종결되면서 맺어진 1992년 한중 수교 이후 조선족 동포의 한국 이주가 급증하였는데, 한국 초청사기 사건[101]과 한국 정부의 출입국 통제 정책으로 많은 갈등이 생겨났다. 고려인의 경우는 냉전의 종식과 더불어 중앙아시아의 여러 국가가 독립하게 되면서 민족 차별 정책을 경험하던 고려인들이 다시 러시아로 유입되었고, 그 중 많은 사람이 난민의 처지에 놓이게 되었다. 고려인은 1937년 스탈린 정부에 의해 러시아 극동지역으로부터 카자흐스탄 및 중앙아시아로 강제 이주한 약 20만 명의 한인들의 후손을 말한다. 북한 주민의 경우 냉전 직후 러시아의 식량 원조가 사라지고, 1990년대 중반 대홍수와 가뭄이 발생하자 기근으로 인해 약 30만 명 이상이 사망하게 되었다. 이 고난의 시기에 많은 북한 주민은 두만강을 건너 탈북하였고, 두만강 유역을 중심으로 불법체류 중인 탈북난민들의 강제송환은 국제적인 인권 문제를 일으켰다. 한국으로 들어온 탈북 난민인 새터민[102]의 유입도 꾸준히 증가하여 2017년에는 3만 명을 넘어섰다.

북한의 극심한 식량난이 외부세계에 알려지면서 대북 인도적 지원을 목적으로 새로운 NGO들이 등장하였다. 대표적으로 1996년 천주교, 기독교, 불교계 등 6개 종단과 주요 시민사회단체가 함께 참여한 국민운동조직인 우리민족서로돕기운동이 있다. 우리민족서로돕기운동은 인도적 대북지원과 남북 간 교류사업을 통해 남북 간의 반목과 대립을 깨고 한반도의 평화정착과 민족의 화해와 공존을 이루어가는 목표를 설정하였다.[103] 더 나아가 우리민족서로돕기운동은 중국과 러시아의 동포 지원을 위해 별도로 동북아평화연대를 설립하였고 동북아시아의 오랜 냉전과 전쟁의 흉터로 인한 반목과 대립을 극복하고 새로운 동북아 시대를 구현하는 활동을 전개하기도 하였다.

기여기: 국제활동 NGO의 본격화

2000년대에 들어서면서 국제활동 NGO의 숫자도 늘어나고 활동도 활발하게 진행되기 시작하였다. 그 배경으로 세 가지를 꼽을 수 있다. 첫째, 국제활동에 대한 시민들의 관심이 증대되었다는 점이다. 무역 규모 등 경제수준이 높아지고 인터넷과 미디어의 발달로 인하여 일반대중들도 손쉽게 국외의 소식을 접할 수 있게 되면서, 개발도상국에 관한 관심도 아울러 늘어났다. 개발도상국의 문제가 지상파 방송에 등장하면서 대중들 사이에서는 국제 문제 특히 기아와 빈곤의 문제에 관한

<표 4> 국제활동 NGO 설립 연도(2015년 기준)

구분		단체 수(개)	비율(%)
설립연도	1960년 이전	4	3.1
	1960~1969년	5	3.9
	1970~1979년	5	3.9
	1980~1989년	10	7.9
	1990~1999년	23	18.1
	2000~2009년	54	42.5
	2010년 이후	26	20.5
합계		127	100

출처: 국제개발협력민간협의회, 한국국제협력단, 한국 국제개발협력 CSO 편람, (서울: 국제개발협력민간협의회, 2016), 24

관심이 높아진 것이다. 1997년부터 시작된 한 비영리단체의 모금방송은 2008년에는 방송을 통한 모금 100억 원을 달성하기도 하였다.[104]

두 번째, 시민사회 활동의 증가와 관련 법 제정을 들 수 있다. 비영리 민간단체는 2000년 총 2,524개에서 2015년 총 12,894개로 약 5배 증가하였다.[105] 국제활동 NGO는 1990년대에는 23개가 설립되었으나 2000년대에는 이 수치의 2배가 넘는 54개가 설립되어 2000년대에 국제활동 NGO가 본격화되었다.[106]

해외 사업을 시작한 국제활동 NGO의 수는 1990년대 28개에서 2000년대 48개로 증가하였으며, 2010에서 2015년 사이 이미 46개의 NGO가 해외 사업을 시작하여 2010년대에는 더 많은 NGO가 해외 사업에 참여하고 있다.[107]

1990년대부터 시작한 한국의 국제활동은 전통적인 사회복지단체들이 그 영역을 해외로 넓힌 사례가 많았으나, 최근 참여하는 단체의 배경은 점점 다양해지고 있어 기존의 국내 사회복지 사업을 하던 단체 외에도 공정무역, 환경, 여성, 인권 단체 등 여러 전문성을 가진 단체들이 국제활동의 중요성을 느끼며 새로이 참여하고 있다.[108] 이렇게

〈표 5〉 국제활동 NGO 해외 사업 시작연도(2015년 기준)

구분		단체 수(개)	비율(%)
해외 사업 시작연도	1990년대 이전	5	3.9
	1990~1999년	28	22.1
	2000~2009년	48	37.8
	2010년 이후	46	36.2
합계		127	100

출처: 국제개발협력민간협의회, 한국국제협력단, 한국 국제개발협력 CSO 편람, (서울: 국제개발협력민간협의회, 2016), 24.

NGO가 증가하는 것에 대하여, 비영리 민간단체의 자발적인 활동을 보장하고 건전한 민간단체로의 성장을 지원함으로써 비영리 민간단체의 공익활동 증진과 민주사회 발전에 기여함을 목적으로, 2000년 비영리 민간단체 지원법이 제정되었다. 이 법이 시행된 이후 2016년까지 시민사회 관련 법 제정과 정책 도입으로 사회복지와 서비스 단체, 사회적 기업과 협동조합 등 사회적 경제 관련 조직들이 설립되었다. 2000~2015년 기간에는 시민사회단체 활동을 지원하는 재단들과 사회적 경제를 대표하는 사회적 기업, 협동조합의 설립이 새로운 변화로 나타났다.[109]

세 번째, 국제활동 NGO에 대한 정부의 지원이 증가했다는 점이다. 특히 OECD DAC(개발원조위원회)에 2010년 1월 1일부터 24번째 정식 회원국이 되었던 것이 결정적인 계기가 되었다. 정부는 2010년 발표한 국제개발협력 기본계획(2011~2015)을 통해서 다양한 민간 파트너를 ODA(공적개발원조) 효과성 제고를 위한 파트너로 인정하고 다각적인 협력 방안을 마련하였다. 또한 2010년 1월 25일 ODA 정책의 법적 안정성 확보와 정책 일관성 및 원조 효과성 증진을 위해 국제개발협력기본법이 제정되어 같은 해 7월 26일에 발효되었다. 외교부(KOICA)의 국제활동 NGO 지원 예산 규모도 1995년 4.8억, 2000년 6억, 2005년 27억,

2010년 149억에서 2016년 약 230억 원으로 지속해서 증가하고 있다.110) 이 규모가 많이 늘어나기는 했지만, 전체 ODA 예산 규모에 비추어볼 때 그 비중은 낮다. 특히 다른 선진국의 NGO 지원 비중과 비교했을 때, 매우 낮은 수준이다.

한국은 반세기 만에 최빈국에서 세계 10대 경제 대국으로 성장하였다. 1945년 해방 이후부터 1995년 세계은행의 차관 대상에서 제외될 때까지 한국은 수원국으로 1945년부터 1999년까지 약 128억 달러를 지원받았다. 1991년 KOICA(한국국제협력단)가 설립되면서 우리나라는 공여국의 역할을 본격적으로 시작하게 되었고, 2009년에 경제협력개발기구 개발원조위원회(OECD DAC)에 가입하였다. 이렇듯 한국의 국제활동의 특징은 긴급구호원조, 국제개발원조 등을 받았던 수원국에서 공여국으로 전환된 전무후무한 경험이 있다는 것이다. 이는 인도주의적 국제활동, 국제개발협력 등에서 선진국과 그 시민이 가질 수 없었던, 도움을 받는 처지에서의 경험을 우리 사회와 문화 속에 축적해 왔다는 데 의미가 있다. 식민지주의에 일부 뿌리를 두고 있는 유럽의 경험과는 전혀 다른 출발 지점을 가지고 있는 것이다. 더불어 냉전의 종식은 분단국가인 우리나라가 그동안 분절되었던 동북아시아의 코리안 디아스포라의 유입이라는 국제 현상을 직시하게 했다. 이 과정에서 시민사회는 국제활동을 바라보는 시야와 타자에 대한 인식의 폭이 넓어졌다. 이러한 우리의 역사적 특수성을 우리나라의 국제활동에 잘 적용하고 발전시킨다면, 국제활동에 이바지할 수 있을 것이다. 특히 국제개발에서도 전쟁의 폐허에서 출발하여 경제 강국으로 발전해오면서 축적된 경험을 가진 한국 사회의 장점을 활용한다면 냉전, 식민지주의를 역사적 바탕으로 하는 국제개발이라는 비판을 받아온 서구의 한계를 극복할 수 있을 것이다.

2.7 왜 토종 NGO가 중요한가?

한 방송 프로그램111)에서 재미있는 실험이 소개된 적이 있다. 대도시 한가운데 길을 잃은 것처럼 혼란스러워 보이는 사람이 서 있다. 이 사람은 지방에서 갓 상경하여 중요한 약속에 가야 하는데 하필이면 지갑을 잃어버린 것으로 설정되었다. 그는 급한 마음에 무작정 주변 사람들에게 돈을 빌려달라고 하기로 했다. 그는 지나가는 사람들에게 "제가 이 도시에 막 왔는데 지갑을 잃어버렸습니다. 제가 꼭 가야 하는 곳이 있어서 그런데, 만원만 빌려주실 수 있나요? 집에 도착하자마자 바로 갚겠습니다."라고 말을 걸기 시작했다. 과연 행인들은 이 낯선 이를 믿을 수 있을까? 이 실험은 총 6개 국가의 대도시인 서울, 도쿄, 파리, 뉴욕, 베이징, 헬싱키에서 진행되었는데 돈을 빌려준 사람은 뉴욕이 가장 많았고 베이징이 가장 적었다. 이 실험은 사회구성원에 대한 신뢰의 정도인 사회적 자본을 알아보기 위한 것이다.

사회적 자본은 이 실험에서처럼 단순히 모르는 사람에 대한 신뢰뿐만 아니라, 가족과 친족을 합친 확대가족, 교회의 주일학교, 통근 열차에서 포커를 하는 단골 회원들, 대학 기숙사 룸메이트, 회원으로 가입한 시민단체, 인터넷 채팅 그룹, 주소록에 적혀 있는 직업 관련 인물들의 네트워크 등 다양한 모습으로 나타난다고 한다. 사회적 자본은 1990년대 이후 전 지구적 수준에서 큰 관심을 불러일으킨 개념이다.

그리고 현재, 사회적 자본에 대한 이론의 설득력은 널리 인정받고 있다. 그렇다면 사회적 자본은 왜 그토록 주목을 받았을까? 사회적 자본의 개념을 널리 알린 미국 정치학자 로버트 퍼트넘Robert D. Putnam에 따르면, 사회적 자본은 시민의 참여를 증가시키고, 삶을 더욱 건강하고 행복하게 하는 원동력으로서의 의미가 있다고 한다.112) 또한 사회적 자본은 거버넌스의 증진, 제도의 효율성 제고, 경제 발전의 결과를 가져온다고 한다.113) 즉 사회적 자본이 시민사회의 발전에 기여한다는 것이다. 그리고 시민사회의 발전은 다시 사회적 자본에 긍정적인 영향을 미쳐 선순환을 그린다.

사회적 자본은 시민들의 사회단체 참여와 기부가 중요한 원천이기 때문에 NGO와도 깊은 연관성을 가지고 있다. 사회적 자본을 연구하는 학자 대부분은 사회단체, 모임, 협회 활동에 폭넓게 그리고 적극 참여하는 것이 사회적 자본 생성에 중요한 밑거름이라고 생각한다.114) 즉, 시민의 NGO 참여는 사회적 자본을 생성시키는 요소 중 하나인 것이다. NGO는 시민사회에 존재하는 단체이고, 시민사회와 뗄 수 없는 존재이기 때문에 시민사회가 발전할 경우 NGO도 덩달아 성장한다. 사회적 자본, 시민사회, 그리고 NGO는 상호 연결된 것이다. 사회적 자본은 시민사회와 NGO의 발전에 기여하고, NGO의 성장은 다시 사회적 자본과 시민사회의 발전에 기여해야 한다. 특히 해외의 사회적 자원으로 만들어져 한국사회에 진입한 NGO가 아닌, 우리나라의 사회적 자원을 통해 자생적으로 만들어진 토종 NGO의 역할이 중요하다. 토종 NGO는 우리 나라에 본부를 두고 있는 NGO를 말한다. NGO의 국제활동이 우리나라 시민사회의 발전에 기여한다는 것은, 우선 우리 국민들의 국제활동 경험이 누적되어야 한다. 또한 이를 통해 얻은 경험과 깨달음이 우리 사회에 반영되어야 한다. 우리 사회를 국제활동

<그림 5> 사회적 자본, NGO, 시민사회의 관계

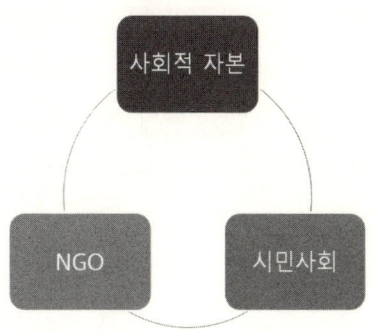

의 경험을 통해 새롭게 조명하고 국제화 시대에 걸맞게 시민의 상을 정립해야 하는 것이다. 해외에서의 타자에 대한 발견과 이해는 다시 우리 사회에서 타자에 대해 어떻게 반응해야 하는지를 알 수 있게 해준다. 예를 들어, 2018년 제주도 난민 사태를 대하는 우리 국민들의 반응은 당황 그 자체였다. 전쟁과 박해를 피해서 강제적으로 살던 곳을 떠나 난민의 삶을 사는 사람의 수가 전 세계적으로 6,000만 명을 넘어섰고, 1분에 24명의 새로운 난민이 생겨나고 있는 시대에 우리는 살고 있다. 그런데도 이러한 난민 사태에 대응할 준비가 되어있지 않았다는 것은, 아직 우리 사회의 국제활동 수준이 높지 않다는 방증이기도 하다. 그러니 더 많은 시민의 지지와 국내 NGO 활동가의 노력을 통해 토종 NGO의 역량이 커져야 하고, 이러한 국제활동을 통해 시민사회의 발전에 기여해야 한다. 국제활동 NGO의 발전은 단순히 활동 지역에만 도움을 주는 것이 아니라, NGO가 생성된 사회에도 기여하는 바가 크기 때문이다. 토종 NGO는 이렇듯 활동 지역과 우리 사회에 동시적으로 긍정적인 이바지를 한다는 점에서 적극적인 시민의 지지를 받아야 한다.

우리 사회가 좀 더 건전하고 국제화 시대에 맞는 새로운 유형의 사회로 발전하기 위해서, 한국의 국제활동 NGO의 역할이 어느 때보다도 매우 중요한 시기이다. 국가 경제력에 걸맞게 우리 국민들도 국제사회에서의 기여도를 높여야 하고, 세계시민의식을 갖춰야 한다. 무엇보다도 한국의 국제활동 NGO는 우리 사회에 대한 정확한 이해를 토대로 시민사회의 건전성을 높이는데 책무성을 가져야 한다.

오늘날 한국의 국제활동 NGO가 발전하기 위해서 두 가지의 숙제를 풀어야 한다. 먼저 우리 사회의 사회적 자본, 특히 기부의 규모가 확대되어야 한다. 두 번째는 한국에서 출발한 토종 NGO에 대한 지지가 늘어나야 한다. 이를 통해 NGO가 우리 사회에 대한 공공 기여도를 높이고 이에 따라 시민사회가 발전하는 선순환 고리를 강화해야 한다. 우리나라 국민들이 자랑스럽게 생각하는 기업은 있을지언정, 자랑스럽게 생각하는 NGO는 아직 없다. 국민들의 세계시민의식을 높이기 위해서라도 자긍심을 불어넣을 수 있는 자랑스러운 NGO가 많이 등장해야 하고, 이를 위해서는 국민들의 토종 NGO에 대한 더 큰 응원이 절실하다.

2.8 국제활동 토종 NGO의 현주소

한국의 국제활동 NGO의 등장은 서구 유럽보다 그 규모도 작고 본격적으로 등장한 시기도 한참 뒤졌다. 당연히 한국에서 출발한 국제활동 NGO의 활동력과 영향력은 여전히 취약한 상황이다. 이 상황에서 오랜 기간 축적된 많은 경험과 높은 자금력을 가지고 있는 해외의 여러 NGO들이 국내에 유입되어 신속하게 자리를 잡아가고 있다. 시민들의 인지도를 높이기 위해서 방송 광고를 통해서 빈번하게 노출하고 있고, 모금 에이전시를 통해 거리에서 저인망식 모금 경쟁을 벌이고 있다. 모두 뛰어난 자금력이 없으면 불가능한 일이고, 토종 NGO들은 엄두도 못 내는 일이다. 한국의 꼬마 NGO인 토종 NGO들은 황소개구리와의 사투를 벌이고 있는지 모른다.

  지금은 이런저런 이유로 많이 사라졌지만, 황소개구리는 우리나라의 대표적인 생태계 파괴 외래종으로 기록되었다. 외래종은 해외의 다른 지역에서 서식하는 종을 말한다. 최근에는 기후변화로 인해 유입되기도 하지만 식용, 관상용, 애완동물로 유입되는 경우가 가장 많다. 외래종 중에서도 국내의 생태계에 잘 적응해서 조화롭게 살아가는 것은 귀화종이라고 구분하여 칭하고 생태계 교란의 위험이 있는 종(種)은 침입 외래종이라고 한다. 이러한 침입 외래종은 우리 토종 동식물의 씨를 말리는데, 황소개구리, 배스, 가시 상추, 뉴트리아가 대표적이다. 침입 외래종의 습격이 위험한 이유는 동물과 식물을 가리지 않고 다른 생물에 영향을 미쳐 그 생존을 위협하기 때문이다. 이러한 외래종은 건강한 환경에는 침입하는 경우가 드물고 주로 건강하지 못한 환경에 침입한다. 사람도 건강한 사람은 질병에 잘 걸리지 않지만, 면역기능을 충분히 갖추지 못한 어린아이나 면역기능이 약화한 노인은 병에 걸리기 쉬운 것과 같다.115) 그래서 토종 생태계 환경과 조화롭게 살아가는 귀화종이 아닌 침입 외래종에 의한 피해를 줄이기 위해서는 사람처럼 생태계도 건강하게 유지해서 침입할 틈을 주지 않는 것이 중요하다고 한다.

그럼 이제 우리 국제활동 NGO가 살아가는 생태계는 과연 어떤 모습인지 살펴보자. 먼저 한국 국제활동 NGO의 일반적 특징은 어떤 것이 있을까. 한국 국제활동 NGO의 활동이 가장 많이 있는 국가는 순서대로 캄보디아, 베트남, 필리핀이다. 지역별로 나누어보면 아시아 지역에서는 캄보디아, 필리핀, 베트남, 네팔, 미얀마 등에서, 아프리카 지역에서는 케냐, 에티오피아 등에서 사업을 다수 진행하고 있다.116) 또한 거의 90%에 가까운 국제활동 NGO가 수도권에 사무실을 두고 있다.117) 가장 많이 수행한 해외 사업 분야는 2013년 기준 보건(36%), 교육(26%), 농림수산(20%)이며,118) 가장 많이 수행한 사업 형태는 순서대로 프로그램 및 프로젝트 사업(약 68%), 인도적 지원119)(약 9%), 봉사단 및 전문가 파견(약 7%)이다. 그 외 사업 형태로는 현지 NGO 파트너 협력, 개발조사 및 컨설팅, 개발도상국 유학생 및 연수생 지원 사업 등이 있다.120) 대부분의 국제활동 NGO는 1990년대 이후, 특히 2000년대에 많이 설립되었다. 2000년대에 설립된 국제활동 NGO의 수는 54개로, 1990년대 23개에 비해 2배 이상 많아졌다.121) 규모는 2013년 기준 사업비가 100억 원 이상인 10개 미만의 대형 국제활동 NGO를 제외하

고는, 대부분 중소규모이다.[122]

이러한 우리나라 국제활동 NGO를 재원과 조직의 관점에서 자세히 분석해볼 수 있다. 먼저, 재원의 측면에서 네 가지 특징이 있다. 첫째, 기부가 소수의 대형 NGO에 집중되어 있다. 2013년 외교부 자료에 따르면 국제활동 NGO의 경우 대형 단체들에 정부 지원의 약 66%, 개인 후원의 약 83%, 기업 후원의 약 77%가 몰리고 있고,[123] 2015년 해외 사업비 100억 이상의 8개 단체가 전체 개인 후원자의 약 80%를, 그리고 1990년대에 해외 사업을 시작한 단체가 전체 개인 후원자의 약 80%를 차지한다.[124] 그 내용을 자세히 살펴보면, 2013년 모금액 상위 9개 단체인 사회복지공동모금회, 월드비전, 유니세프 한국위원회, 어린이재단, 굿네이버스, 대한적십자사, 한국컴패션, 기아대책, 세이브더칠드런의 모금액은 1조 3,611억 원으로 1,862개 사회복지법인 전체 모금액의 75% 수준이다.[125] 우리나라의 모금액 상위 1% 기관이 전체 모금액의 약 77%를 독점하는 반면, 하위 65% 기관이 약 1%를 모금하고 있어 큰 격차가 존재하는데,[126] 이는 미국의 TOP 50 모금기관이 전체의 42%를 모금하고(2013년), 영국은 1%의 기관이 전체 모금액의 약 50%를 모금하는 것에 비교해서도 대형 NGO의 비중이 너무 높다.

한국의 국제활동 NGO는 1990년대부터 등장하기 시작하여 2000년대에 본격화되어 성장을 뒷받침해 줄 수 있는 모금과 관련된 법과 제도가 정착되고 발전할 시간이 필요하다. 그러나 정부 주도 모금기관, 한국의 수원국 시기에는 한국을 원조하였지만 공여국이 되면서 후원자를 모집하는 지부로 활성화된 종교 관련 기관, 최근 진입한 국제 NGO 등 소수 대형단체가 이미 재원을 선점하고 있다. 특히 대형 국제 NGO들은 높은 인지도와 오랜 활동 경험을 갖추고 있지만, 한국 자생

국제활동 NGO는 상대적으로 역사가 짧고 막 시작한 경우가 많아 재원 확보에 어려움을 겪고 있다.127)

두 번째, 해외에 본부를 두고 있는 국제 NGO들의 에이전시를 활용한 모금이 폭발적으로 증가함에 따라, 국내 국제활동 NGO가 설 땅을 잃고 있다. 길거리 모금 단체들은 대부분 최근에 한국에 진입한 국제 NGO인데, 실제 거리 모금은 국제 NGO 소속의 직원이 아니라 전문 에이전시 직원인 경우가 대부분이다. 전문 에이전시는 고액의 대행 비용을 요구하기 때문에 국내 NGO들이 활용하기는 현실적으로 어렵다. 국제 NGO들이 우리나라에 진입한 이유는 순전히 모금을 위한 것이어서, 한국 시민사회와의 교류가 거의 없는 경우도 많다. 즉 국제 NGO는 한국을 모금시장으로만 활용하는 경향이 있다는 것이다. 이러한 국제 NGO의 한국 진출 열풍은 명품 회사들의 한국 진출과 유사한 과정이라고 설명하기도 한다.128) 해외 명품들이 큰 시장인 중국 등 아시아 시장 진출을 위한 실험 무대로 보고, 대표 매장을 잇달아 한국에 열고 있는 것과 비슷하다는 것이다. 이러한 현상은 자연스럽게 사업의 규모에서 큰 차이가 만들어낸다. 실제로 한국의 토종 국제활동 NGO의 수는 해외 NGO보다 약 7배 이상 많은데, 사업의 규모는 해외

〈표 6〉 한국에서 활동하는 국제활동 NGO 설립 유형 및 해외 사업 규모

구분	단체 수(개)	비율(%)	총 사업비(백만원)	비율(%)
한국 자생 단체	110	86.6	164,593	33.5
국제 NGO 파트너 단체	15	11.8	221,384	45.0
기타	2	1.6	105,668	21.5
합계	127	100	491,646	100

기타: 국제연합 산하기구 파트너 단체(1), 감염성질환예방 조사연구단체(1)
출처: 국제개발협력민간협의회&한국국제협력단. (2016). 한국 국제개발협력 CSO 편람. p.24, 국제개발협력민간협의회&한국국제협력단. (2016). 한국 국제개발협력 CSO 편람. p.43.

NGO가 토종 NGO보다 더 크다.[129]

세 번째, 한국 국민의 기부활동이 취약하다. 이것은 최근에 일어난 사건이 NGO에 미친 영향을 통해서 가늠해볼 수 있다.

어금니아빠로 알려진 이영학은 2005년부터 치아와 뼈를 연결하는 부분에 종양이 자라는 희소병인 유전성 거대백악종에 걸려 단 한 개의 어금니만 남았다. 같은 병에 걸린 그의 딸을 극진히 보살피는 모습이 방송에 소개되면서 어금니아빠라는 별명이 생겼고, '어금니 아빠의 행복'이라는 책까지 출간했다. 언론에 얼굴이 알려지자, 수시로 딸의 치료비가 필요하다며 딸 또는 부인의 개인 계좌를 통한 직접 모금을 했다. 그러나 이 씨는 모금한 돈으로 고급 승용차를 몰고 값비싼 혈통견을 분양받는 등 호화생활을 하는 데 사용하였다. 거기다 딸의 중학생 친구를 유인해 살해한 후 영월 야산에 유기까지 했던 하는 살인자였던 것이 알려져서 국민들의 공분을 샀다. 그런데 이 사건의 영향은 이상하게도 국내 NGO의 모금에 직격탄을 날렸다. 어금니아빠 사건으로 기부문화가 휘청거렸고, 단체 기부까지 못 믿겠다는 국민들의 여론이 형성되었다. 시민들이 거리의 NGO 모금가들에게 어금니아빠를 거론하며 기부를 거부하는 지경에 이르렀다. 어금니아빠와 NGO가 어떤 관련이 있는 것도 아닌데, 일개 사기꾼이자 살인자의 악행이 NGO와 연관되어 근거 없는 불신이 커졌다. 이러한 현상은 우리나라 국민들의 NGO에 대한 인식이 어느 정도인지를 보여주는 단면이다.

또 앞서 설명한 사회적 자본의 수준을 통해 취약한 기부문화를 객관적으로 바라볼 수 있다. 현대경제연구원은 2012년 OECD 자료를 바탕으로 우리 사회의 NGO의 생태계인 사회적 자본의 수준이 어느 정도인지 측정하였다. 이 자료에 따르면 한국의 사회적 자본은 OECD 32개국 중 29위로 최하위권[130]이며, 기부활동은 32개국 중 23위로 하위권[131]

을 기록하였다. 또한 정부나 NGO 등 공적 공동체에 대한 신뢰가 어느 정도인지를 보는 공적 신뢰는 OECD 32개국 가운데 31위132)로 나타났다. 한마디로 공적 공동체에 대한 불신의 사회라고 볼 수 있다. 물론 이 데이터는 국내 NGO만을 대상으로 하는 것은 아니지만, 공적 공동체에 대한 신뢰가 높지 않아 해외 NGO의 등장에 국내 NGO가 취약한 상황이라는 것은 알 수 있다. 전문가들은 아시아권의 고액 자산가나 기업가들이 더 기부하지 않는 공통된 이유는, 자국 내 비영리단체를 신뢰하지 못하기 때문이라고 말한다.

또한 영국 자선지원재단(CAF)은 세계기부지수(World Giving Index)를 매해 매기는데, 한국은 2017년 현재, 139개국 중 62위를 차지한다고 밝혔다.133) 이 보고서는 국가별, 대륙별 기부지수를 비교 분석한 내용을 담은 것인데, 수혜자, 기부금, 자원봉사 시간으로 구별하여 항목별로 분석한 것이다. 2016년 기준 GDP가 세계 11위인 것을 고려했을 때 아쉬운 단면이다. 참고로 가장 높은 기부지수를 가지고 있는 나라는 미얀마, 인도네시아, 케냐, 뉴질랜드, 미국 순이다. 이러한 기부활동의 취약함은 국제활동 NGO의 재원 마련을 어렵게 해 활동을 위축시킬 뿐만 아니라 조직운영도 악화시키는 핵심적인 원인이다.

네 번째, 비(非) NGO 주도의 모금 비중이 상당히 높아 NGO의 활동을 위축시키고 있다. 2014년 정부 주도 모금으로 사회복지공동모금회는 5,833억 원, 대한적십자사는 702억 원을 모금하였고, 유니세프와 계약 관계에 있는 사단법인인 유니세프 한국위원회는 1,169억 원을 모금하였다.134) 그 외에 국제연합 난민기구도 모금 시장에서 상당한 비중을 차지하고 있다. 이렇듯 정부나 국제기구가 신뢰도에 기대어 토종 NGO와 국내 모금시장에서 경쟁하고 있어서, 국내에서 출발하고 있는 국제활동 NGO의 성장에 장애 요인으로 작용하고 있다.

이러한 재원에서의 네 가지 주요 특징으로 인해 시민의 지지보다는 지나치게 정부 재원에 의존하게 되는 문제와 민간 영역에서의 국제활동이 위축되는 문제가 발생하고 있다. 특히 지나치게 정부 재원에 의존하는 것은 NGO의 독립성을 훼손시킨다. 독립성이란 NGO가 본연의 가치와 철학에 기반하여 외부의 간섭이나 강제 없이 순수한 목적에 따라 충실한 임무를 수행하는 것을 말한다. 그러나 정부 재원에 의존하게 되면 정부가 지나치게 NGO의 활동에 관여하게 돼 정부의 활동과 차이가 없어져서 NGO만의 독자적, 독립적 노선을 잃게 된다. 실제로 최근 실증 문헌에서도 국제활동 분야에서 NGO와 정부의 역할이 크게 차이가 없는 것으로 밝혀졌다.[135] 정부는 주로 재난 구호나 식량 원조에 NGO와 공조하는 경향이 강한데, NGO들이 정부의 공공원조 기관에 동화되는 경향도 나타나게 되었다. 또 이러한 경향이 NGO의 성격을 고소득이 보장되는 개발협력 전문기관과 유사하게 변형[136]시키기도 한다. 이렇듯 국제활동 NGO가 재원의 측면에서 정부에 지나치게 의존하게 되어 독립성이 약해지면, 기관의 지속가능성과 사업의 효과성을 저해할 수 있다.[137] 수원국의 입장에서는 국제기구, 정부, 민간 등 원조 채널의 다양화가 가져다주는 효과를 누리지 못하게 된다.[138] NGO의 입장에서도 마찬가지로 NGO 활동의 특성이 제대로 반영되지 못함에 따라 NGO로서의 정체성에도 혼란을 주게 된다. 또 재원의 부족은 국제활동 NGO의 활동에도 직접적인 영향을 미친다. 일반적으로 국제활동 NGO의 활동은 고비용과 높은 전문성을 요구한다. 그런데 재원의 부족은 높은 이동 비용과 필요한 전문적 지식의 활용 비용을 충당하지 못하게 한다. 이는 사업의 효과에 직접적인 악영향을 미치게 되고 고정 비용이 포함된 간접비용의 비중을 높이는 결과를 낳게 된다.

한국 국제활동 NGO의 재원에 관련된 특징 외에도 조직 측면의 특성이 국제활동에 많은 영향을 미치고 있다. 한국 국제활동 NGO의 조직적 특징은 크게 네 가지 지점에서 검토할 수 있다. 첫 번째, 한국 국제활동 NGO는 신념 및 목적이 제대로 정립되어 있지 않다. 이는 국제활동을 수행하는 NGO들이 서구 국가들과 NGO들의 한국에 대한 원조금을 사용하던 복지기관에서 출발했거나 종교를 기반으로 하는 선교기관으로 출발했기 때문이다.[139] 실제로 2000년대 이전 설립된 국제활동 NGO의 53%가 종교에 기반을 두었고, 2000년대 이후 설립된 단체들은 40%가 종교에 기반을 두고 있다.[140] 모금액을 기준으로 하면 종교 기반 NGO가 차지하는 비중은 이보다 훨씬 크다. 이렇게 높은 종교 기반 NGO의 비중은 과학적이고 체계적인 국제활동에 대한 접근보다는 종교적 신념과 선교를 우선시하는 폐단을 낳을 수 있고, 수혜 그룹의 선정에서도 종교적 취지에 따라 좌우될 가능성이 높다는 것을 의미한다. 특히 국제활동 NGO의 정체성에 대한 논의가 국내에서 활발하지 않은 이유 중의 하나는, 종교 기반 NGO의 경우 종교적 정체성으로 채워져 있기 때문에 그에 대한 논의가 필요하지 않기 때문이다.

두 번째, 전문성이 부족하다. 한국의 대형 NGO는 다양한 분야에서 백화점식 사업을 진행하고 있어 특정 분야에서의 전문성을 높이는 데 한계가 있다. 실제로 특정 분야에 특화된 국제활동 NGO의 비중은 상당히 낮다. 전문성 부족의 또 다른 요인은 부족한 재원이다. 전문가의 확보나 전문기관과의 협업을 위해서는 적지 않은 비용을 치러야 한다. 우리나라처럼 재능 또는 지식 기부의 기반이 취약한 상황에서 전문기관과의 파트너십은 현실적으로 어렵다. 활동가들도 전문역량의 강화가 필요하며, 이는 적절한 인력의 채용과 필수적인 훈련을 통해 이루어질 수 있지만 현실적이고 적절한 교육이 이루어지는 NGO는 많지 않다. NGO가 국제활동 분야에서 유의미한 행위자로 활동하기 위해서는 유행에 따른 사업보다는 가장 필요한 곳에 가장 필요한 사업을 진행할 수 있는 전문성을 쌓아야 한다.[141]

세 번째, NGO 활동가의 복지가 취약하다. 우선 임금수준이 타 업종에 비해 낮은 편이다. 이는 사회적 통념상 NGO 활동가는 봉사하는 마음으로 일해야 한다고 생각하기 때문에 낮은 임금을 당연시하는 경향 때문이기도 하고, 높은 임금을 감당하지 못하는 재정 능력 때문이기도 하다. 과거 노동운동 등이 시민운동의 주류였을 때, 대부분의 활동가는 최저생계비도 되지 않는 임금으로 생활하며 사회 혁명을 꿈꿨었다. 그리고 이러한 분위기는 이후 국제활동 NGO의 복지 문화에까지 영향을 주었다. 종교적인 이유도 있다. 신앙적인 삶에서 봉사, 즉 사역은 헌신과 희생을 요구하기 때문에 임금을 충분히 받지 않아도 괜찮다고 생각하는 것이다. 이는 직업으로서의 NGO 활동가의 전망을 어둡게 한다. 이렇게 복지가 취약하다 보니 활동가의 이직률이 높아지고 활동가들은 짧은 활동 경력을 가지게 되어, 전문적 역량을 갖추지 못하게 된다. 열악한 근무환경으로 인한 문제 또한 주로 국내 국제활동 NGO들만 가지고 있는 특성이다. 특히 해외 현장에서의 근무환경은 정부 기관이나 기업들에서 파견된 사람들과 비교했을 때 열악한 경우가 많다. 이는 치안 문제와도 관련이 있어서 더욱 심각한 문제가 될 수 있다. 그 외에 육아 복지, 여성 복지 등에서의 문제들도 개선해야 할 여지가 많다.

네 번째, 조직의 현지화가 잘 이루어지지 않고 있다. 해외에 본부를 두고 있는 국제 NGO는 프로젝트를 진행하는 현지에 지부를 가지고 있는 경우가 대부분이지만, 토종 NGO는 이러한 현지화가 잘 이루어지지 않고 있다. 현지화란 현지 지부가 현지법에 따라 법인으로 인정받고, 독자적인 조직체로서 현지인이 의사결정 규칙에 따라 운영하는 것을 말한다. 본부는 모니터링을 중심으로 현지 법인을 관리하고 일부 재원을 제공하며 정기적으로 지부로부터 보고를 받고 지침을 제공하게 된다. 이러한 현지화가 되지 않으면 한국의 인력을 파견하여 프로젝트를 운영하는 데 의존하게 된다. 그런데 이때 국내 인력 파견은 비용이 상당히 많이 든다. 주택 비용, 이동 비용, 체류비 등이 추가로 필요하다. 이를 감당하지 못하는 NGO는 임시 인력을 파견하여 비용을 최대한 절약하는데, 이렇게 하면 프로젝트의 질은 크게 떨어지며 NGO는 전문적인 역량을 축적하지 못하게 된다. 또 여러 종교 기반 NGO에서는 현지 선교사가 지부장의 역할을 한다. 이런 방식을 사용하면 결국 선교와 함께 진행하는 국제활동의 제약점을 고스란히 안게 된다. 현지화를 위해서는 우선 사업현장에서의 장기적인 전망과 지속적인 프로젝트의 운영과 조직 안정화에 대한 전략을 세워야 한다. 또한 현지 인력의 채용과 교육을 통해 실력 있는 현지 활동가를 발굴해야 한다. 이러한 현지화에 기반한 현지 조직의 구축은 현지 지역사회의 역량 강화에도 기여한다.

이러한 다양한 문제점과 한계에도 불구하고 한국의 국제활동 NGO는 지속해서 발전해가고 있다. 짧은 역사를 가지고 있지만 직업, 그리고 전문가로서의 NGO 활동가와 프로젝트의 과학적이고 체계적인 운영으로 접근해가고 있다. 경험 많은 활동가들의 수가 늘어나고 있고, NGO가 하나의 조직으로서 점점 체계적으로 운영되고 있다.

하지만 발전을 좀 더 가속하기 위한 과제는 무엇일까? 먼저 국제활동의 목적과 가치에 대한 담론이 활발하게 이루어져야 한다. 이러한 과정은 우리 사회를 좀 더 성숙하게 할 것이며, 세계 시민과 친화적으로 상호 연대할 기회를 넓혀줄 것이다. 두 번째, NGO는 자신들의 활동 가치를 정부와 시민들에게 적극적으로 설득해야 한다. 정부가 전문영역으로서의 NGO의 활동영역을 인정하고, NGO의 실체와 가치에 대한 시민들의 이해가 높아진다면 한국의 국제활동 NGO의 전망은 더욱 밝아질 것이다. 세 번째, 어려운 환경에도 불구하고 빠르게 성장하고 있는 NGO를 애정을 가지고 바라봐주는 시민들의 시선이 필요하다. 특히 많은 사람이 NGO 활동가에 대해 올바른 이해를 하고 NGO 활동가를 직업으로 선택해 주었으면 한다. 네 번째, 나눔의 가치에 대한 국민들의 인식이 더욱 긍정적으로 변화할 필요가 있다.

앞으로 5년 후, 10년 후의 한국의 국제활동 NGO들의 모습을 상상해보면, 지금까지 짧은 시간 동안 변화하고 발전해온 만큼 많은 기대를 하게 된다. 긍정적 에너지들이 더 많이 모이면 상상 이상의 결과도 있을 것으로 생각한다.

3

NGO 국제활동가

3.1 NGO 국제활동가의 8원칙

국제활동에 종사하는 NGO 활동가들은 자신들의 행위를 통해 긍정적인 변화를 이끌어내고자 한다. 하지만 이러한 활동은 어쩔 땐 긍정적인 결과를 가져오지 못하고 심지어 기대와는 전혀 다른 부정적인 결과를 가져오기도 한다. 국제활동가들은 부정적인 결과를 피해갈 방법들을 고민하면서 많은 원칙을 만들었다. 여기서는 필수적으로 지켜야 하는 원칙 8가지를 살펴보자.

8원칙을 간단히 살펴보면, 먼저 자력화는 국제활동의 결과, 현지 지역사회가 그 활동을 이어받아 주인의식(ownership)을 가지고 자체적으로 운영해 나갈 수 있게 하는 것이다. 여기서 주인의식이란 현지 거버넌스를 적극 활용하고 현지 이해관계자가 프로젝트에 주도적으로 참여하여 지역사회의 높은 이해정도가 반영되도록 하는 것을 말한다. 지속가능성은 한 사회가 지속해서 발전할 수 있는 활동을 말한다. 더불어 미래의 생태계 등에 긍정적인 영향을 줄 수 있어야 하는 것을 의미한다. 커뮤니티 중심은 수혜 당사자가 국제활동을 통해 본인이 소속되어 있는 커뮤니티와의 유대를 강화할 수 있어야 하며, 전체 커뮤니티가 조화롭게 발전할 수 있어야 한다는 점을 말한다. 투명성은 NGO 등 국제활동 주체들이 기부자나 협력자들에게 활동에 대해 투명하게 공개해야 한다는 것을 말하고, 책무성은 국제활동 주체들이 활동

대상의 사회와 자신이 소속된 사회에서의 역할을 분명히 하고 철저하게 수행해야 하는 것을 가리킨다. 국제사회 협력은 국제활동 과정에서 서로 이해관계가 충돌되지 않고 효율성을 높이기 위해서 상호 협력하는 것을 말하며, 연대 의식은 수혜 그룹을 대상화하지 않고, 상호 협력하고 함께하는 동지적 대상으로 바라봐야 한다는 것을 말한다. 형평성은 활동 대상 사회의 불평등 요소를 줄이는 방향으로 활동해야 한다는 것을 말한다.

차력 쇼 따라 하기 : 자력화(empowerment)

베트남 꽝찌성의 고엽제 피해아동을 돕기 위해 메디피스는 재활치료를 제공하기로 했다. 재활치료를 제공한다는 것은 여러 가지 방법이 있을 수 있는데, 크게 가정방문 서비스와 시설 내 서비스를 제공하는 방법이 있다. 현지를 방문해보니 타 원조기관에서 제공한 도시형 보호시설 몇 개를 확인할 수 있었다. 그런데 그러한 시설을 활용하는 장애아동의 수는 생각보다 적었고, 규모가 큰 편이어서 운영에 있어서도 애로 사항이 많이 발견되었다. 메디피스는 우선 물리치료를 전공한 자원봉사자를 모집하여 파견하였다. 자원봉사자들은 가가호호 방문하여 장애아동을 돌보게 되었는데, 워낙 장애아동이 많다보니 극히 일부의 아동만이 이 서비스를 받을 수밖에 없게 되었다. 하지만 한국에서 온 물리치료 전문가들의 서비스는 현지 주민들을 만족시키기에 충분했다. 지금도 여전히 물리치료 자원봉사자들은 현지인들로부터 많은 환영을 받고 활동하고 있다. 그런데 이러한 활동 중에 발견된 것은 가족 중에 한 사람이 이 아동을 위해 하루 종일 집에 머물러 있어야 했고, 이 점이 장애 아동 가정에게 가장 큰 어려움 중의 하나라는 것을 알게 되었다. 주로 농촌에 거주하는 피해아동 가정들은 농업에 종사하는 가족농이 일반적인데, 장애아동 가정은 노동력 중에 한 사람의 손실을 감수해야 하는 것이다. 그러다보니 어떤 가정은 아이를 방안에 가둬놓고 일터에 나가고 있었다. 아이는 거동이 불편해서 화장실을 스스로 이용할 수 없기 때문에 아이가 거주하는 방의 바닥에 배수 시설을 하여 아이가 소변을 보면 자연스럽게 흘러나갈 수 있도록 하였다. 이 충격적인 모습을 목격하고 어떻게 하면 장애아동 가정의 노동력의 손실을 막을 수 있을 것인지를 고민하게 되었다. 그래서 5가정을 묶어서 한 사람씩 돌아가며 다섯 가정의 장애아동들을 돌보게 하고, 돼지 축사를 만들고 새끼 돼지를 분양해 주었다. 이렇게 하여 노동력도 확보하고 가계에 도움이 될 수 있도록 한 것이다. 하지만 한 사람이 이 아이들을 돌보는 것이 쉽지 않고 또 다양한 장애를 가지고 있는 아이들을 적절하게 돌보는 것이 어려웠다. 이제는 이러한 문제를 해결하는 방안을 찾아야만 했다. 그래서 메디피스가 선택한 것은 보건소였다. 베트남은 마을마다 보건소가 있고, 보건소의 위치는 마을의 중심부에 있는 것이 일반적이었다. 그런데 한 마을을 방문해보니 보건소 부지에 아주 작은 건물을 짓고 그 곳에서 아이들을 돌보고 있는 것을 발견하였다. 아이들을 돌보고 있는 사람은 자원봉사자였는데 특별한 교육을 받은 사람들은 아니었다. 낮 시간을 이 시설에서 보내고 있는 아이들은 보건소 인근에 거주하는 가정으로부터 어렵지 않게 올 수 있었다. 엄마들은 아침에 이곳에 아이를 맡기고 일터로 나갔고, 일을 마치고는 아이를 데리고 귀가하였다. 메디피스는 마을마다 이러한 시설을 신축하기로 결정하였다. 도시형 장애아동 보호시설은 대체로 장애아동의 집에서 멀고 시설이 커서 운영에 어려움이 있어서 비효율적인 반면, 이 시설은 동네 안에 위치하고 있고 규모가 작아서 운영에 어려움이 없기 때문이다. 또 보건소 내에 위치하고 있어서 보건소 의료 인력이 아이들의 자주 살필 수 있었다. 이 시설을 방문하는 아이들은 마을 주민들이 나서서 돌보도록 하였다. 그리고 한국에서 파견된 자원봉사자들은 이 시설마저 이용하지 못하는 아이들을 돌보도록 하였다.

집에서 가까운 거리에 아이들을 돌볼 수 있는 시설은 마련되었고, 운영도 할 수 있게 되었는데, 남아있는 문제는 어떻게 돌보냐는 것이었다. 아이들을 잘 돌보기 위해서는 한국의 물리치료사와 같은 인력들이 필요했다. 하지만 꽝찌성에는 물리치료사를 양성하는 교육기관이 없어서 지역 내에서 활동하는 물리치료사를 찾는 것은 거의 불가능했다. 설사 찾았다 하더라도 이들을 고용할 능력도 없었다. 그렇다고 한국의 물리치료 자원봉사자를 매년 대규모를 파견하는 것은 불가능한 일이 아닌가. 결론은 교육이었다. 역량을 강화하여 극복하는 것이다. 이제 그렇다면, 누구의 역량을 강화할 것인가를 고민해야 했다. 메디피스는 마을에서 아이들을 돌봐주는 자원봉사자들을 교육하는 것이 최선이라고 생각했다. 교육과정 개설에 대해 지역정부와 보건대학과 논의를 시작했다. 어떤 수준의 교육이 필요한가에 대한 논의를 집중적으로 진행하였다. 물리치료사를 양성하는 교육과정을 지금 당장 개설할 것인가, 아니면 마을 자원봉사자들에게 최소한의 단기 교육을 제공할 것인가. 결론은 후자였다. 만약 물리치료사라는 전문인력을 양성한다면 이들을 채용해야 하는데, 그럴만한 여유가 없기 때문이다. 게다가 보건대학은 물리치료를 가르치는 교수 인력을 채용해야 하는데, 이 또한 비현실적인 생각이었다. 물리치료 보조인력을 양성하는 것은 지역사회가 배우고, 추진하고, 스스로 감당할 수 있는 것이었다. 그래서 우선 한국의 관련 분야 교수들이 향후 보조인력을 교육하게 될 현지 교수들을 교육하고, 교육 자료를 마련해 주었다. 그 후 보건대학 내에 강좌를 개설하였고, 매년 이 강좌를 통해서 마을 보건소의 장애아동 보호시설에서 일을 할 사람들이 양성되고 있다. 이러한 고민들은 자력화 또는 복제가능성을 높이기 위한 것이었다.

예컨대 부모가 자녀를 훌륭한 수학자로 양성하고자 하는 마음에 5세 아이에게 미분 적분을 가르치는 것이 맞을까? 가르칠 수는 있어도, 그 아이가 미분 적분을 제대로 이해하고 미분 적분 수학 문제를 풀기는 어려울 것이다. 아이의 학습 수준을 고려했을 때는 아무래도 1부터 10까지 아라비아 숫자를 가르치는 것이 맞다. 아이가 수용 가능한 교육을 제공하지 않는 한 아이의 실력은 향상될 수 없다. 지역사회도 마찬가지이다. 아무리 의미 있는 서비스가 제공되었다 하더라도, 해당 지역사회에서 이 서비스를 스스로 제공할 수 있는 기술과 사회 시스템이 제대로 마련되어있지 않다면, 제공된 서비스는 우월한 외부의 기술력과 잠시 유입된 제공 시스템이 중단되는 즉시 바로 사라질 것이다. 이러한 오류의 대표적인 역사적 사례로 식민의학을 들 수 있다.

제국주의 국가가 식민 지배를 원활히 하기 위해서 자국의 우월한 의료기술을 식민지에 이식시킨 것을 식민의학이라고 한다. 식민의학의 사명은 식민지에 거주하는 자국의 국민들을 보호하고 현지 부역자들의 가정을 일부 보호하는 것과 식민지 노동력의 손실을 막기 위해 주로 전염병을 관리하는 것이었다. 그래서 식민지배 국가는 자국의 의료시스템을 축소하여 식민지에 이식하였고 대부분 주요 의료 인력은 자국에서 데려왔다. 병원시스템이나 의료장비 역시 자국의 수준을 유지하려고 하였다. 병원 대부분의 소모품도 자국에서 가져와서 사용하였다. 식민의학의 결과 식민지 민중의 건강이 어느 정도 개선되었는지는 모르겠지만, 일부 긍정적인 영향은 미쳤을 것이다. 특히 식민의

학의 의학교육 시스템은 이후 식민지 독립 국가들의 의학교육 기초가 되기도 하였다. 그러나 세계대전 이후 식민지들이 독립하게 되면서 식민의학의 한계는 적나라하게 드러났다. 병원의 엑스레이는 독립과 함께 가동을 멈추었다. 엑스레이 필름을 살 돈이 없었기 때문이다. 일부를 제외한 의료장비 역시 마찬가지였다. 또 의료장비를 활용할 의료 인력의 실력도 부족하였다. 식민의학이 도입한 시스템과 기술은 결국 현지에 이식되는 데 실패한 것이다. 운영할 수 있는 역량이나 환경이 부족한데, 따라 할 수 없는 것을 제공하고는 도움을 주었다고 할 수는 없다.

위 사례는 차력 쇼를 보여주는 것이라고 볼 수 있다. 약 40여 년 전, 우리나라 시골 장터에서 흔히 볼 수 있었던 풍경 중에 차력 쇼가 있었다. 강철을 맨손으로 휘게 하고, 입안에 기름을 머금었다가 불 솜방망이에 분사시키는 불 쇼가 클라이맥스였다. 엽기적인 괴력을 보여주는 이 쇼는 한적한 공터에서 무료로 볼 수 있었는데, 이들의 목적은 대부분 무좀약이라든가 만병통치약 같은 무허가 약을 파는 것이었다. 흥을 북돋아 주는 사회자는 공연자 바로 앞에 모여드는 아이들을 쫓아내고 구매력을 가진 어른들이 좀 더 편안하게 볼거리에 몰입할 수 있도록, 위험하니 따라 하지 말 것을 중간중간 신신당부하면서 아이들은 위험하니 뒤로 물러나라고 관객들을 정돈하곤 했다. 사실 따라 하라고 해도 절대로 따라 할 수 없는 것들이 대부분이었다. 차력 쇼를 선보이는 사람들을 차력사라고 했다. 강철을 맨주먹으로 절단하는 차력사들의 행위들은 절대로 마을 사람들의 행위의 범주에 들어올 수 없는 것들이었다. 식민의학은 차력 쇼 그 자체였다.

이러한 차력 쇼는 오늘날에도 자주 벌어지고 있다. 해외에 병원을 비롯한 의료시설을 지어주고, 다양한 의료장비를 제공하고, 일부 의료

인력에 대한 단기 교육을 하는 것이 한국의 보건 분야 국제개발협력 사업에서 자주 보여주었던 모형(model)이다. 이러한 프로젝트를 실행하기 위해서는 먼저 현지의 다양한 역량들을 점검하고 질병 양상과 보건의료 시스템을 검토한 후에 스스로 운영이 가능할 때 진행하여야 한다. 의료장비를 사용할 수 있는 실력 있는 의료 인력이 충분한지, 고장이 나면 고치는 데 필요한 기술이나 부품이 현지에 있는지를 확인해야 한다. 제공되는 의료장비가 현지 주민들에게 필요한 것인지, 소모품이 필요할 때 적절한 양을 공급할 수 있는지, 소모품의 가격이 감당 가능한 것인지도 확인해야 한다. CT가 필요한지 아니면 엑스레이에 집중해야 하는지, 엑스레이도 자동화된 장비가 필요한지 그렇지 않은지 판단해야 한다. 아무리 좋은 장비라 하더라도 사용할 수 없다면 그것은 그저 고철 덩어리일 뿐이다. 누구도 따라 하지 못할 신기술에 기반한 장비라면 그 신기술은 차력술에 불과하다. 결국 제공된 장비들은 사용되지 못하고, 병원 건물은 커다란 창고로 남게 된다. 이러한 사례들은 과거 한국의 국제개발협력 사업 속에서 자주 발견되었다. 보고 배워 따라 할 수 있는 능력이 기술이나 사회시스템에 잘 갖춰져 있는지를 확인하는 것, 자력화를 할 수 있는지를 확인하는 것은 국제활동에서 매우 중요한 원칙이다.

 차력 쇼의 반대는 무엇일까? 중국의 '맨발의 의사'를 살펴보자. 1960년대 중국에서는 중국 보건 역사에, 더 나아가 세계 보건 역사에 중요하게 기록된 혁명적인 제도가 등장하였다. 바로 맨발의 의사(赤脚醫生, 적각의생, Barefoot doctor)이다. 맨발의 의사는 바짓가랑이를 걷은 맨발에, 어깨엔 약 상자를 둘러맨 문화혁명 때의 의사를 말한다. 이들은 "화타(華陀)가 언제 의과대학에 다닌 적이 있느냐," "중국 의사는 전체 인구의 15%인 당 간부에게만 봉사한다"는 마오쩌둥의 두 마디 말로 탄생

했다. 자연히 두 가지 성격을 띤다. 첫째, 돌팔이에 가깝다. 3달 의료 교육으로 급조되기 때문이다. 선판沈凡의 저서 '홍위병(Gang of One)'에는 닭 한번 잡아 보지 못한 17세 맨발의 의사가 덜덜 떨며 3세 아이의 팔을 절단하는 수술 장면이 묘사돼 있다. 마오는 그래도 무당에게 기대는 것보다는 낫다고 했다. 또 다른 특징은 도시에 집중됐던 의료 서비스가 농촌까지 미치게 됐다는 긍정적인 점이다. 의료 지식보다는 봉사 정신으로 무장된 맨발의 의사는 산간벽지를 누비며 그곳의 의료 공백을 훌륭하게 메웠다.[1] 당시 830만 명가량의 도시 거주민들이 사용하는 보건의료 재정이 5억 명에 달하는 지방 주민들의 그것보다 많았다. 하지만 당장 지방에 투입할 숙련된 의료 인력이 부족한 상황에서 가능한 방법은 다수의 비숙련 인력을 키워내는 방식이었고, 1965년부터 도시에 거주하는 의사들을 지방에 파견해서 적각의생들을 훈련시키도록 했다. 대부분 초·중등학교 졸업 학력인 일반 농민을 대상으로 병원에서 3~6개월간 훈련시켜 지역사회 내에서 위생 개선 활동 등 기초적인 보건의료 서비스를 제공하도록 했다. 전문적인 의료 서비스를 제공할 수는 없었지만, 예방이나 기초 보건위생 측면에서 상당한 효과를 발휘했고, 당시 의료 부문의 재정지출을 상당히 줄여준 것으로 짐작된다. 또한 항생제나 진통제 등 서양의 약품과 의료기술을 적극적으로 받아들여 중국 의료 수준을 빠르게 현대화한 것으로 평가받기도 한다. 1965년 제도화한 이후 1970년대 중반까지 무려 100만 명에 이르는 적각의생이 각 지역 내에서 활동했다.[2]

이러한 획기적인 시도는 전 세계 보건 행정가들에게 많은 영감을 불러일으켰다. 그 이유는 당시 중국 국민들의 건강 수준은 세계 최하위권이었는데, 큰 비용을 지급하지 않고 현지의 기술과 인력만으로도 놀라운 속도로 건강 수준이 높아졌기 때문이다. 반면 당시 서구 선진국의 보건정책은 높은 기술에 기반한 고급의료를 지향하여 국가 의료비가 엄청나게 불어나고 있었다. 그런데 정작 국민들의 건강 수준은 큰 변화를 보이지 않았다. 이러한 현실은 당시 냉전의 환경이었음에도 사회주의적 시각이라고 비판했던 일차보건의료 중심의 지역보건체계 강화라는 새로운 정책적 시도를 전 세계가 수용하게 했다. 세계 보건 역사에서 유명한 알마아타 선언(Declaration of Alma-Ata)을 WHO(World Health Organization, 국제보건기구)가 주도하여 이끌어냈던 것이다. 이는 현지의 기술과 역량으로 운영할 수 있는 자력화가 얼마나 중요한 것인지를 일깨워 준다. 저기술, 저예산의 보건 환경에서 만들어진 이 시스템은 중국 전역에서 복제되었고, 다른 몇몇 나라에서도 성공 사례를 만들었다.

자력화는 국제활동을 종료할 때, 즉 현지 지역사회 또는 국가가 주인의식에 기반하여 자체적으로 국제활동을 계승하고 발전시켜나가야 하는 시점에 특히 중요한 쟁점이 된다. 이 단계에 수립하는 전략을 출구전략이라고 하는데, 이 출구전략의 핵심이 자력화인 것이다. 복제할 수 없는 프로젝트는 성공한 프로젝트가 될 수 없다. 이 실패한 프로젝트는 오히려 해당 사회에 혼란을 줄 수 있으며, 열등 시민의식을 남길 수도 있다. 그들은 할 수 있지만 우리는 할 수 없는 이등 시민의 주홍글씨를 남길 수 있기 때문이다. 이러한 문제를 극복하기 위해서는 현지 주인의식을 높이려는 노력이 필요하다. 국제활동가는 지역사회가 주도할 수 있는 공간을 공개적으로 마련하고, 지역사회가 프로젝트의 기획에 참여할 수 있도록 해야 한다. 이 경우 국제활동가는 그들의 파트너이자 조력자의 임무를 수행하는 것이 바람직하다. 이는 자력화를 높이는 필수적인 조건이라고 할 수 있다.

언 발에 오줌 누기 : 지속가능성(sustainability)

재활치료 보조인력의 역량을 강화하기 위한 교육과정이 개설되었지만, 걱정되는 것은 교육받은 인력이 지속적으로 장애아동을 돌볼 수 있는 여건이 되어 있는가였다. 특히 장애아동 보호시설이 지속적으로 유지되기 위해서는 우선 지역정부가 이를 유지하기 위한 준비가 되어 있는지가 중요했다. 만약에 지역정부가 의지가 없거나 감당할 능력이 되지 않는다면 이 시설의 신축은 현실적으로 의미가 없을 것이다. 그래서 지역정부의 보건 담당 부서와 장애인 복지 담당부서가 이 프로젝트를 유지할 수 있는지를 확인하고 함께 실행하도록 하였다. 우선 보호시설에 대한 지역정부의 지속적인 모니터링을 요청하여 진행 사항을 파악하도록 유도하였다. 이로써 지역 정부 담당부서는 이 시설의 운영에 개입하게 되었고 자신의 업무 리스트에 포함시키게 되었다. 모니터링의 결과를 메디피스와 주기적으로 공유하고 개선방안을 논의하기 시작하였다. 이후 사업 지역에서는 이러한 업무를 원활하게 실시하기 위한 위원회가 구성되었고, 이 위원회에는 지역정부뿐만 아니라 보건소와 지역주민 그리고 협력기관이 함께 참여하였다. 이 과정에서 사업의 성과와 효과에 대한 공감이 형성되고 해당 분야에 대한 지역정부의 역량이 갖춰지게 되었다.

또 한 가지 고려해야 할 것은 보호 시설의 운영에 있어서 지역 주민의 참여였다. 장애아동 가정이 단순히 이 시설을 활용하는 사용자의 입장에 있다 보면 이 프로그램의 효과를 극대화하기 어렵기 때문에 원활한 서비스가 제공되고 유지되기 위해서는 주민들의 협조가 필수적이다. 그렇지 않으면 최적의 서비스가 제공되지 못할뿐더러 운영 역량의 한계에 봉착하게 된다. 보호 시설은 단순히 장애아동이 낮에

머무는 공간을 넘어서서 장애아동 가정들의 공동체가 되어야 그 기능을 다할 수 있다. 이를 위해서 마을별 자조모임을 진행하게 되었다. 이 모임에는 보건소와 지역정부에서도 참여하여 다양한 의견을 청취하고 이를 프로그램에 반영하도록 노력하였다. 보건소 역시 보호시설의 운영에 참여할 수 있는 방안을 이 모임을 통해서 얻게 되고, 문제점들을 개선할 수 있도록 하였다.

이로써 지역사회의 역량을 토대로 활동이 이루어지고 프로그램의 효과가 유지될 수 있는 시스템이 구축되었다. 이러한 시스템이 마련되지 않는다면 일시적인 효과를 가져올 수는 있지만 외부의 도움이 멈추면 효과는 지속되지 않게 된다. 자력화가 지역사회의 역량을 높여서 스스로 운영해 나갈 수 있도록 하는 것이라면, 지속가능성은 활동에 의한 긍정적인 효과가 꾸준히 나타날 수 있도록 만드는 시스템을 구축하는 것이다. 즉 외부의 개입이 없이도 이 프로그램이 운영될 수 있도록 행정 시스템, 주민참여 구조, 기본적인 인프라 구축, 인력에 대한 역량 강화를 동시에 추진하고 있는 것이다. 이 경험을 토대로 수년 후에 이 사업을 베트남 전역에서 확대해 시행할 수 있도록 모형화(modeling)하는 작업도 동시에 진행하고, 전쟁 당시 매립한 지뢰와 오발탄으로 인한 피해자 지원에서의 적용 모형(model)도 마련하고 있다. 이러한 일련의 노력은 프로젝트의 긍정적인 효과가 단기간만 지속되고, 나중엔 결국 상황이 악화되는 것을 방지하기 위한 것이다.

지속가능성에 관련하여 보건의료 국제활동에서 자주 인용되는 사례가 있다. 매우 빈곤한 지역에 훌륭한 기술을 가진 외국 의사가 병원을 설립했다고 가정해보자. 이 의사는 현지의 의사에 비교해서 월등히 높은 기술을 가지고 있어서 지역주민은 상상할 수 없었던 의료서비스를 받게 되었다. 그 외국 의사가 없었더라면 죽을 수밖에 없었던 사람들이 건강하게 살 수 있게 되었다. 게다가 그들이 받은 서비스는 무료였으니, 그 고마움은 이루 말할 수 없었다. 마을 주민은 외국 의사를 칭송하고 고마워하였다. 문제는 지금부터다. 그 마을엔 본래 오랫동안 현지 의사가 진료소를 운영하고 있었다. 그 진료소는 무료도 아니고 실력도 외국 의사에 비하면 형편없었다. 하지만 마을 주민들은 현지 의사를 통해서 썩 좋은 의료서비스는 아니었지만, 자신들의 건강을 나름대로 지켜왔다. 그러나 외국 의사가 세운 병원이 들어선 이후에는 누구도 이 진료소를 찾을 이유가 없어졌다. 그동안 자신들이 받아온 의료서비스가 얼마나 하찮은 것인지 깨달았고, 현지 의사는 무시당할 수밖에 없었다. 결국 그 현지 의사는 마을을 떠났다. 그러나 외국 의사가 운영하는 병원은 얼마 후에 더는 후원을 받지 못해서 문을 닫을 수밖에 없게 되었다. 환자들에게 필요한 약을 공급받을 수 없었고 병원 시설을 유지하기 위해서는 많은 관리비가 필요했지만, 그마저도 힘들었다. 이제 그도 떠나게 되었다. 하지만 외국 의사가 떠난 빈자리를 메울 현지의 의사는 없었다. 그 마을은 무의촌이 되어버렸다.[3] 그뿐만 아니라 그 마을 인근의 마을들에 있었던 진료소도 문을 닫은 상황이었기 때문에 여러 마을의 주민들은 이전보다 못한 의료 환경에 처하게 되었다. 국제활동은 지역사회 안에서 발전적으로 계승될 수 있는 역량이 마련되지 않는다면 결코 좋은 성과를 얻을 수 없다.

지역사회에서 국제활동이 지속 가능하게 하려면, 지역사회의 제도적, 인적 시스템에 대한 체계적 접근이 필요하다. 이러한 프로젝트의 지속가능성은 프로젝트의 논리 구조로도 설명할 수 있다. 프로젝트를 진행하고자 하는 목표(goal)가 설정되면 투입(input)의 종류와 양이 결정된다. 투입은 활동(activity)을 위해 필요한 요소를 말한다. 활동은 산출물(output)을 만들어 내는데, 이 산출물은 프로젝트의 단기효과(outcome)

를 달성하는 데 효과적이어야 한다. 당연히 단기효과가 달성되었을 때 중장기적으로 목표의 달성을 기대할 수 있게 된다. 프로젝트의 지속가능성이란 산출물이 지속해서 단기효과를 달성하도록 관리되는 것을 말한다. 그래서 산출물은 단순한 서비스의 전달에서 그치는 것이어서는 안 되며, 지역사회 스스로 서비스를 생산할 수 있는 기능을 지역사회 안에 적절하게 이식시키는 것이어야 한다.

지속가능성은 전 지구적인 차원에서도 고려되어야 한다. 생태계가 미래에도 유지될 수 있는 제반 환경을 만드는 데 도움이 되는, 즉 미래 유지 가능성을 높여야 한다. 특히 우리나라에서도 심각한 문제로 떠오른 대기오염은 전 세계 곳곳의 도시에서도 발생하고 있다. 이 대기오염은 전 지구적 차원에서 생태계를 위협에 빠뜨리는 중대한 문제이며, 21세기 인류의 지속가능성을 위협하고 있다.

대기오염이 가장 심각한 도시 중 하나인 인도 뉴델리의 대기오염에 대해 잠시 살펴보자. 2017년 11월 인도중앙오염통제위원회에 따르면 인구 1,700만 명이 사는 거대도시 뉴델리에서는 지름 2.5마이크로미터(μm) 이하의 초미세먼지 PM2.5 농도가 $1m^3$당 최대 1,000마이크로그램(μg)으로, 세계보건기구 기준치의 40배를 기록했다. 이렇게 되면 구름 한 점 없는 맑은 날에도, 거리는 100m 앞을 분간할 수 없을 정도가 된다. 서울에서 아주 가끔 초미세먼지 주의보가 내려질 때 농도가 $90\mu g$이니, 뉴델리의 공기는 서울이 가장 최악일 때보다 10배 이상 열악한 셈이다. 이날 뉴델리에서는 40여 편의 열차가 중단되고, 시내 6,000여 개 학교에 휴교령까지 내려졌다. 당시 아르빈드 케지리왈 델리 주 총리는 자신의 트위터에 델리를 가스실(gas chamber)이라고 표현했다. 극심한 대기오염의 주범은 시내 차량과 주변 공장, 화력발전소였다.[4]

그런데 이러한 기후 변화는 시차를 두고 발생하기 때문에, 지금 온실가스를 배출해도 20~30년 후에나 심각한 피해가 나타나게 된다. 그러다 보니 당장 노력해야 한다는 긴박함을 느끼기 어려워서 빈곤 문제를 주로 다루는 개발협력과 같은 국제활동에서 에너지 사용량, 온실가스 배출량 등에 대해 철저한 대응을 하지 못하는 경우가 많다. 또한 기후변화는 경제성장을 위한 자원 감소, 식량 부족, 환경 문제 등과 유기적이고 복합적인 관계를 맺고 있어, 단편적으로 접근하면 근본적인 해결이 어렵다. 환경 파괴는 생태계에만 국한되어 있지 않기 때문에 토지 및 산림을 과도하게 개발하면 자원이 줄어들고 이에 따라 석유의 고갈과 같은 자원 위기에 봉착하며, 이는 물가 인상으로 이어져 장기 스태그플레이션을 불러와 경제 상황도 악화시키게 된다. 그래서 이러한 문제는 단순히 윤리적인 차원에 접근하는 것이 아니라 사회 구조적인 차원에서 접근해야 한다. 현지 사회의 안전하고 지속적인 발전에 필요한 것이 무엇인지에 대해서 지역사회와 함께 숙고해야 한다.

꼴찌의 함정 : 커뮤니티(community)

베트남 꽝찌성 장애아동 지원 사업 중에는 장애아동이 거주하고 있는 주거환경을 개선하거나 재활 보조 기자재를 지원하는 활동이 포함되어 있다. 장애아동은 신체 이동이 부자연스럽기 때문에 생활공간에서 여러 가지 사고에 직면하거나 거동에 어려움을 느끼게 된다. 또한 장애의 특성에 따라 집안에서 운동할 수 있는 도구라든가 이동수단이 필요하다. 이러한 문제를 개선하기 위해서 주거환경 개선과 보조 기자재를 지원하게 된 것이다. 하지만 재원이 한정되어 있는 상황에서 모든 장애아동을 지원하는 것은 불가능하여 부득이 지원 대상을 선정해야 하는 상황을 맞이하였다. 선정에 있어서 여러 가지 기준이 있을 수 있었다. 가장 장애가 심한 가정을 대상으로 할 수도 있고, 가장 빈곤한 가정 순으로 지원할 수도 있고, 가장 효과가 클 것으로 예상되는 장애아동의 가정을 선정할 수도 있다. 그러나 어떤 기준을 정한다 하더라도 항상 동일한 문제를 안고 있었다. 먼저 기준을 정했지만 측정이 정확할 수 있겠는가이다. 예를 들어 가장 빈곤한 가정을 선정한다고 할 때, 빈곤의 정도를 측정할 수 있는 도구가 명확하지 않다. 또 정확하게 측정했다고 해도 주민 간에 재산의 정도를 정확하게 공개하지 않기 때문에 주관적인 판단에 의존하니 서로 생각이 다를 수 있다. 게다가 커뮤니티에 대한 정보가 제한적인 메디피스가 이를 측정하는 것은 많은 한계를 갖고 있었다. 또 하나의 문제는 상황의 역전 현상이다. 선정된 가정이 선정되지 않은 가정에 비해 더 열악한 상황에 있었지만 지원 이후에 이 상황이 뒤바뀌는 경우가 있을 수 있다. 이때 역전당한 가정은 선정된 가정이 어떠한 노력도 기울이지 않고 단지 더 열악하다는 이유만으로 무임승차한 것으로 인식하게 된다. 이러한 경우들은 불만을 뛰어넘어 시기와 질투를 유발할 수 있고 이는 커뮤니티를 해칠 수도 있다는 점이 우려되었다. 그래서 메디피스가 내린 결론은 대상자 선정을 지역사회에 위탁하되, 원칙과 절차에 대한 합의는 상호 간에 꼼꼼하게 진행한다는 것이었다. 주민들이 참여하는 조직인 조국전선이라는 기관이 이를 담당하였고, 이들은 해당 마을을 방문하여 지역 여론을 경청한 후 문제가 없다고 판단되었을 때 선정 명단을 확정하도록 하는 방법을 활용하였다. 조국전선은 지역사회에서 공신력을 가지고 있고, 지역사회에 대한 이해도가 높을뿐더러 지역 주민들에게 선정의 정확성에 대해서 신뢰를 주기 때문에 우리가 직접 수행했을 때의 문제점을 해소할 수 있었다. 실제로 많은 국제활동에 현지 마을건강요원 등 커뮤니티 구성원들이 사업 수행에 참여하는, 커뮤니티에 기반한 접근 방법을 많이 사용하고 있다. 이러한 과정에서 사회적 구조에 대한 좀 더 정확한 분석이 이루어지고, 심화된 사회적 지원이 가능해진다. 커뮤니티의 관점은 한 지역사회의 구성원의 관계 및 화합에 대한 것이며, 구성원의 행복에 관련된 것이다. 국제활동은 개인을 삶의 공간인 커뮤니티로부터 분리하지 않고 커뮤니티에서의 역할을 찾아내고 강화하는 방향으로 진행되어야 한다.

우리나라 국민들이 NGO의 국제활동을 지지하고 후원하는 대표적인 프로그램은 일대일 해외 아동결연이다. 실제로 기부액 중 가장 큰 비중을 차지하는 것이 일대일 해외 아동결연인 것으로 나타났다. 그런데 일대일 해외 아동결연은 여러 가지 문제점을 가지고 있는 것으로 지적받아 왔다. 제기되어온 몇 가지 문제점들을 함께 살펴보자. 첫째, 일대일 아동결연 후원은 후원받는 아이들에게 있어 복권 당첨과 마찬가지일 수 있기 때문에 불공정하며, 커뮤니티 내에서 구성원 간 불화를 일으킬 수 있어 수혜자 선택의 공정성 문제가 있다. 두 번째, 비록 수혜자라고 해도 기부자로부터의 소식을 받지 못하게 되면 아이들의 걱정, 질투, 실망이 뒤따른다고 한다. 게다가 기부자로부터 직접적인 재정적 지원이나 선물이 중단되었을 때, 기부자와 수혜자 간의 관계는 어떻게 남게 될지 모르기 때문에 관계의 왜곡 문제가 있다. 세 번째, 수혜자 아이들은 기부자 가족의 부유한 생활을 접한 후 자신이 처한 환경이 불만족스러워지고 자신의 삶을 더 불행하게 여겨 쉽게 자기 부정을 하게 되기도 한다. 자신을 이류 인간으로 또는 이류 가족으로 바라보게 되는 것이다. 이는 열등감으로 삶에 대한 자세를 부정적으로 변하게 할 수 있으며, 특히 자신의 부모에 대한 존경심을 줄어들게 하는 좌절된 희망의 문제이다. 네 번째, 결연 후원금을 전달하거나 대상자를 선정하는 과정에서 커뮤니티의 권력화가 나타나기 쉽다. 수혜자 선정 및 유지의 과정에서 기존 지역사회의 균형 및 인간관계가 무너지고 상하 관계가 형성될 수 있다. 특히 수혜자에게 직접 기부금과 물품을 전달하는 역할의 현지 인력은 연대의 대상이나 동료로 받아들여지지 않고 상위 권력으로 비치게 되어 권력화의 문제가 있다. 다섯 번째, 기부자나 수혜자 사이에서 편지 검열이나 번역은 서로의 의견을 왜곡할 여지가 있다. 의사 전달의 왜곡은 기부자와 수혜자 상호 간의 교감을 차단할 수 있다. 그리고 편지, 선물교환 등의 활동은 형식적인 절차 혹은 결연금을 받기 위한 영혼 없는 노동으로 전락할 수 있다. 또한 감사 의사의 전달은 자발적이라기보다 대리 기관의 일정에 맞춰 진행되고, 정확한 기부 과정에 대한 이해가 없는 아이들에게는 감사 편지가 이유를 알 수 없는 받아쓰기가 될 수 있다. 이를 통해 아이들은 왜곡된 인간관계를 학습하게 되는 강요된 공감의 문제를 경험한다. 여섯 번째, 기부자들을 위한 편지, 사진, 보고, 방문 등 기부자 관리 단계에서 과도한 비용이 들기 때문에 비용 낭비의 문제가 발생한다. 일곱 번째, 일반적으로 일대일 해외 아동결연은 아이들의 요구에 맞추기보다는 종교적 경향성에 치중된 경우가 많다. 그래서 아이들은 후원을 받기 위해서 특정 종교적 행동의 강요를 받아들여야 하는 종교적 저당 잡히기 문제가 있다.[5)]

    이러한 일대일 해외 아동결연의 다양한 문제점의 가장 근본적인 원인은 개인을 수혜 대상으로 하는 한계로부터 나온다. 결연 후원이 연결된 아이들에게는 경제적·심리적으로 긍정적인 결과가 나타날 수도 있으나, 이러한 방법은 단지 선택받은 아이들에게만 혜택을 주기 때문에 그 주변 사람은 도울 수 없다는 큰 단점이 있다. 선택에서 중요한 문제는 그 선택이 차별로 느껴질 수 있다는 것이며, 특히 이러한 차별의 부작용이 기부자에게 가는 것이 아니라 수혜자 또는 수혜자의 커뮤니티에 간다는 것은 더 큰 문제이다. 예를 들어 가장 빈곤하고 가장 어려운 상황에 부닥쳐 있는 개인 또는 가정을 선정하여 도왔을 때, 그 대상자는 꼴찌를 면하게 되지만 결국 또 다른 새로운 꼴찌가 나타날 수가 있다. 새로운 꼴찌는 아무런 이유 없이 꼴찌의 낙인이 찍히게 되지만, 꼴찌를 면한 사람이나 가정은 불공정한 승리를 얻게 되는 꼴찌의 함정에 빠지게 되는 것이다.

커뮤니티의 동의와 공감의 중요성은 또 다른 예에서도 찾을 수 있다. 에이즈 환자 가족 지원사업의 대상에 선정된 가정에 관한 사례이다. 에이즈 환자 지원 사업의 경우, 개인의 프라이버시와 영양 공급이 매우 중요한 고려사항이다. 자신이 소속되어 있는 커뮤니티에서 낙인 찍히지 말아야 하고, 신체 저항력을 키울 수 있는 적절한 영양 공급이 이루어져야 하기 때문이다. 적절한 영양 공급은 가계의 경제력이 중요한 변수여서 일반적으로 생계에 필요한 경제활동을 촉진하도록 도움을 주게 된다. 그래서 한 기관에서 해당 가정에 축산 장려를 위해서 송아지를 지원하게 되었다. 축산 장려 계획은 잘 수행되어 가계의 경제력은 빠르게 회복되었다. 그러나 주변의 시선은 차가웠다. 어느 날 이웃 주민에 의해서 소는 도살당하고, 마을 내에서 해당 가정은 따돌림을 당하게 되었다. 이웃들의 시기와 질투가 원인이었는데, 꼴찌의 역전 현상에 따른 박탈감이 이러한 행동을 낳게 된 것이다. 커뮤니티의 동의와 공감이 없어 발생한 꼴찌의 역전 현상은 커뮤니티의 통합을 가로막게 된다.

이러한 문제를 해결하기 위해서는 커뮤니티의 동의와 공감이 우선시 되어야 하고, 억울한 사람이나 가정이 양산되지 않는 방법을 찾아야 한다. 메디피스가 수행 중인 세네갈 식수 위생 사업 중에는 가구 내

화장실을 신축하여 제공하는 활동이 포함되어 있다. 해당 지역의 모든 가구에 화장실을 신축할 수 있으면 좋겠지만 이는 제한된 예산 때문에 불가능한 일이다. 이 경우 어느 가구를 선정할 것인가가 매우 중요한 문제가 된다. 간단하게 경제력을 기준으로 가장 빈곤한 가구부터 선정해갈 수 있다고 생각할 수 있겠지만, 이 또한 꼴찌의 함정에서 벗어날 수 없다. 100가구를 선정한다고 한다면, 가장 빈곤한 하위 100가구를 선정하게 될 것이다. 그렇다면 101번째로 빈곤한 가구와 100번째 빈곤한 가구를 어떻게 구분할 수 있겠는가. 가구의 경제 수준을 측정하는 기준은 또 어떻게 정할 수 있겠는가. 객관적인 기준을 잡고 정확한 측정을 하는 것도 중요하겠지만, 커뮤니티의 동의와 합의가 무엇보다 더 중요하다. 주민들은 다양한 기준과 수많은 이견을 제시할 수 있다. 그래서 이는 해당 사회의 전통과 문화에 따라 공동으로 합의하고 순응하는 과정을 밟아야 한다. 공개적이고 합리적인 절차가 필요하다. 세네갈 식수 위생사업에서는 화장실 지원 활동을 위해 해당 지역 내에 화장실 위원회를 구성하고 커뮤니티 구성원들을 대표하는 주민들이 위원으로 참여하기로 하였다. 이 위원회는 자체적으로 기준안을 만들고 이에 대한 측정을 객관적으로 진행할 인력을 확보하기로 합의하였다. 또한 화장실 위원회는 선정 결과에 대해 주민들의 동의를 얻는 절차를 반드시 실시하기로 하였다. 이 위원회는 다양한 요소를 검토하고 다소 문제가 있더라도 커뮤니티 안에서 해결하며 의미 있는 결과를 만들 수 있을 것이다.

베일 걷어내기 : 투명성(transparency)

최근 기부포비아라는 신조어가 등장하였다. 기부와 공포증 또는 혐오

증을 의미하는 포비아(phobia)의 합성어이다. 비영리단체의 불법적인 기부금 사용이라든가 범죄적 의도를 가지고 모금을 했던 개인 등이 언론에 보도되면서 자신의 기부금이 어떻게 쓰이는지에 대해 의심을 하고 기부를 꺼리는 심리상태를 의미한다. 대다수의 NGO들에게는 이러한 의심은 억울하고 부당하게 느껴질 것이지만, 기부포비아 현상이 몇몇 일탈적 행위들에 의해서만 나타났다고 보기는 어렵다. 원인을 좀 더 분석해보면 그리 억울한 일은 아닌 것이다. 이러한 현상은 기부자들의 NGO와 NGO의 기부금 활용에 대한 불안한 믿음 수준 때문으로 보인다. 기부자들은 NGO의 활동이나 회계 상황이 베일에 가려있어 확인하기 어렵다고 느끼거나 베일을 걷어내어 속에 무엇이 있는지 확인하기를 포기하고 있는 경우가 많다. 이러한 불안한 믿음은 외부의 간단한 충격에도 흔들리게 된다. 2017년 말, 국내 기부 시장이 꽁꽁 얼어붙게 한 것은 NGO의 일탈이 아닌 NGO와 무관한 한 범죄자인 어금니아빠 이영학의 악행이었던 것이 그 좋은 예이다. 이 사건으로 국내 NGO들의 모금 활동은 직격탄을 맞았다.

 이러한 기부자와 NGO 간의 취약한 연결고리는 여러 가지 이유로 발생하였다. 모금 과정 자체와 이에 필요한 재원이나 인력 투입과 같은 다양한 운영 자금의 필요성에 대한 이해의 부족, NGO 활동가를 전문적 직업으로 인정하지 못하는 사회적 분위기, 빈곤 포로노라고 하는 자극적이고 비인권적인 홍보와 모금 방식으로 인해 기부 동기가 지나치게 연민에 치우쳐 있는 모금 및 기부행태, 방송언론의 NGO 때리기로 자극적인 이슈를 생산하려는 경향, 기부 요청 과정에서 NGO 활동에 대한 인지 강화 프로그램의 부족 등이 주요한 이유이다. 그리고 마지막으로 NGO가 투명성을 높이고 기부자로부터 높은 지지를 얻어내려는 노력이 부족한 것이 기부자-NGO 신뢰 고리를 약하게 만드는 가장 중요한 원인이다. NGO의 투명성은 반드시 공개성을 동반해야 한다. 왜냐하면 NGO는 기부자의 기부금에 의존하고 지지자들의 지속적인 신뢰에 기반하고 있어, NGO와 기부자, 두 주체 간의 소통이 핵심적인 문제가 되기 때문이다. 흔히 투명성을 재정 공개에 한정해서 말하는 경향이 있으나, NGO 활동에 대한 성과도 포함해야 한다. 또한 재정 공개의 경우, 일반적인 기부자들은 회계 정보를 정확히 이해하지 못하는 경우가 많으므로 기부자가 이해하기 쉽게 정보를 잘 전달해야 한다. 사업 성과 공개는 추상적이지 않고 구체적인 내용이 잘 적시되어 있는지를 중요하게 검토해야 한다.6) 이러한 정보들은 일반적으로 인터넷 홈페이지를 통해서 공개하게 된다. 하지만 대부분의 NGO 홈페이지에서 투명성을 높여줄 수 있는 정보가 쉽고 정확하게 전달하지 못하고 있다. 그 이유는 투명성을 높여주는 활동 자체가 적지 않은 비용과 시간을 요구하는데 국내 대부분의 NGO는 그만한 역량을 갖추고 있지 못하는 경우가 많기 때문이다. 그렇다 보니 기부자들은 작은 단체보다는 큰 단체에 기부하려는 경향이 있다. 아무래도 큰 단체가 믿음이 가고 일도 더 잘할 수 있을 거라는 선입견 때문이다.

의도된 베일 씌우기 현상도 최근에 나타나고 있는데, 해외의 대형 국제 NGO의 국내 유입과정에서 더욱 두드러지고 있다. 해외에 본부를 두고 있는 대형 국제 NGO들이 최근 10년 사이에 국내 진출이 많아졌는데, 그 이유는 한국을 새로운 좋은 모금시장으로 보고, 오로지 모금을 위한 진출이 이루어지고 있기 때문이다. 이들은 대부분 세계적으로 명성이 높고 손가락으로 꼽히는 규모를 가지고 있다. 그렇다 보니 한국 지부는 독자적으로 모금해 프로젝트를 실행하고, 다시 프로젝트의 결과를 활용한 모금으로 환류하는 독립적 운영을 하지 않는 경우가 대부분이다. 프로젝트의 실행이 있다 하더라도 전체 규모를 고려해보면 구색 맞추기로 비친다. 이러한 모습이 고스란히 외부에 비치면 자 단체의 모금이 위축될 것이 우려하여선지, 어떤 경우는 연간 총수입 내역이나 지출 내역 등에서 한국 집계를 따로 공개하지 않고 애매하게 여러 나라가 묶여있는 지부의 집계에 포함시키기도 한다. 일부 단체는 국내 사업이 오로지 모금밖에 없는 경우도 있다. 해외 사업의 경우도 직접 운영하는 것이 아니라 본부나 타 지부를 통해서 하는 것이 전부다. 예를 들어, 해외에 위치한 본부로부터 사업비 명목으로 일정 금액을 지원받고, 이 돈을 다시 다른 개도국의 지부로 송금하여 집행하게 하는 경우가 있다. 본부가 직접 개도국 지부에 송금하면 될 것을 굳이 우리나라를 거쳐 송금하는 것은, 국내에서 모금한 금액 대부분이 다시 모금 활동에 쓰이고 있다는 사실을 감추기 위한 것이 아닌가 하는 의구심을 갖게 하기에 충분하다. 다시 말해서 전체 집행 예산 가운데 모금 활동비용이 차지하는 비중을 낮추기 위한 꼼수가 아닌가 하는 의문을 갖게 한다. 게다가 현재까지 모금한 돈보다도 모금에 들어간 비용이 더 큰, 말하자면 배보다 배꼽이 더 큰 셈인 현상이 나타나는데,[7] 이러한 대형 국제 NGO들의 행태들은 그렇잖아도 부족한 기부자들의 NGO에 대한 약한 신뢰 고리를 더욱 악화시키게 될 것이다.

    정보의 공개, 투명성을 높이는 것은 좋은 기부를 활성화하는 데 필수적인 요소이다. 또한 공개된 정보는 기부자가 충분히 이해할 수 있게 해야 하고, 베일로 가려서 정보를 얻지 못하게 해서는 안 된다. 해외에서 이루어지는 현지 사업의 집행 여부를 확인하기 어려운 점을 악용하여 비정상적인 집행을 눈 가리고 아웅 식으로 감추어서도 안 된다. NGO의 투명성을 높이려는 노력 외에도 사회적 인식이 변화되어야 할 부분들도 분명히 있다. 직접경비 외에 운영경비의 비중에 대해서 우리나라 국민들은 지나치게 인색한 경향이 있다. NGO 활동가의 임금에 대해서도 직업인이라기보다는 자원봉사자로 인식하는 경향이 많아서 현실적인 임금의 반영이 어려운 경우도 주변에서 많이 보인다. 그리고 일부 대형 국제 NGO들은 한국을 단지 모금 자판기로 인식해서는 안 되며, 자금력으로 모금시장을 왜곡시켜서도 안 된다. 한국 사회가 좀 더 발전하고 진화할 수 있도록 하는 데에도 기여할 준비가 되어 있지 않다면 국내에 들어와서는 안 된다. 한국 사회에 대한 고민이 없는, 소위 먹튀 모금은 한국의 국제활동 진화(進化)에 전혀 도움이 되지 않을 것이다.

NGO답게! : 책무성(accountability)

2018년 2월, 영국에 이어 EU가 세계적인 NGO로 알려진 옥스팜Oxfam에 대한 자금 지원을 중단할 것을 검토하는 초유의 사건이 발생하였다. 옥스팜 직원들이 아이티에서 성매매했다는 것이 폭로되었기 때문이다. 옥스팜의 아이티 성매매 스캔들은 2018년 2월 9일에 영국 타임스지에 보도되면서 엄청난 파문을 일으켰다. 이 기사는 2011년 옥스팜 직원들이 아이티에서 매춘부와 성매매를 했고 그중 몇 명은 미성년자로 추정된다고 주장하였다. 아이티 지진이 일어난 다음 해인 2011년에 옥스팜의 당시 아이티 현장 소장이었던 롤란드 밴 하우버메이렌을 포함한 고위급 간부들이 성매매했다는 사실이 드러난 것이다. 옥스팜은 2011년에 이러한 행위를 저지른 4명의 직원을 해고하고 롤란드 밴 하우버메이렌을 포함한 3명이 사임하도록 조치를 취하였다. 하우버메이렌은 다른 기관으로 이직하였으나, 옥스팜은 이직한 기관에 하우버메이렌이 왜 사임되었는지를 경고하지 않았다. 옥스팜이 2011년에 시행한 조사에 따르면, 롤란드 밴 하우버메이렌은 옥스팜이 그의 활동을 위해 빌린

월 1,500파운드의 빌라에 매춘부를 초대하곤 했다는 것을 인정하였다.[8] 이 스캔들과 관련하여 2018년 2월 옥스팜의 부대표가 사임하였고, 연이어 5월 옥스팜의 대표가 사임하였으며, 2018년 2월 20일 기준 7,000명이 넘는 정기 후원자가 후원을 취소하였다. 옥스팜의 경우는 2006년에도 차드에서 유사한 사건이 발생하였음에도, 이후 이를 예방하기 위한 조치를 취하지 않았다. 나아가 옥스팜뿐 아니라 국제구호단체와 NGO에서 이 같은 성매매와 성 착취가 비일비재했다는 폭로가 이어지고 있다. 영국 보수 주간지 '스펙테이터The Spectator'의 한 기고자도 "2008년 라이베리아 등지에선 국제연합 평화유지군이 구호 식품을 얻으려는 소녀들의 성(性)을 착취하는 일이 허다해 '식량 대가의 섹스(sex for food)'라는 말까지 돌았다"고 전했다. 이 기고에 따르면 지난 12년간 국제연합 관계자들은 세계 각지에서 2,000건 가량 성 학대 및 착취를 저지른 것으로 보고됐다.[9] 이러한 현상들은 일부 구호 활동가들이 목숨을 걸고 헌신하기 때문에 일반적인 도덕적 의무에 얽매이지 않아도 된다는 잘못된 보상 심리가 작용했다는 비판이 제기된다.

　책무성은 정해진 행동 기준에 부합해야 할 의무라는 외부적 차원, 그리고 개인의 행동과 조직의 사명으로 표출되는 스스로 느끼는 책임에 의해 움직여지는 내부적 차원을 가지고 있다. 국제활동 NGO들은 회원제로 운영되는 단체가 아니기 때문에, 종교나 신념에 기반을 둔 국제활동 NGO를 제외하고는 지역 커뮤니티에 깊게 뿌리를 내리고 있는 경우가 많지 않다. 그래서 국제활동 NGO들은 현지 커뮤니티와 맺고 있는 책무성이 자금을 지원받는 외부 공여 기관보다 부족할 수 있다.[10] 책무성을 대상으로 구분해보면, 기부자에 대한 책무성(상향식 책무성)과 수혜자에 대한 책무성(하향식 책무성)으로 나눌 수 있다. 기부자에 대한 책무성은 모금 과정에서 발생한 시민들의 자발적 참여에 대해 책임감을 가져야 한다는 것을 의미한다. 수혜자, 또는 지역사회에 대한 책무성은 활동과정에서 현지 커뮤니티에 대한 책임감을 느껴야 한다는 것을 의미한다. 그런데 국제활동 NGO들은 수혜자나 지역사회에 대한 하향식 책무성보다는 자금을 제공하는 대상에 대한 상향식 책무성에 치우쳐 있다는 비판을 받아오고 있다. 그러나 수혜자 및 지역사회에 대한 책무성은 국제활동 NGO의 존재 이유이기도 하고 목적이기도 하므로 그 무엇보다도 본질적인 부분이다. 그래서 국제활동가는 수혜자에 대한 책무성을 높이는 데 철저해야 한다.

NGO Mango(Management Accounting for Non Governmental Organizations)는 이러한 책무성 높이기 위해 활동하고 있다. 영국 옥스퍼드에 위치한 NGO Mango의 미션은 NGO와 그 파트너의 재정적 관리와 책무성을 강화하는 것이다. Mango는 NGO 섹터의 긴급한 요구(needs)를 충족시킨다. NGO는 자신이 항상 수준 높고 전문적인 표준 아래 운영되어야 한다는 것을 인식하고 있는데, 그것은 튼튼한 재정적 관리가 함께 이루어져야 한다는 것을 의미한다. Mango의 훈련 과정, 직원 채용, 컨설팅 그리고 모범 사례 안내서 출판 등 실용적인 서비스는 NGO가 위 목표들을 달성할 수 있도록 도와주기 위해서 전 세계의 다양한 NGO와 함께 일한다. 이 단체는 수혜자들에 대한 책무성 점검표를 제시하고 있는데, 이는 NGO 활동가가 그들이 자신의 수혜자들에 대해 얼마나 책무성이 있는지를 판단하는 것을 돕기 위한 자가 평가 점검표이다. 국제활동 분야에서 최상의 관행을 보여주는 5개의 큰 섹션과 30개가 조금 넘는 실용적 액션 포인트로 구성되어 있고, 이는 NGO들이 직면하는 여러 가지 상황에서의 가장 적합한 책무성을 고민하게 해준다.

첫 번째 섹션은 수혜자들에게 기본정보, 프로그램 실행 관련 보고, 수혜자의 참여 기회에 해당하는 정보들을 얼마나 효과적으로 제공하는지에 관한 것이다. 이때 제공되는 정보는 벽보, 화이트보드, 라디오, 신문과 같은 접근 가능한 매체이어야 하고 현지의 언어를 사용하여, 접근 가능한 장소에서 제공해야 한다. 또한 온전하며, 적절하고, 시기 적절하며, 정확해야 한다. 그리고 전문용어를 사용하지 않고 간결해야 한다.

두 번째 섹션에서는 취약한 사람들을 대변하는 것에 대한 것이다. 가장 취약하고 소외된 사람들을 규명해야 하고 취약한 사람들의 참여를 보장해야 한다. 수혜 지역의 커뮤니티는 언제나 상이한 이슈들에 직면하고 있는 서로 다른 집단의 사람들을 포함하기 마련이다. 어떤 커뮤니티 지도자들은 그러한 사람들의 이해관계를 대변할지 모르지만, 어떤 이들은 그렇지 않을 수 있다. NGO 직원은 그들이 돕고자 하는 특정 그룹의 사람들을 대변하고 있는 대표자들을 규명할 필요가 있다. 또한 그들은 바쁘거나 낮은 신분의 사람들이 참여하기 쉽도록 NGO 활동을 디자인하고, 그러한 사람들이 지역사회의 의사결정에 미치는 영향력을 강화하도록 도울 필요가 있다[11].

세 번째 섹션은, NGO의 활동으로 인해 영향을 받게 되는 모든 그룹이 그러한 활동과 관련된 결정을 내리는 데 관여할 수 있어야 한다고 한다. 이것은 보통 수혜 지역의 커뮤니티 내에 있는 다양한 그룹들의 대표자들과 함께 일하는 것을 의미한다. 이러한 의사결정에는 프로그램을 계획하고 활동을 감시하고 수정하는 과정이 포함되어야 한다.

네 번째 평가 섹션에서는, NGO나 그 직원이 한 잘못된 행동에 대한 공식적인 문제 제기에 대해서 수혜자와 NGO 직원이 함께 노력하여 문제가 논의되고 해결되어야 한다고 한다. 그러나 누구라도 공식적인 불만을 제기할 수 있어야 하며, 그에 대해 해당 NGO에 의해 정식으로 조사가 이루어져야 한다.

마지막 섹션은 직원 태도에 관한 것으로, NGO 활동가들은 최근 수혜자들과 접촉을 가졌던 구체적인 상황들에 기초하여, 수혜자에 대한 존경심, 수혜자들의 관점 이해, 활동가들의 강력한 위치를 남용하지 않는 자세를 갖춰야 한다고 한다.[12] NGO 활동가는 수혜자에 대한 책무성 교육을 받아야 하고 이를 수행하기 위한 적절한 시간이 제공되어야 한다. 활동가의 업무 목록에는 책무성에 관한 구체적인 책임이 제시되어야 한다.

메디피스의 경우 NGO 활동가의 수혜 그룹에 대한 책무성을 강화하기 위해서 인도주의 성찰 지표를 개발하여 적용하고 있다. 활동가는 기술적인 측면 외에 국제활동에 대한 근본적인 성찰이 잘 이루어지고 있는지 스스로 평가하고 개선하려는 노력을 일상적으로 기울여야 한다. 이 책무성을 확인하기 위해서 해당 지역 주민들의 정확한 이해와 요구를 반영하기 위한 노력의 정도, 지역사회 구성원의 불평등 요소를 개선하기 위한 노력의 정도, 지역사회 구성원의 주도적인 참여를 보장하기 위한 노력의 정도 등과 같은 항목을 만들고 각각에 대한 구체적인 실행 여부를 평가한다.

NGO는 사회로부터 요구되는 책임과 스스로 설정한 가치를 실현하는 측면에서 그 책무를 지켜나가야 한다. 조직 내부적으로는 정관과 내규에 맞는 의사결정 구조를 통해 의사결정이 이루어져야 한다. 재정적으로는 운영의 결과를 내·외부에 정직하게 공개하고 문서화로 만들어진 프로세스를 통해 회계 감사까지 정확하고 투명하게 이어져야 한다. 사업성과의 측면에서는 과학적인 평가절차를 통해서 목적과 기본 정신에 부합하는 방법을 활용해야 한다. 무엇보다도 사업 결과의 영향이 대상 지역사회에서 긍정적이어야 하고 문화와 전통에 친화적이어야 한다. 사업을 수행하는 활동가는 인도주의 가치를 실현하는

데 헌신적이어야 하고, 이 활동가가 수행하는 국제 활동은 도덕적으로 수용 가능해야 한다.

<표 7> 인도주의 지표 항목과 정의

항목	정의	취지
주민요구 적합성	해당 지역 주민들의 정확한 이해와 요구를 반영하기 위한 노력의 정도	해당 지역 주민들의 보편적인 이해와 요구를 반영하여 지역사회의 구성원으로서의 역할과 역량을 강화하여야 함
형평성	지역사회 구성원의 불평등 요소를 개선하기 위한 노력의 정도	해당 지역의 건강 불평등 해소에 미치는 영향을 고려해야 함
주도성	지역사회 구성원의 주도적인 참여를 보장하기 위한 노력의 정도	해당 지역 거버넌스 강화에 미치는 긍정적 영향이 있어야 하고, 프로젝트의 진행에 있어서 거버넌스 안에서 작동하고 있어야 함
협력성	이해관계자 및 협력 가능 대상과의 협력을 위한 노력의 정도	이해관계자는 수혜그룹, 지원그룹, 주변그룹으로 이루어지며 이들 모두와의 좋은 파트너십이 있어야 함
효율성, 지속성	사업의 성과가 적절한 비용에 의해서 이루어지고, 이 성과가 현지 역량에 의해서 지속될 수 있도록 하기 위한 노력의 정도	프로젝트는 비용 대비 효과를 고려하여 진행하여야 하며, 이는 후원자들의 기부취지에 맞게 진행되어야 함 활동은 종료 이후에도 그 작동이 지속되어야 하며, 지역사회가 감당할 수준에서 이루어져야 함
결과성	적확한 실행 결과의 예측과 그 성취를 위한 과학적인 노력의 정도	프로젝트의 결과는 반드시 성과를 담고 있어야 하며, 과정은 원칙이 준수되어야 함
문화성	현지 문화를 존중하고 사업 실행 세부 과정에서의 현지문화 담지를 위한 노력의 정도	활동은 현지의 일상의 즐거움과 가치를 존중하고, 이에 동화되어야 함
범분야성	보건의료 이외에 사회 발전을 위한 다양한 분야에 대한 고려의 정도	활동은 지역사회의 전반적 안정과 발전에 기여해야 하며, 타 분야의 문제점이 활동을 저해하거나 우리 활동의 결과가 타분야에 부정적 영향을 미쳐서는 안 됨

항목	정의	취지
기본권 보장성	프로젝트 수행의 과정 및 결과가 인권, 건강권 등 기본권을 침해하지 않고, 프로젝트의 성과가 기본권을 강화하기 위한 노력의 정도	인간으로서 누려야 하는 기본권은 어떠한 이유에서든지 침해받아서는 안 되며, 우리의 활동의 과정에서 부당한 감정을 갖게 해서는 안 됨
지구 안정성	지구온난화 등 전지구적 문제의 해결을 위한 지역적인 기여도를 높이기 위한 노력의 정도	우리의 모든 활동은 지구의 긍정적 변화에 기여해야 하며, 활동의 과정이나 내용에서 이를 위반하는 경우가 있어서는 안 됨
복제 가능성	프로젝트의 내용이 현지 역량을 고려하고 개발하여 꾸준히 확대재생산할 수 있도록 만들기 위한 노력의 정도	현지 역량이 감당하지 못하는 컨텐츠가 지역사회 안에 들어가서 지속적 운영이 불가능하게 해서는 안 되며, 특히 이로 인해 지역 주민에게 좌절을 주어서는 안 됨

톱니바퀴 연결하기 : 국제사회 협력(cooperation with international societies)

2010년 1월 12일 리히터 규모 7.0의 강진이 세계 최빈국 중의 하나인 아이티를 덮쳤다. 수도인 포르토프랭스 대부분이 완전히 초토화되었다. 당시 아이티 총리는, 포르토프랭스 전체가 납작해졌다고 했다. 사상자만 50만 명, 이재민은 180만 명이 발생하였다. 정부청사를 비롯하여 대부분 병원까지 파괴되었다. 국제연합과 국제사회는 긴급지원에 나섰고 우리나라도 이 대열에 합류하였다. 사실상 2004년 서남아시아에서 발생한 쓰나미 피해지원을 시작으로 해외 재난 대응에 나선 우리나라로서는 두 번째 대규모 지원이었다. 그러나 많은 생존자는 1주일 이상을 기다리고 나서야 식량, 텐트, 식수 등 생필품을 받을 수 있었다. 그렇게 전 세계가 온정의 손길을 뻗쳤지만, 구호 기관 간의 협력이 제대로 이루어지지 않으면서 구호 활동이 지체되었기 때문이다. 글로벌 보건의료인 메디피스도 조사단을 파견하여 복구 과정에서의 지원을 준비하였었다. 재난 현장에는 많은 NGO가 활동하고 있었는데, 이들의 진료환경은 너무 열악하고 단체별로 서로 연락이 되지 않아 어디에 누가 있는지도 모르는 상황이 전개되고 있었다. 더욱이 단기 의료진 파견 시 수술 후 처치(post-operative care)에 대한 인수인계가 제대로 이루어지지 않고 있었고, 사용하지 않는 의약품이 계속 창고에 쌓이고 있었다. 이러한 문제는 가장 빠르게 현장에 파견된 선발대의 지역조사와 수요조사 내용을 정확하게 파악하지 않았기 때문이기도 하지만, 각국에서 몰려온 구호 기관들이 정확한 현장 활동 지침을 가지고 있지 않았기 때문이었다. 메디피스 아이티 선발대는 국제연합 인도적지원조정실Office for the Coordination of Humanitarian Affairs, OCHA 회의와 미군 NGO 회의에 참석하면서 긴급구호 현장에서 누가 어디서 무슨 일을 하고 있으며, 무엇이 필요한지를 파악하는 데 집중하였다. 하지만 이 회의에서 한국의 NGO를 찾아보기 어려웠다. 여전히 한국의 NGO들은 타 공여국, 국제기구, 국제 및 국내 NGO와 거의 공조하지 않고 있었다.

국제연합 인도적지원조정실은 긴급재난이나 분쟁 상황에서 효과적인 인도적 지원을 위해서 구호 기관 간의 활동을 조정하는 역할을 한다. 대규모 재난 발생 시 현장 상황실 임무를 수행하는 것이다. 자세히 말하면, 다양한 주체들이 협력하여 전 세계적인 재난 상황에 대처하는 것을 목적으로, 여타 국제연합 기구 내의 기관들 및 NGO가 함께 협력체제를 구축, 유지하여 재난 상황에 대한 대비책 및 예방책을 마련하고 인도적지원조정실의 프로그램인 통합지원절차(CAP: Consolidated Appeals Process)를 통해 비상사태에 빠진 주체에 자금을 지원하는 것이다. 그리고 국제연합 인도적지원조정실은 다양성(diversity), 신뢰(trust), 국가 및 지역적 차원의 주인의식(national and local ownership), 성 평등(gender equality)의 네 가지 원칙을 가지고 있는데, 그중 국가 및 지역적 차원의 주인의식은

다양한 주체들의 협력과 관련이 있다.[13]

재난 대응과 같이 짧은 시간 동안 구조와 복구를 진행하는 사업을 위해서는 자원을 효과적으로 배분하고, 적절한 지역을 선택하고, 필요한 물품을 선정하는 등 효과를 극대화하는 것이 매우 중요하다. 얼마나 신속하게 대응하는가가 결과에 절대적인 영향을 미치는 시간 의존적 결과(time-dependent outcome)의 특성 때문이다. 그래서 경험 많고 실력 있는 국제활동 NGO들은 국제연합 인도적지원조정실의 판단과 정보를 바탕으로 활동을 진행한다.

이러한 노력은 한 국가 내에서도 이루어지기도 한다. 미국 워싱턴 D.C.에 위치한 InterAction은 개발도상국에서 일하는 180개가 넘는 NGO의 협력체이다. InterAction의 회원단체들은 세계의 가장 가난하고 취약한 사람들을 위해 일하는 종교 및 비종교 단체, 대규모 및 소규모 단체들로 다양하게 이루어져 있다. InterAction은 집단적 목소리를 통해, 구호와 해외 원조, 환경, 여성, 보건, 교육, 그리고 농업을 포함한 개발 이슈들에 대한 중요한 정책적 결정을 형성하려고 하고 있다. 한 지역사회 내에서 국제활동을 제대로 수행하려면 한 사회가 포함된 다양한 부문을 통합적으로 바라보는 시각이 필요한데, 이는 국제활동이 단일 주체가 아니라 다양한 분야에 전문성을 가지고 있는 여러 주체 간의 협력을 통해 진행되어야 하기 때문이다. 특히 여러 NGO가 인도적 위기와 재앙에 대응할 때, InterAction는 조정자의 임무를 수행한다.

국제사회 협력은 해외의 지역사회에서 활동하는 국제활동 NGO 간에도 필요하다. 현장에서 활동하는 국제활동 NGO들은 다양한 지역사회의 요구에 직면하게 된다. 개별 NGO가 다양한 분야에 걸쳐있는 이 요구들을 혼자서 처리해 나가는 것은 현실적으로 불가능하다. 예를 들어 아동 교육을 위해 학교를 신설하고자 하는 요구와 보건소를 설립하고자 하는 요구, 여성의 직업교육센터를 개설하고자 하는 요구가 있을 수 있다. 각 요구에 대하여 서로 다른 개별 NGO는 서로 다른 프로세스를 통해서 대응할 것이다. 하지만 보건, 교육, 여성의 세 가지 분야에 대한 대응이 통합적으로 이루어지게 된다면 시너지 효과를 가져올 수 있다. 실제로 대부분 지역에서 서로 다른 분야에서 활동하고 있는 타 국가 NGO를 자주 접하게 된다. 이들 간의 상호 정보의 교류와 개별 프로젝트에 대한 상호 지지가 중요하다. 분야 간 협력도 필요하지만 동일 분야 내에서의 협력도 중요하다. 메디피스의 꽝찌성 프로젝트는 매년 지역 정부와 보건 분야 NGO들이 한데 모여서 상호 조화롭게 프로젝트를 수행할 수 있도록 조정과 협력의 방안들을 이끌어내는데, 여기에서 논의된 내용은 지역 정부의 행정적 조치에까지 이어지게 된다. 특히 재활 분야에서는 네덜란드의 NGO와 역할을 나누어 진행하고 있다.

전 지구적인 이슈에 공동으로 대응하기 위해서도 NGO들의 적극적인 협력이 필요하다. 대표적인 경우가 세계사회포럼World Social Forum, WSF이다. 세계사회포럼은 세계경제포럼World Economic Forum, WEF이 개최되고 있던 지난 2001년 1월, 브라질의 포르투알레그레Porto Alegre에서 세계경제포럼에 반대하는 포럼으로 시작되었다. 이 포럼은 매년 세계경제포럼의 개최 시기에 열리는데, 세계경제포럼에 대한 항의운동을 더 잘 조직하고, 세계경제포럼에 집중되는 언론 보도를 분산시키려는 의도이다. 이들이 그토록 반대하는 세계경제포럼은 무엇일까? 다보스 포럼으로 잘 알려진 세계경제포럼은 세계 각국의 정상, 경제 관련 장관, 국제연합 등 국제기구 대표, 세계 1000대 기업 대표, 경제학자, 저널리스트 등이 1971부터 매년 모여 세계 경제의 방향성을 논의하는 가장 영향력 있는 국제민간회의다. 하지만 세계경제포럼은 세계 자본가의 연례모임이며 세계 거대 기업과 경제 엘리트들의 사교 칵테일파티라고 비판받는다. 특히 1980년대 이후 세계경제포럼은 자유 시장 확대와 자본의 세계화로 대변되는 신자유주의 정책 확산의 중심에 있었다. 세계사회포럼은 반(反)세계화 운동의 중심에 서서 각국의 활동가들이 국제적 활동을 어떻게 벌일지, 그리고 어떻게 대안을 마련할 것인지를 의논하고 국제적인 행동의 방향을 결정한다.14)

국제기구의 활동에 대한 견제를 위한 국제활동 NGO들의 국제사회 연대도 다양한 방식으로 이루어지고 있다. 원조 관련 시민단체들의 국제연합체인 BetterAid가 그 예이다. BetterAid는 2011년에는 한국의 국제개발협력시민사회포럼과 함께 세계시민사회포럼을 개최하기도 하였는데, 부산 세계개발원조총회 직전인 11월 26일부터 11월 28일까지 사흘에 걸쳐 개최하였다. 이 포럼은 부산 세계개발원조총회에 시민사회의 의견을 모아 원조 효과성 원칙을 지키라고 요구하기 위한 것이었다. 세계개발원조총회는 원조의 효과와 영향력을 향상하기 위한 국제사회의 이행성과를 점검하고 새로운 개발협력 의제를 도출하기 위하여 전 세계 160여 개국의 대표단과 국제연합 사무총장을 비롯한 국제기구 대표, NGO 및 민간기업 관계자 등이 참여하는 행사이다.

이렇듯 국제사회 협력은 다양한 단계에서 이루어진다. 지구 온난화와 같은 전 지구적인 이슈를 공동으로 대응하여 해결하고자 하는 노력으로부터 시작해서, 국제기구 안에서의 NGO의 노력, 재난 상황에서의 긴급구호 활동, 같은 지역사회 안에서 다양한 분야의 NGO 간의 협력, 같은 현장 같은 분야에서의 역할의 분획을 위한 노력, 자국 내에서의 국제활동 NGO 간의 협력까지 필요와 목적에 따라 다양한 협력이 이루어지고 있다.

기계 안의 톱니바퀴가 하나라도 제대로 돌아가지 않으면 기계는 제대로 작동할 수 없듯이 국제사회 안에서의 협력은 필수적이다. 국제활동은 하나의 주체가 혼자 해낼 수 있는 경우는 드물다. 즉, 국제사회 협력이 필수인 이유는 시너지 효과를 내서가 아니라, 협력하지 않으면 국제활동의 궁극적 목적을 달성하기 어렵기 때문이다.

키다리 아저씨 흉내내기 : 연대(solidarity)

"수세미 사세요. 제발 하나만 팔아주세요…. 몸이 불편한 그녀에게 따뜻한 봄을 후원해주세요." 빈곤 포르노(poverty pornography)는 빈곤을 자극적으로 부각해 동정심을 유발하여 모금하는 미디어 자료를 말한다. 일종의 말초신경을 일시적으로 자극하는 포르노에 비유한 것인데 수혜자의 인권을 무시하고 기부자의 선행만을 부각하는 비윤리적인 모금방식이다. 이러한 연출에 노출된 사람들이 받게 되는 박탈감과 수치심에는 관심이 없고, 최대한 자극적이고 불쌍하게 만들어서 기부하지 않으면 죄책감이 들도록 유도한다. 기부자는 수혜자를 무능력하거나 게으른 사람으로 인식하기 쉽게 되고, 극단의 어려움에 부닥쳐있는 사람을 도왔다는 자기 만족적 위로를 받게 된다. 게다가 일반 시민들은 이러한 미디어에 자주 노출됨에 따라, 아프리카의 나라들은 굶주리는 나라이며, 아프리카 사람들은 미개한 민족이라는 왜곡된 인식을 하게 된다. 적지 않은 사람들이 아프리카를 굶주리는 대륙으로 생각하는 것은 이러한 빈곤 포르노 때문이다. 많은 비난에도 빈곤 포르노가 사라지지 않는 이유는 이 방식이 모금의 성과가 높아서이다.

모금의 성과가 뛰어난 이유는 빈곤 포르노가 인간의 제한된 합리성에 집중하기 때문이라고 한다. 사람이 어떤 판단을 할 때는 수학 계산처럼 명확한 근거보다는, 불분명하고 모호한 근거를 바탕으로 판단할 때가 더 많다. 이런 상황에서 가장 흔하게 판단의 근거로 활용하는 것이 자신의 머릿속 이미지(image, 像)다. 자신이 누군가를 가엽게 여겼을 때의 기억 속 이미지를 바탕으로, 모금 광고의 이미지와 대조한다. 양쪽이 같거나 유사할 때 자신이 도와줘야 할 대상자라고 판단하게 된다. 가냘픈 한 아이가 아니라 아프리카의 식량난에 대한 인포그래픽(infographic)을 보여주면, 도움의 대상자인가 아닌가로 판단하기보다는 상식으로 알고 있어야 할 정보로 처리할 확률이 더 높다. 실제로 얼마나 도움이 필요한 대상자인가보다는 자신의 머릿속에 저장된 이미지 정보가 더 중요한 판단의 근거이다. 머릿속 이미지는 기부금액이 타당한지를 고려할 때도 중요한 역할을 한다. 똑같이 1달러를 요구하더라도, 광고 속의 아이가 한 명일 때와 수천 명일 때는 다르다. 1달러로 한 명의 아이는 살릴 수 있다고 생각하지만, 수천 명의 아이는 그럴 수 없다고 판단한다. 이런 생각을 할 때 '합리적' 계산기를 두드리는 것이 아니라, 머릿속에서 이미지를 그리는 것이다. 자신이 낸 1달러로 광고 속 한 명의 아이가 밥을 먹는 것은 쉽게 그려지지만, 수천 명의 아이가 식량 문제를 해결하는 것은 그렇지 않다.15) 이 설명대로라면, 빈곤 포르노는 모금 주체와 기부자의 합작품이라고 볼 수 있다. 사람들은 일반적으로 기부를 불쌍한 사람들을 돕는 것, 능력이 부족한 사람을 돕는 것으로 생각하는 경향이 있다.

여기에다가 기부자들은 키다리 아저씨 흉내 내기에 집중하기도 한다. 〈키다리 아저씨〉는 1912년에 출판된 J. 웹스터의 아동문학 작품이다. 당시 사회적으로 가장 약자로 볼 수 있는 고아인 어린 여자아이가 성인이 되어가는 시기에 헌신적인 기부자를 만나고 서로 사랑하게 되어 수평적 관계로 이어지는 아름다운 휴먼 드라마이자 러브스토리다.

고아인 주인공 주디는 고등학교를 졸업하고 당연히 보육원을 떠나야 했지만, 허드렛일을 도와주는 대가로 보육원에 좀 더 머물 수 있었다. 자신이 가지고 있는 자질이 무엇인지 모르고 미래가 잘 보이지 않았던 주디는, 매달 한 번씩 기부자들이 보육원을 찾아오는 첫 번째 수요일이 싫을 뿐이었다. 하지만 주디는 매우 명랑하고 문학에 소질이 많은 소녀였다. 어느 날 주디는 익명의 누군가로부터 도움을 받기 시작한다. 어렴풋이 목격한 그 기부자의 모습이 거미와 닮아서 '키다리 아저씨(daddy long legs)'라 불렀다. 주디는 키다리 아저씨가 누구인지 알 수 없었으나, 키다리 아저씨는 주디의 능력에 대해서 많은 이해를 하고 있었다. 그는 우연히 주디가 쓴 글 한 편을 읽고 그녀의 미래에 대해서 확신을 하게 되어 장학금과 생활비를 지원하기로 했던 것이기 때문이다. 이야기 속의 키다리 아저씨의 기부 의도는 장래가 밝은 어린 소녀에게 꿈과 희망을 주기 위한 것처럼 그려진다. 키다리 아저씨는 주디의 상황에 대하여 대부분 정확하고 바른 판단을 하기 위해서 노력했고, 주디가 어른으로 잘 성장할 수 있도록 모든 배려를 아끼지 않았다. 그런데 왜 키다리 아저씨는 자신의 존재를 애써 감추었을까?

처음 기부가 시작되었을 때, 몇 가지 전제가 뒤따랐다. 대학에 가야 했으며, 문학을 전공해야 했고, 무엇보다도 수혜자는 주디여야 했다. 또한 키다리 아저씨는 주디에게 편지를 정기적으로 요청하였다. 주디가 만약 이를 수용하지 않았다면, 키다리 아저씨의 기부는 성사되지 않았을 것이다. 이것뿐만이 아니다. 그는 그녀의 생활 안으로 들어가 그녀를 지속해서 감시하기도 했다. 주디의 방학은 키다리 아저씨가 짜놓은 프로그램으로 진행되었지만, 그녀는 그 사실을 몰랐다. 다행히도 그 방학 프로그램은 항상 주디에게 기쁨을 주었고, 주디는 키다리 아저씨가 기획했던 대로 역할을 잘 수행했다.

또한 신비로운 키다리 아저씨는 주디가 자신에게 좋은 감정을 가질 수 있도록 상황을 만들어서 그녀의 반응을 확인했다. 결국 강력한 능력을 갖춘 키다리 아저씨와 세상에서 가장 약자에 놓여 있는 주디 사이의 기울어진 기부의 익명성은 결혼이라는 극적인 상황을 연출했다. 기부의 결과는 둘 간의 결혼이 된 것이다. 이 둘을 연결해준 것은 장학금과 생활비였다. 키다리 아저씨와 주디는 기부로 인한 갈등은 거의 없이, 인간이 가질 수 있는 최고의 감정인 사랑에 빠졌다.

이 환상적인 기부 스토리에 기부자들은 환호하고, 키다리 아저씨의 신화를 닮고 싶어 한다. 100년 만에 부활한 키다리 아저씨는 J. 웹스터가 아닌 한국의 엄마, 아빠들에 의해서 다시 쓰이고 있다. 수많은 한국의 가정에는 주디의 사진들이 아이들의 책상 위에, 거실 수납장에, 냉장고 문에 놓여 있다.

소설 속의 착한 키다리 아저씨의 기부는 많은 사람으로 하여금 기부 의지가 커지게 했고 약자를 보호해야 한다는 사회의식도 키워주었을 것이다. 특히 어린 아이들에게는 어른으로서 좋은 본보기를 보여주고 있다.

하지만 키다리 아저씨의 기부는 약점도 있다. 우선 기부를 통해 맺어진 관계인 키다리 아저씨와 주디가 수평적인 관계에 놓여있는지 확인할 필요가 있다. 문학을 전공과목으로 선택하게 된 과정에서 주디의 판단은 개입되지 않았고 주디의 문학적 소양을 평가한 키다리 아저씨의 바람만이 유일하게 개입되었다. 주디의 입장에서는 언제 보육원을 떠나야 할지 모르고 당장 어떻게 생활을 이어가야 할지 모르는 상황에서 대학 입학이 유일한 선택지였을 것이다. 이러한 기회가 주어진 것 자체로 주디는 행복을 얻은 것으로 여겨진다. 하지만 주디의 장래에 대해서 스스로 판단할 기회를 제공할 수는 없었을까? 문학을 공부하는 것보다 주디에게 더 좋은 기회가 있지 않았을까? 인도주의적인 활동을 진행할 때 가장 먼저 시행하는 것은 수요조사이다. 수혜자에게 무엇이 필요하고 이를 어떻게 제공하는 것이 가장 효율적인 방법인지 탐구하는 과정이다. 키다리 아저씨의 유일한 수요조사는 주디의 역량에 관한 탐구였을 뿐 주디의 마음과 의지는 고려되지 않았다.

키다리 아저씨는 주디에게 많은 기부금을 전달했다. 왜 주디에게 그렇게 큰 비용을 지급했어야 했는지도 생각해볼 문제이다. 물론 기부금이 제공되지 않은 것보다는 상황이 훨씬 나아졌겠지만, 더욱더 효율적인 방법은 없었을까? 도움이 필요한 사람은 비단 주디 만이 아니었을 것이고, 더 많은 사람에게 기부함으로써 더 나은 기부 효과를 얻을 수 있었을지도 모른다. 또한, 장학금이 아닌 다른 용도로 활용될 수도 있다.

또한 선택된 주디 외의 아이들은 주디에게 부러움과 시샘을 느낄 수도 있고, 갑자기 찾아온 주디의 행운을 시기할 수도 있다. 주디처럼 선택받는 인생을 꿈꾸면서 누군가가 자신을 지금의 어려움으로부터 탈출시켜주어야 한다고 생각할 수도 있다. 키다리 아저씨가 주디를 선택한 이유는 주디의 문학에 대한 자질 때문이었다. 다시 말하면 장래가 촉망되는 젊은이라는 것이 선택의 이유이다. 주디가 이런 자질이 없었거나, 가지고 있더라도 발견되지 않았다면 선택받지 못했을 것이다. 그런데 선택에도 다양한 이유가 있을 것인데, 그 선택의 근거는 온전히 선택하는 사람의 몫이었을 뿐 선택받는 사람의 의지는 전혀 개입되지 않았다. 때로는 주디의 선택받음을 부당하게 느끼는 사람도 있을 수 있다. 이렇게 부당하다고 느끼는 사람에게 주디가 받는 기부는 좋은 모습으로 비치지 않고 부조리로 느껴질 수도 있다.

다음은 주디의 편지를 생각해보자. 주디의 의무적인 편지 쓰기는 키다리 아저씨가 기부의 조건으로 제시한 것 중의 하나이다. 이것을 거절하면 기부가 이루어지지 않는다는 생각에 주디는 거부할 수 없었을 것이다. 간혹 편지를 쓰지 못하는 상황이나 언짢아서 일부러 쓰지 않을 때에는 죄책감을 느껴야 했다. 필자가 초등학교에 다니던 시절에는 국군장병들에게 의무적으로 감사편지를 써야 했었다. 이 편지쓰기를 통해서 나라를 지키기 위해서 희생하는 국군장병들에게 감사하는 마음을 키우고 보국의 의무를 깨닫는 데 도움이 되었겠지만, 강요된 감사 인사가 부당하다는 생각을 떨칠 수 없었다. 마지막으로 한 가지 더 언급하고 싶은 것은, 주디의 생활에 개입했다는 점이다. 키다리 아저씨는 장막 뒤에 숨어서 주디의 생활을 감시하고 자신과 연결하였으며, 주디의 감정을 유도했다. 기부의 과정에서 사랑이 싹트지 말라는 법은 없지만, 기부가 도구로 작동되어서는 안 될 것이다.[16]

배우이자 국제연합 난민기구United Nations High Commissioner for Refugees UNHCR의 친선대사인 안젤리나 졸리는 2013년 시리아 난민촌을 방문해 어린이들에게 "아가야, 너는 불쌍해서가 아니라 이 나라의 미래이기 때문에 도움이 필요한 거야"라는 말을 남겼다. 이 짧은 이야기에는 채러티(charity)와 연대(solidarity)의 의미를 생각하게 해준다. 시혜와 연대는 벌어지는 상황에서 공통점을 가지고 있는데, 바로 한 쪽이 다른 한쪽을 돕고 있는 행위의 일시적인 현상이라는 것이다. 피상적인 행위만을 놓고 본다면 이 둘의 차이는 없어 보인다. 하지만 채러티는 불쌍한 사람을 돕는다는 생각을 하는 기부자와 수혜자 사이의 일방적인 상하 관계, 즉 시혜적 의미가 있다. 아름다운재단의 기부에 관한 대국민 인식조사 '기빙코리아 2016'에 따르면 기부자 3명 중 1명은 이러한 동정심 때문에 기부하고 있다고 한다.[17] 반면 연대 의식은 기부자와 수혜자의 상호 관계를 중요하게 생각하며, 사회의 구성원으로서 자신의 역할을 고민하고 그 임무를 수행하려는 자세를 가진다. 아름다운재단의 위 조사에서 이러한 사회적 책임 때문에 기부하고 있다고 한 사람의 수는 동정심 때문에 기부하는 사람의 수와 비슷했다.18) 이처럼 채러티와 연대는 가치와 철학의 측면에서 큰 차이점이 존재한다. 이 차이는 국제활동의 접근 방법에서도 많은 차이를 만들게 된다.

기울어진 경기장 : 형평성(equity)

필리핀 빈민운동의 대부이자 아시아 민주화 운동의 선각자인 데니스 머피는 한국 정부가 자금을 대고 대우인터내셔널이 공사하는 마닐라 남부 통근 열차 프로젝트(사우스 레일 사업)의 문제점을 한국 사회에 널리 알리기 위해 2006년 한국을 찾았다. 사우스 레일 사업은 총 6,486만 달러의 자금을 투자해 필리핀의 수도 마닐라에 36km 길이의 통근용 철도를 새로 놓는 사업이었다. 필리핀 정부는 이 사업의 추진을 위한 자금 지원을 여러 나라에 요청했으나, 현지 주민들이 생존권 문제를 들어 반대 활동을 벌이는 바람에 자금 유치에 번번이 실패했다. 이 상황에서 한국 정부가 사우스 레일 사업에 자금 지원을 결정하고 대외경제협력기금EDCF에서 유상원조(열차 및 기타 자재를 한국에서 수입하는 조건)를 하기로 함에 따라 대우인터내셔널을 시공사로 해서 이 사업이 착수되게 되었다.19) 오래전부터 필리핀 정부는 도심 철도 개선 사업을 구상해왔고, 이를 개발원조를 받아서 완성하고자 했었다. 결국 중국 정부의 차관을 통해 북부 및 남부 철도사업을 추진하고 한국 정부로부터 차관을 지원받아서 남북부를 잇는 철도 연결 사업을 추진하게 된 것이다.

데니스 머피가 한국 사회에 알리고자 했던 것은 새로운 철도 건설로 인해서 삶의 터전을 위협받는 마닐라 도시 빈민들이었다. 철도 건설은 도시 빈민들이 대규모로 강제이주하게 하였고, 폭력적인 방법으로 주민들을 공포에 몰아갔다. 한국의 차관으로 진행되는 철도 공사로 인해 4만 가구가 새로운 곳으로 이주해야 하는데, 이주해야 하는 지역은 집도 없고 생계를 유지할 직업도 구할 수 없는 외딴곳이었고 시간이나 비용 문제로 마닐라로의 출퇴근도 불가능하였다. 이주에 따른 보상마저도 나중에 제공하겠다고 하니 이주민들은 당장 내일의 끼니도 챙길 수 없는 처지가 되었다. 사실 이주민들의 삶은 출퇴근이나 직업과 같은 표준적인 용어로는 쉽게 설명할 수 없다. 철도 변 주민들은 도시 빈민, 말 그대로 도시에 붙어살 수밖에 없는 빈민들이다. 대도시의 빈틈을 파고드는 것, 즉 불특정 다수의 호주머니 돈을 목표로 이동 수레에서 주전부리를 만들어 팔고, 대학생들의 옷을 받아다 빨고, 1페소씩 하는 바닥 깔개를 만드는 것이 그들의 생계수단이다. 그들의 직업은 거대도시의 소비자를 필요로 하므로 소도시로의 원거리 이주는 그들을 철도변의 위험 지역(danger zone)에서 사지(death zone)로 내모는 것과 같다. 게다가 철도변을 떠난 그들에게 개선된 기차는 더 이상 교통수단으로서의 의미가 없다.[20]

결국 한국의 원조는 필리핀 마닐라의 철도변 도시 빈민의 삶의 터전을 위협하는 것이 되어버렸다. 한국은 원조를 제공함으로써 발생하게 될 가난한 사람들의 삶의 질 저하나 이주에 대한 대책을 살펴보지 않고 돈만 지원했다. 비인간적이고 비인격적인 원조의 단면이다. 한국 정부의 입장은 차관원조이기 때문에 한국 정부는 필리핀 정부에 돈을 빌려줄 뿐 필리핀 자국 내의 생존권 문제는 스스로 해결해야 한다는 것이다. 하지만 이 원조 사업은 한국의 기업이 공사를 맡고 제품도 한국산을 사용하는 구속성 원조(tied aid)[21]로 진행되었다. 즉 한국의 기업의 이윤을 전제로 체결된 것이다. 결국 철도변의 도시 빈민들은 강제이주 집단지역으로 쫓겨났다.

타워빌은 마닐라에서 북동쪽으로 40여 킬로미터 떨어진 불라칸주 산호세델몬테시에 자리 잡고 있는 강제이주 집단지역 중 하나이다. 인프라가 전혀 갖춰져 있지 않은 마을에서 하루아침에 삶의 터전을 잃은 철도변 도시 빈민들은 3~4평의 상자 형태의 텅 빈 시멘트 집에서 월세를 내고 살고 있다. 1만 2,000가구 8만 5,000명에 이르는 이들 가운데에는 강제철거민 외에도 태풍으로 인한 이재민이 포함되어 있다. 이들은 주거와 상하수도 등 기본적인 시설을 제외하고는 보건의료, 복지, 직업시설이 갖춰져 있지 않아서 이중의 고통을 안고 살아가고 있다. 타워빌 지역의 대부분 가장은 생활비를 마련하기 위해서 마닐라 항만으로 이동해 노숙하고 막노동에 종사하며 최소한의 경제활동으로 연명할 수밖에 없다. 또한 불안정한 일거리로 인한 낮은 수입과 오랜 기간 가족과의 별거로 인한 빈번한 가정해체로 남겨진 여성과 아동의 문제는 심각한 사회문제가 되었다. 철도변 생활보다 더 어려운 상황에 부닥쳐져 있는 이들에게는 가난을 대물림하지 않도록 자활과 자립이 필요했다.

한국의 국제활동 NGO인 캠프는 타워빌의 강제철거민들을 위한 자활 사업에 착수하였다. 캠프는 소외된 이웃들이 가난에서 벗어나 함께 살아가는 사회를 만들고자 만들어진 단체로 한국과 필리핀에 본부와 사무소를 두고 있다. 1인 봉제 기업을 창업하게 하고, 제빵기술을 교육하여 일자리를 만들고, 생산자 협동조합과 소상인 판매자 협동조합을 만들어 수입을 창출하도록 하고 있다. 또 보건소와 유치원을 설립하고 학교를 보수하여 좀 더 좋은 환경에서 교육을 받도록 하고 있으며, 협동조합 조합원의 주인의식과 지도력을 향상시킬 수 있도록 다양한 교육 프로그램을 제공하여 자립마을을 만들 수 있도록 노력하고 있다. 타워빌에서의 이러한 노력은 철도변 도시 빈민에서 강제철거민으로 이어져 온 가난의 고리를 끊을 수 있는 희망을 선사하고 있다.

국가 권력 간의 거래에서 사회적 약자가 소외되는 현상은 자주 목격된다. 이러한 거래는 원조라는 명목 하에서 이루어지고 있지만, 그 근거에는 경제적 논리가 깊게 뿌리박혀 있다. 우리나라의 관련법에서도 원조의 목적이 경제적인 이익에 있다는 것을 분명히 하고 있다. 국가 간에 벌어지는 게임인 원조는 그래서 불공정한 사회문제를 부추길 가능성이 높고, 사회적 약자에게 독이 될 수 있다. 이러한 부작용에 국제활동 NGO는 적극 대응해야 한다.

국가 간에 이루어지는 정책이나 원조들은 수원국이 유리할 수 있는 기울어진 경기장이 제공되어야 좀 더 공평해질 수 있다. 왜냐하면 선수들의 수준이 비슷하지 않은데 경기장이 평평하다면 결국 그 게임은 불공정한 것이 되기 때문이다. 경제학자 장하준은 축구 경기를 통해 기울어진 경기장을 설명한다. 축구 경기를 하는 한쪽 편이 브라질 국가 대표팀이고, 상대편은 초등학교 4학년 여자아이들로 짜인 팀이라면 여자아이들이 아래쪽을 향하여 내달리며 공격할 수 있도록 허용해야만 공정하다는 것이다. 이런 상황이라면 경기장을 평평하게 하기보다는 기울어지게 하는 것이 공정한 경쟁을 보장할 수 있

"Interaction Institute for Social Change | Artist: Angus Maguire.

기 때문이다. 축구를 비롯한 대부분의 운동 경기에는 나이별·성별 구분이 있다. 권투와 레슬링, 역도 등의 운동 경기에는 체중 구분까지 있다. 권투에서 체급은 아주 세밀하게 구분된다. 예컨대 경량급은 등급마다 1~1.5킬로그램 이내로 조정되어 있다. 이렇듯 몸무게가 2킬로그램 넘게 차이가 나는 사람들끼리 하는 권투 경기는 불공정하다고 생각하면서, 미국과 온두라스가 동등한 조건에서 경쟁하는 것은 인정하라는 것인가?[22]

국가 간에 필요한 기울어진 경기장은 소외된 개인이나 계층에게도 필요하다. 국제활동은 누구를 끌어올리거나 내리기 위해서 하는 것이 아니라, 전체를 위한 형평성 강화를 위해서 이루어지는 것이다. 물론 경제적 빈곤층이 부유층보다 불평등을 더 많이 경험하게 되므로 이를 해소하기 위해 노력해야 한다. 또한 활동의 결과가 무임승차 또는 부당한 순위 역전을 초래해서도 안 된다. 국제활동이 형평성을 강화하는 데 기여하기 위해서는 한 사회의 제도적, 문화적, 경제적 특성을 정확하게 분석해야 한다. 특히 사회적 약자인 여성과 아동에 대한 사회 문화적인 처우에 대해서 신중하게 고려해야 한다. 국제개발협력 분야에서도 최근 이러한 문제를 심각한 주제로 다루고 있고 국제연합도 모든 프로젝트에서 반드시 젠더에 대해 고려하도록 권고하고 있다. 예를 들어 공동화장실을 신축하는 데 있어서 남성과 여성의 화장실을 완전하게 분리하여 안전한 장소에 배치하고 안전시설을 추가로 설치하도록 하는 것은 성형평성이 부족한 지역일수록 중요한 부분이다. 교육사업에서도 여성과 아동의 출석률을 높이기 위해서 가사노동의 내용을 분석하고 이를 해소하는 노력을 동시에 기울여야 한다. 지역개발에서도 구조적인 문제로 인해 경쟁에서 밀려난 소외 계층의 저부가가치 노동문제를 우선으로 고려해야 한다. 큰 틀에서 바라볼 때 국제활동은 국가별로 다른 구조적 환경과 불공정한 경쟁에서 발생하는 불평등 요소를 해소하는 것이 목표가 되어야 한다.

3.2 NGO 국제활동가는 어떻게 활동하는가?

2004년 12월 26일 인도네시아 수마트라 섬 아체 주 앞바다에서 리히터 규모 9.3의 강진에 이어 강력한 해일이 발생하였다. 인도네시아, 태국, 미얀마, 케냐, 소말리아 등 아시아와 아프리카의 2개 대륙, 14개국 연안을 덮쳐 23만여 명이 숨지고 500만 명 이상이 재해를 입게 한 인도양 쓰나미는 인류 역사상 가장 참혹한 재앙 중 하나로 꼽힌다. 진앙에서 가장 가까웠던 인도네시아 아체 주에서만 17만여 명이 숨지거나 실종되었고, 스리랑카에서 3만 5,000여 명, 인도에서 1만 6,000여 명, 태국에서 8,200여 명이 사망했다. 순식간에 서울시 용산구 인구수 (2010년 기준 약 23만 명)가 지구상에서 사라진 것이다. 쓰나미에 휩쓸린 국가들의 직간접 피해는 총 107억 3,000만 달러에 달했고, 이에 국제 사회의 구호와 재해 복구 노력도 대규모로 펼쳐져, 피해국에는 100억 달러 이상의 구호가 전달되었다.

우리나라도 거의 최초로 대규모 해외 긴급구호를 제공하였다. 그러나 한국 정부와 구호 기관의 체계적 시스템 부재와 참여 기관 간 지나친 경쟁은 눈살을 찌푸리게 하였다. 특히 피해 지역의 문화와 상황에 대한 최소한의 이해와 구호 활동의 체계적인 접근이 부족하여 전반적으로 비효율적이고 부적절한 것으로 평가받았다. 이 문제 중에서 가장 심각한 것은 기관 간 지나친 경쟁이었다. 막대한 원조 자금이 지원되며 엄청난 수의 원조 기관과 NGO가 피해 지역에 몰려들었다. 일부 경험을 가진 전문 기관에서부터 세워진 지 며칠 안 된 아마추어 기관까지 천차만별이었다. 각 기관은 지원 자금에서부터 프로젝트 계약, 하다못해 방송을 탈 기회까지 경쟁해야 했다. 가시적이고 지속적 홍보 효과가 높은 학교 건립에는 지원이 집중되었지만, 고립 지역 주민은 긴급 구호조차 받지 못하는 경우가 많았다. 피해 지역의 문화와 상황에 대한 이해 부족과 무지로 부적절한 지원이 이루어지는 경우도 잦았다. 현지 수요와는 무관한 비아그라, 스키복, 하이힐에서부터 유통기한이 지난 의약품, 식료품이 구호물자로 제공되었다.[23] 필요 물품에 대한 사전 조사를 하지 않은 것은 물론이고 국제연합 인도적지원조정실로부터 정보와 지원 방안을 얻지 않은 채 현지 일반 한인의 도움만으로 일정을 소화하는 팀도 있었다. 운송 수단을 고려하지 않아 물품을 운반하지 못하는 경우가 있는가 하면, 대부분 전문적인 지침서가 없이 움직였다. 물품들은 라면 상자에 담겨 있었고 찢어지기 일쑤였다. 영문으로 성분 표기가 없는 의약품들은 버려졌다. 긴급구호 시에는 지원이 적재적소에 신속하게 전달되는 것이 생명인데, 어떠한 절차와 단계를 거쳐야 하는지 사전 지식 없이 수행해서 나타난 결과였다. 이러한 실패를 계기로 한국의 해외 긴급구호 체계의 부재가 얼마나 심각한 결과를 가져오는지에 대해 비판적 시각을 가지게 되었다. 국내 NGO들에게 긴급구호 시 어떠한 절차를 통해 진행하고, 반드시 고려해야 할 사항이 무엇인지를 고민하는 계기가 되었다.

　인도양 쓰나미가 지나간 지 약 5년 후인 2010년 1월 12일, 리히터 규모 7의 강진이 아이티에서 발생하였다. 사망자 수는 인도양 쓰나미 때와 비슷한 23만 명이었으며, 재산 피해는 130억 달러에 이르렀다. 지난 반세기 지구상의 그 어떤 자연재해보다도 극심한 인명 피해를 가져온 아이티 지진은 서반구에서 가장 가난한 국가인 동시에 독재와 쿠데타 그리고 외세에 의한 군사점령으로 얼룩진 현대사를 가진 비극적 국가에 닥친 재앙이라는 인식과 결합되어 인도적 지원의 당위성을 부각시켰다.24) 그러나 인도양 쓰나미 이후 5년이 지난 한국의 해외재난대응 체계는 크게 개선되어 있지 않았다. 국내 NGO들도 아직 학습이 제대로 되지 않아 인도양 쓰나미의 경험을 답습하는 듯했다. 체계적인 의약품 수송과 물자의 수송이 이루어지지 않았고 라면 상자 물류 방식은 여전했다. 이와 대조적으로 일본의 경우는 48시간 안에 컨테이너 30박스와 20명의 의료진을 투입하여 이동형 종합병원을 운영하였다. 단일한 채널을 통해 긴급구호에 대한 전반적인 준비를 하고 체계적인 지침서에 따라 약품, 장비 등을 세팅해 놓고 있었기 때문25)에 가능한 일이었다.

열정만 가지고 주먹구구식으로 수행하는 국제활동은 활동 지역에 많은 폐단을 가져올 수 있다. 비단 긴급구호 상황이 아니더라도 NGO

〈그림 6〉 프로젝트 실행 과정

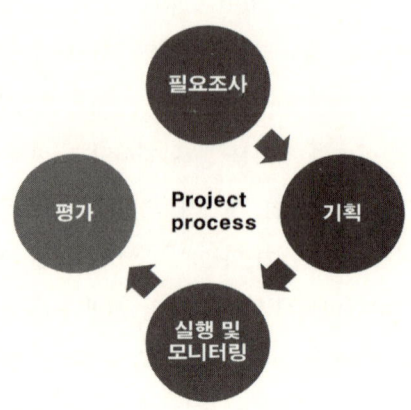

의 국제활동은 과학적이고 체계적인 접근이 반드시 필요하다. 그래서 국제활동을 수행하는 기관은 사업 수행 단계별로 나름의 원칙들을 수립하고 지키기 위해서 노력한다.

일반적으로 하나의 프로젝트는 필요 조사, 기획, 실행 및 모니터링, 평가의 과정으로 이루어지고 다시 환류하는 절차를 밟게 된다. 먼저 무엇을 해야 하는지를 파악하고, 무엇을 투입할 것인지를 결정해야 한다. 이 문제가 해결되면 다음 단계에서는 어떻게 실행할 것인지를 판단해야 하는데, 누구와 함께할 것인지도 동시에 결정한다. 또한 무엇을 개선해 어떤 효과를 목표로 할 것인지를 정해야 한다. 그다음 프로젝트를 본격적으로 실행하는 데, 필요에 따라 시범사업을 시행하여 기획한 내용이 얼마나 정확한지, 문제점이 무엇인지를 확인하여 기획을 수정하게 된다. 프로젝트의 실행 과정에서는 필요한 단계별로 모니터링을 진행하여 수행과정에 대한 평가와 부정적인 영향을 미치는 위기를 관리한다. 특히 프로젝트의 실행 과정에서 중요한 것은 지역사회의 참여가 잘 이루어질 수 있도록 현지 거버넌스를 존중하고 주민조직의 목소리를 담아야 한다는 것이다. 프로젝트의 종료 시점에는 프로젝트의 성과가 지속해서 이어질 수 있도록 출구 전략을 수립해야 하는데, 이는 기획하는 단계에서부터 철저하게 고려되어야 한다. 프로젝트 평가는 프로젝트 수행 과정에서 원칙들이 얼마나 잘 지켜졌는지 과정에 대한 평가와 그 결과가 어떤 변화를 가져왔는지 영향에 대한 평가를 동시에 해야 한다. 특히 과정에 대한 평가는 NGO의 국제활동에서 매우 중요하다. 영향에 대한 평가만으로는 지역사회에서의 보이지 않는 부작용 같은 부정적인 요소를 평가하기 어렵기 때문이다. 영향 평가는 일정 시점이 지난 다음에 이루어지는 것이 중요하다. 사업의 효과가 나타나기까지 시간이 걸려서이기도 하지만, 지역사회가 얼마나 프로젝트의 내용을 잘 복제하여 주인의식을 가지고 지속시키고 있는지를 평가하는 것이 중요하기 때문이다. 국가 간에 이루어지는 국제개발협력과 같은 국제활동은 비교적 단기간에 프로젝트를 마무리하지만, NGO는 국제활동을 장기간 지속하는 것이 일반적이어서 평가 이후에 다시 기획 단계로 돌아가 다음 단계에 접어들게 된다. 각 단계를 설명하기 위해서 2010년부터 실행하고 있는 메디피스의 베트남 꽝찌성 고엽제 피해아동 지원 사업을 예를 들어 각 단계에서 이루어지는 일들을 살펴보기로 한다.

조사 단계

메디피스가 베트남 꽝찌성 고엽제 피해아동 지원 사업을 하게 된 이유는 베트남 전쟁 시에 무차별적으로 살포된 고엽제로 인한 피해가 지금도 계속되어, 2~3세대 아동들은 지적 장애와 신경계 장애를 안고 태어나고 있기 때문이다. 특히 중부지역인 꽝찌성은 살포된 고엽제로 인해 다이옥신 수치가 국제 권고치의 350배 이상으로, 주민 건강 악화와 농업 생산량 저하가 심각한 수준이다. 게다가 이 지역은 베트남에서 경제수준이 낮은 곳이지만, 해외 원조기관들의 관심을 받지 못하고 소외되어 있다. 시작 당시 꽝찌성의 지역사회 보건 현황 중 가장 시급한 문제는 고엽제 피해자의 후유증인 것으로 확인되었는데, 이 피해자들은 대부분 20세 이전에 사망하고 있었다. 그래서 꽝찌성 정부는 2020년까지 고엽제 피해자에 대한 치료 접근성을 90%까지 올리고, 선천성 장애를 안고 태어난 아동의 조기 발견율을 85%까지 올리는 것을 목표로 하고 있지만, 지역사회 역량이 부족하여 원활히 수행되지 못하여서 외부의 지원을 원하고 있었다. 특히 우리나라가 베트남 전쟁에 참전하여 베트남 국민들에게 많은 아픔을 주었던 미안한 마음도 이 사업을 시작하게 된 계기 중 하나였다. 당시 메디피스는 현지 지역사회와의 신뢰를 쌓은 경험이 없었기 때문에, 지역사회와의 신뢰를 구축하기 위해 단기적인 소규모 사업들을 먼저 실시하기로 하고 2010년부터 대학생 봉사 캠프부터 시작하였다. 그 과정에서 지속적인 현지 실태 조사를 실시했는데, 고엽제 피해아동의 상태와 규모, 요구하고 있는 서비스 내용, 현지 지역 정부의 의지와 계획, 이해관계자들의 구성과 특성, 주민 조직의 특성 등에 대한 조사가 이루어졌다. 더불어 원활한 활동 환경이 조성되어 있는지에 대한 분석도 이루어졌다. 특히 메디피스는 베트남에서의 프로젝트를 진행한 경험이 없었기 때문에 본격적인 사업의 기획에 앞서 가능성이 높은 몇 가지 세부 실행 사업을 먼저 실시해서 실현 가능성을 검토할 필요가 있었다. 이러한 활동을 파일럿 프로젝트라고 하는데, 관찰이나 자료 조사, 설문 등에서 발견할 수 없는 문제점들을 파일럿 프로젝트의 실행 과정에서 발견할 수 있기 때문이다. 우리가 문제점을 발견하는 것도 중요하지만 현지 지역사회 역시 우리의 활동방식과 특성을 이해시키는 데도 도움이 되었다. 이 과정에서 메디피스는 현지 문화가 유교적 특성을 가지고 있고 상부상조하는 전통이 강하다는 점에서 주민들의 참여가 원활히 이루어질 것을 기대할 수 있었고, 지역정부의 주민 통제력이 강하여 파트너로서의 지역정부의 역할이 결정적이라는 것을 파악할 수 있었다. 또한 지역사회가 해외의 기관과 협력하는 데 우호적이고 프로젝트 수행에 있어서 현지 주민 조직과의 파트너십이 매우 중요한 역할을 할 것이라는 점도 파악되었다. 이러한 내용들을 기초로 하여 그 후에 구체적인 사업 내용에 대한 현지 거버넌스와 주민들의 의견들을 취합하여 사업 기획에 반영하도록 하였다.

이렇듯 인도주의적 국제활동의 단일 프로젝트를 진행하는 데 가장 먼저 검토하는 것은 '왜 하는가'이다. 이 질문에 답하는 것은 NGO와 활동가의 철학과 가치에 관련된 근본적인 질문이다. 추구하는 가치에 맞는 접근인지, 과제인지를 확인해야 하고, 예상되는 프로젝트의 결과가 추구하는 가치에 상응하게 될 것인지를 판단해야 한다.

이 단계를 수행 주체의 성격이나 중요시하는 시각에 따라서 타당성 조사, 수요 조사, 지역 조사, 사전 조사 등으로 표현한다. 정부 간 사업에서는 주로 타당성 조사라는 표현을 많이 쓰는데, 여기서 타당성은 해당 정부의 정책적인 방향과 일치하는지를 주된 기준으로 하여 평가된다. 정부 간 협력이기 때문에 이러한 관점은 당연할 수도 있다. 국제활동 NGO는 수요 조사라는 점을 강조하는 경향이 있다. 수요 조사의 주된 대상은 주민들의 욕구(needs)이다. 설문 조사나 인터뷰와 같은 기법들이 자주 활용된다. 지역 조사는 지역사회의 거버넌스를 중심으로 조사하는 것을 특징으로 한다. 지역사회의 문제를 해결하기 위해 활용 가능한 자원, 역량, 문제점과 같은 것을 중점적으로 판단하게 된다. 사전 조사라는 표현은 시간 순서상 프로젝트 착수 전의 의미를 담고 있다. 이렇게 국제활동의 동기에 따라 조사 단계를 바라보는 관점이 달라질 수 있다.

조사 단계에서 그다음 해야 할 것은 '필요한 것이 무엇인가'를 판단하는 것이다. 즉 무엇이 문제인지, 그리고 무엇이 부족한지를 파악하는 것이다. 이때 중요한 것은, 많은 필요 요소 중에서 어떤 것을 선택하느냐의 문제이다. 정부 간 협력은 해당 국가의 정책 실행에서 부족한 부분을 채워주는 것이 중심이 된다. 하지만 NGO는 지역사회에서 소외되고 있는 현상을 해소하는 데 중점을 두어야 한다. 지역 정부에 전달되지 못하는 작은 목소리에 귀를 기울여야 한다.

'활동을 시작할 만큼 적절한가'에 대한 판단도 조사 단계에서 이루어진다. 혹시 모를 실패 요소에 대한 판단, 그리고 NGO의 활동과 해당 사회의 비전이 일치하는지를 주로 보게 된다. 정부 간 협력은 국가 정책이 가장 중요한 검토 대상이 된다. NGO의 경우에는 이해관계자와 주민의 조화와 화합에 기여하는 정도가 어느 정도인지를 중요하게 판단해야 한다. 즉 해당 지역 주민들의 정확한 이해와 요구를 제대로 반영하고 있는지(주민 요구 적합성), 그리고 지역사회 구성원의 불평등 요소를 개선하는 데 기여하고 있는지(형평성)를 살펴봐야 한다.

조사의 절차는 프로젝트의 특성에 따라 달라질 수 있다. 일반적으로 NGO의 프로젝트는 다양한 경로를 통해 지원 요청이 접수되거나, 특정 지역의 위기 상황을 알게 되면서 조사 활동이 시작된다. 반면 정부 간 협력은 일반적으로 수원국의 요청에 따라 기초적인 검토를 거친 후에 필요하다는 판단이 내려졌을 때, 해당 국가의 정책적 방향과 일치하는지를 판단하는 것을 우선으로 진행한다. NGO의 경우에는 국가의 정책적 방향보다는 해당 지역 정부의 의지 혹은 협조가 더 중요한 부분이다. 기초적인 국가 정보는 프로젝트를 실행할 때 주의 깊게 참고하여 배척되는 요소가 있는지를 확인하고 활용할 수 있는 요소를 파악하는 정도에서 이용된다.

어느 지역에서 프로젝트를 수행할 것인지를 결정하는 것은 사안의 위중함과 거버넌스의 건전함, 프로젝트 수행의 용이성을 주요하게 고려한다. 아무리 사안의 우선순위가 높다 하더라도 지역 정부와 지역사회 조직 등이 프로젝트 수행을 가로막는다면 성공적인 결과를 얻기 어려우므로 여러 요소를 종합적으로 놓고 판단해야 한다.

잠정적으로 프로젝트를 수행할 지역이 선정되면 해당 지역사회의 다양한 이해관계자들의 문제점을 인식하고, 이 문제점의 해결 방안에 대한 다양한 의견을 종합적으로 수렴할 필요가 있다. 동시에 이 과정에서 사업을 수행하게 될 때의 상호 역할을 예측하려는 노력이 이루어져야 한다. 이해관계자의 특성에 따라 앞으로 어떻게 파트너 관계를 만들어갈 것인지가 결정되기 때문이다. 이해관계자 그룹들을 통해 얻은 정보로 세부적인 조사의 내용과 범위가 정해지고, 그에 따른 조사 실행 방법을 결정하게 된다. 설문이나 인터뷰 등의 방법을 통해 진행할 조사 항목은 다시 현지 이해관계자나 전문가 그룹의 검토를 반드시 받은 후에 결정해야 한다. 이제 본격적인 조사 활동을 하게 되는데, 가급적 현지 전문 기관이나 인력을 활용하여야 한다. 특히 주민들을 대상으로 하는 조사는 외국인이 조사원으로 움직이게 되면 문화적 이질감과 두려움을 유발할 수 있고, 언어 소통에서 제약이 따르기 때문이다. 조사한 내용은 조사 단계에서 일차적으로 지역사회의 문제점을 분석하는 데 활용하게 된다. 만약 조사 단계에서 프로젝트 수행의 필요성이 약하거나 제도나 정치적 요인 등 주변 환경이 지나치게 좋지 않으면 더 이상 진행하지 않게 되지만, 그런 상황이 아니라면 기획 단계에서 구체적인 방안들을 만들게 된다.

기획 단계

기획은 단 한 차례만 이루어지는 것이 아니라 프로젝트 주기에 따라 반복적으로 이루어진다. 메디피스 베트남 프로젝트는 1년을 주기로 기존 계획을 수정 및 보완하여 새로운 기획을 수립하고 있다. 메디피스 베트남 프로젝트의 계획을 수립하는데 우선적으로 고려했던 것은 요구되는 지원 내용 중에 어떠한 것을 선택할 것인지 우선순위를 정하는 것이었다. 메디피스는 조사 단계에서 파악된 문제점 중에서 우선적으로 개선해야 할 내용으로 부모 재활 치료 교육, 방문형 재활치료 프로그램, 데이케어센터 신축, 재활보조 기구 지원, 장애아동 주거시설 개선, 재활치료 기자재 지원, 새끼 돼지 분양 등을 선택하였다.

또한 이러한 세부 프로그램을 원활하게 실행하기 위해서 현지 이해관계자들과 함께 어떻게 만들어갈 것인지를 결정하였다. 지역정부는 성 인민위원회의 보건, 외교 담당 부서, 시와 현의 인민위원회와의 논의와 의사결정 방법을 포함한 협력 방법이 중요했다. 주민 참여에 있어서도 지역 정부의 역할이 결정적이었기 때문에 지역정부와의 협력 내용에 주민 참여 부분이 포함되었다. 세부 프로그램에 교육 프로그램이 포함되어 있기 때문에 꽝찌성 인민위원회의 교육 담당 부서와의 관계도 설정해야 했다. 이를 통해 꽝찌 보건대학과의 공동 실행계획을 마련해야 하기 때문이었다. 각 보건소에 설치하는 장애아동 보호시설을 지역 정부가 운영하도록 하기 위해서는 현 인민위원회의 역할이 크기 때문에 현 인민위원회와의 관계는 이를 중심으로 만들어가도록 하였다. 전체적인 프로젝트를 관리할 수 있는 단위를 지역정부와 어떻게 지속해서 협의해나갈 것인지, 논의에 누가 참여할 것인지도 기획 단계에서 결정하였다.

이처럼 일반적으로 앞선 조사 단계에서는 문제점이 무엇인지 파악한다. 기획 단계는 이 문제점의 해결 방법에 무엇이 있는지를 분석하는 것부터 시작된다. 크고 중요한 문제라고 해서 우선순위가 항상 높은 것은 아니다. 우선순위를 매길 때는 해결 가능한 방법이 있는지를 함께 확인해야 한다. 문제점의 중대성이 크고 해결의 가능성이 있다고 판단되었을 때 비로소 우선순위가 높다고 할 수 있는 것이다. 즉 '해결 가능한 것은 무엇인가'를 판단하는 것인데, 두 가지 측면에서 동시에 검토해야 한다. 먼저 당장 해결하는 데 필요한 지역사회가 가지고 있는 역량이 어느 정도인지를 살펴보고, 또 NGO가 지역사회와 더불어 해결해 나갈 수 있는 역량과 비용이 충분히 확보되었는지를 판단해야 한다. 중요하다고 해서 무턱대고 해결하기 위해 덤벼서는 안 된다.

중요하지만 해결 가능성이 떨어져서 우선순위에서 밀려있는 사안들은, 프로젝트의 시기별로 단계를 징하여 부징적인 요소를 제기해 가면서 가능성을 높이는 것이 필요하다. 그러기 위해서는 면밀하게 프로젝트의 단계를 구분하여 단계별 목표를 현실적으로 설정하여 각각의 투입량(input)을 산정해야 한다. 직접 수행할 세부 활동(activity)을 설정하고 우선순위를 정하는 데 주의할 것은 지역사회가 스스로 가지고 있는 역량이나 재원 활용을 반드시 염두에 두어야 한다는 것이다. 즉, 해당 지역에 있는 지역 정부, 지역사회 조직, 전문가 집단, 해외 관련 기관 등의 활동과 역량을 프로젝트에 어떻게 활용하고, 그에 따라 어떻게 효율적으로 프로젝트의 재원을 분배할지를 고려해야 한다. 그렇게 하지 않으면 중복적인 투입이나 불필요한 재원 활용으로 과도한 비용이 발생할 수 있다. 반면 정부 간 협력에서는 원조를 제공하는 공여국의 원조 정책이 우선순위 선정에 중요한 결정 요소가 된다. 공여국는 원조 대상 국가별로 미리 정책적 결정을 해놓고 있어서 그 범주 내에서 의사결정이 이루어지는 경향이 있기 때문이다.

기획 단계에서 그다음에 해야 할 일은, '어떻게 해결할 것인가'를 정해보는 것이다. 이때 반드시 동시에 고려해야 하는 것은 , '누구와 함께 해결해 갈 것인가'이다. 이 둘을 분리하게 되면 문제 해결의 주체와 방법이 분리되어, 실제로 프로젝트를 운영할 때 지역사회 안에서 받아들여지지 못하는 결과를 가져오게 된다. 국제활동가가 항상 명심해야 할 것은, 일하는 공간이 우리 집이 아니라는 것이다. 국제활동가는 해당 지역사회의 친구이지 주인이 아니다. 남의 집에 가서 휘젓고 다녀서도 안 되고, 가르치려 들려 해도 안 된다. 그들의 곁에 머물면서 문제를 같이 바라보고 같이 고민하여 같이 해결해 나가고 돌아가야 한다는 생각을 잊어서는 안 된다. 남의 집에 가서 차력 쇼를 보일 생각을 버리고, 그들이 함께할 수 있는 일에 집중해야 한다. 이처럼 누구와 함께할 것인가를 잘 고민하면 프로젝트의 비현실적인 요소를 제거해 주는 효과까지 자연스럽게 가져다준다.

누구랑 같이하느냐의 문제와 더불어 '얼마를 쓸 것인가'는 기획에 결정적으로 영향을 주는 요소이다. 조직적으로 대응하는 국제활동은 생각보다 큰 비용이 든다. 저자의 경험을 비추어 보면, 같은 활동을 국내에서 하는 것보다 해외에서 하는 것은 3~5배 더 들 정도이다. 그래서 국제활동 NGO들은 사업지에 조사, 기획, 실행, 평가 능력과 조직 운영 능력을 갖춘 현지 조직을 구축하는 현지화 전략을 택하게 된다. 프로젝트를 수행하다 보면 항상 돈이 부족하다. 제한된 재원을 가지고 어떻게 운용할 것인가를 판단하는 과정에서 실행의 우선순위가 뒤바뀌는 경우가 다반사이다.

프로젝트에서 효율적으로 재원을 운영하기 위해서는 핵심적으로 두 가지를 검토해야 한다. 우선 전체 예산의 규모에 따라 프로젝트의 전체 규모를 현실적으로 확정하는 것이다. 부족한 재원을 가지고 다양한 요소에 걸쳐서 활동 계획을 수립하면 전체 활동이 모두 침체한다. 프로젝트는 예산의 규모에 따라 세부 구성 요소는 그대로 놓고 세부 활동 규모를 확대하거나 축소할 수 있는 것이 아니다. 각각의 세부 활동들은 부분적으로 규모의 논리가 적용되는데, 너무 축소하게 되면 아예 시작하지 않는 것이 좋을 경우가 허다하다. 최소한의 집행 예산이 확보되어야 세부 활동의 결과를 기대할 수 있는 한계점이 있는 것이다. 그래서 전체 사업 예산에 맞춰 프로젝트의 세부 실행 활동의 내용을 재구성해야 한다. 두 번째는, 각 세부 활동 간의 연관성의 정도를 파악해서 예산을 분배해야 한다. 타 세부 활동에 미치는 영향이 클수록 해당 세부 활동에 대한 예산 분배를 우선으로 해야 한다. 식수위생 프로그램을 예로 들면, 단순히 깨끗한 물만을 제공해서는 주민들의 불결한 위생 문제로 인해 발생하는 질병을 예빙하기 어렵다. 그래서 일반적으로 깨끗한 물의 제공과 더불어 주민들에 대한 보건위생 교육이 제공되어야 하고, 청결한 화장실이 필요하다. 또한 생활 쓰레기를 비롯하여 가축들의 배설물 등이 잘 관리되어야 한다. 이러한 것들을 포함시킨 프로그램을 WASH(Water, Sanitation and Hygiene) 프로그램이라고 한다. 이 프로그램을 성공적으로 이끌기 위해서는 결국 주민들의 행위변화가 일어나야 가능하다. 생활 습관이 변하지 않으면 아무리 좋은 시설을 제공한들 의미가 없다. 그 이야기는 곧 지속해서 행위변화가 이루어질 수 있도록 교육하고 관리해야 한다는 것이다. 그래서 핵심적으로 필요한 요소는 마을 위생관리위원회와 같은 자조적이고 자발적인 주민 조직이다. 이 주민조직의 활성화는 이 프로그램의 성공에 결정적인 영향을 미치게 된다. 마을 식수 탭의 관리, 화장실 청결 유지, 지속적인 주민 교육 참여 격려, 마을 쓰레기 관리 등 프로그램 전반에 영향을 미치는 각 세부 활동과의 연관성이 매우 높다. 그러므로 이 위원회의 구성과 강화는 예산의 편성을 포함한 기획 단계에서 어떠한 세부 활동보다 우선하여 고려해야 한다.

기획 단계에서 빠뜨리지 않고 챙겨야 할 또 다른 하나는, '어떻게 관리해 나갈 것인가'이다. 일반적으로 모니터링과 평가를 통해서 프로젝트의 관리는 이루어진다.

마지막으로 '세부적인 기획을 어떻게 통합할 것인가'를 고민해야

〈표 8〉 PDM 가이드라인

요약 Narrative Summary	객관적 검증지표 Objectively Verifiable Indicators	검증 수단 Means of Verification	중요가정 Important Assumptions
영향 Impacts	-	-	
성과 Outcomes Purpose	각 목표에 대한 달성도를 측정하기 위한 지표	성과 데이터 수집 방법, 출처	
산출물 Outputs	산출물 생산 정도를 측정하기 위한 지표	산출물 데이터 수집 방법, 출처	
활동 Activities	투입물 Inputs		전제조건 Pre-conditions

출처: 한국국제협력단(KOICA) PDM 가이드라인(2018)

한다. 즉, 각 세부 활동들을 논리적으로 구성하여, 전체 프로젝트 내에서의 역할과 연관성을 밝혀내는 노력을 기울여야 하는 것이다. 일반적으로는 나름의 로그 프레임(logframe, 논리모형)을 개발하여 전체 구성을 설명하게 된다. 우리나라 정부의 원조 기관인 KOICA(한국국제협력단)는 일본의 원조 기관이 주로 활용하는 도구(tool)를 기반으로 개발한 PDM(Project Design Matrix)을 활용하고 있다. 로그 프레임은 목표를 달성하기 위한 세부 활동들이 무엇이고, 그 세부 활동은 중간 단계에서 무엇을 만들어내고, 그래서 결과적으로 어떤 효과를 가져와서 목표를 달성하는지를 논리적으로 한눈에 보이게 설명하는 도구이다. 단계별로 달성하는 결과에 대해서는 개별 목표치를 설정하기 위해서 해당 지표를 제시한 후에 프로젝트 전후를 비교하게 된다.

실행 단계

메디피스 베트남 프로젝트의 특성은 지역사회중심 재활 사업이다. 지역사회중심 재활은 소외되어 있는 장애인에게 지역사회의 인적, 물적 자원을 최대한 활용하여 개인에 맞는 적절한 재활보건 서비스를 제공하는 것을 말한다. 즉 지역사회에서 벗어나지 않고 일원으로서 사회에 참여하도록 돕는 방법이다. 이를 위해서 꼭 필요한 것이 지역주민들의 재활의식의 개선인데 관련기관과의 협력 관계를 강하게 구축해야만 가능한 일이다. 즉 지역사회 내에서 재활서비스 제공하는데 참여하는 사람들의 역량을 강화히는 것이 필요하다. 그래서 이 프로젝트의 실행은 이러한 과제를 해결하는 것을 중심으로 진행되었다. 우선적으로 해야 할 것은 장애아동 실태를 정확히 파악하는 것이었다. 어느 곳에, 누가, 어떠한 장애를 안고 있는지를 파악하지 못하면 적절한 서비스를 어떻게 제공해야 하는지 판단할 수가 없기 때문이다. 그래서 현지 정부와 협의하여 장애아동 데이터베이스를 구축하는 일을 시작하였다. 또한 지역사회중심 재활 사업의 핵심은 장애인의 보호, 치료, 생활, 직업훈련 지원과 아동의 경우 교육까지 지역사회가 감당하는 것이다. 이를 위해 교육기관 관계자, 장애인 복지 관계자, 보호 시설 관계자, 지역 주민 등이 함께 재활의식 개선을 위한 노력을 해야 했다. 그래서 현 단위에 이를 위한 별도의 위원회를 구성하여 이를 중심으로 세부 프로젝트의 실행 계획을 짜고 협력하도록 하였다. 재활 치료 인력을 교육하는 데에 한국의 재활 전문 지식을 활용하기 위해서 국내 대학이 참여하도록 하였다. 이 역시 현지 대학과의 협업을 통해서 실행하였고, 다양한 방식으로 교육 프로그램을 운영하도록 하였다. 이 세부프로그램의 목표는 지역사회가 자체적으로 교육 역량을 키워서 스스로 진행토록 하는 것이었고, 이를 위한 향후 계획을 자체적으로 수립하도록 하였다.

    프로젝트가 적절하게 수행되고 있는지 주기적으로 확인하는 모니터링 역시 지역사회의 변화를 측정하는 것을 중심으로 진행하였다. 제공

메디피스가 자체 개발하여 활용하고 있는 모니터링 도구(tool)인 WBS(Work Breakdown Structure)

된 데이케어센터를 중심으로 마을 주민들과 지역정부가 어떻게 운영에 잘 참여하고 있는지, 장애아동 가정의 경제활동에 긍정적으로 변화를 주었는지가 그 핵심이었다. 또한 재활 치료 인력에 대한 교육의 결과 장애아동에 대한 재활 서비스가 적절하게 제공되고 있는지를 관찰하는 것이었다. 체계적인 모니터링을 위해서 별도의 모니터링 도구(tool)인 WBS(Work Breakdown Structure)를 사용하였다. WBS는 매달 프로젝트의 진행 상황을 점검하는데, 점검 요소에는 세부 활동별 개별 업무 코드, 개별 업무 내용, 담당자, 시작일, 종료예정일, 투여일, 가중치, 완료 현황, 진척도, 예산, 예산 집행액, 잔액, 집행률, 세부 일정이 포함되었다.

이러한 모든 작업이 원활하게 이루어지기 위해서는 최적의 실행팀을 구축하는 것이 중요했다. 그래서 메디피스는 지속적으로 안정적인 프로젝트를 실행하기 위해서 현지 전문가 등 현지 인력을 중심으로 실행팀을 구성하도록 하였다. 현지 인력은 현지 문화에 친숙하고 현지의 정보에 잘 반응하고 이해관계자들과의 적절한 관계를 유지하기에 수월하다. 그리고 한국에서의 파견 인력에 비해 오랫동안 일을 하기 때문에 프로젝트에 대한 이해도가 높고, 활동 비용을 절약할 수 있다.

이러한 현지화 전략을 토대로 실행팀을 운영하였다.

이처럼 이 실행 단계에서는 프로젝트가 잘 실행되고 있는지를 지속적으로 점검하는 것이 중요하다. 이러한 프로젝트의 관리는 프로젝트 실행 과정을 관리하는 모니터링과 실행 결과에 대한 평가로 이루어진다. 모니터링의 경우, 프로젝트를 같이 수행하는 기관이 많을수록 더욱 중요하나. 정부는 수원국가에 주재하는 국세기구 사무소 등 타 기관에 펀드를 제공하고, 이 기관이 다시 세부 활동을 지역 NGO 등 다양한 기관을 통해 수행하게 하는 형태의 사업들이 더러 있다. 이럴 때 가장 큰 문제는 각 수행 기관이 일을 어떻게 하고 있고, 예산을 적절하게 사용하는지를 감시하기가 쉽지 않다는 것이다. 모니터링은 공여국의 현지 사무소에서 담당하게 되는데, 그 업무의 양이 막대한데다가 협조를 이끌어내기가 어려워 좌절을 겪기 쉽다. 그러다 보니 사업 종료 후에 평가 자체까지도 힘들어진다. 단일 NGO가 사업을 수행하는 경우에는 기관 자체 내에 모니터링을 위한 정해진 도구(tool)를 갖추고 진행하게 된다. 일반적으로 정기회의를 통해 보고되기도 하고 별도의 모니터링 회의를 통해 점검하기도 한다.

평가 단계

기획 단계에서 설정한 목표가 어느 정도 이루어졌는지를 분석하는 단계다. 활동으로 인한 산출물들이 정상적으로 생성되었는지를 주로 보고 그 결과 지원 효과가 얼마인지를 측정한다. 베트남 꽝찌성 고엽제 피해 아동 지원 사업에서 산출물로는 장애아동 보호시설이 제대로 신축되었는지, 장애아동 생활 보조기구는 정상적으로 제공되었는지, 부모 재활치료 교육의 횟수는 잘 채워졌는지, 그리고 교육 목표는 잘 달성되었는지를 측정했다. 지원 효과로는 사업 대상 지역의 장애아동 중 케어를 받는 장애아동이 얼마나 많아졌는지가 매우 중요한 지표로 사용되었다. 또한 꽝찌성 인민위원회의 위생청, 교육청, 외무청 등이 최종적인 평가 회의에 참여하여 지역사회에 기여한 정도를 평가해오고 있다. 지역사회중심 재활 사업의 경우 장애인에 대한 지역사회 구성원들의 인식 개선을 비롯하여 지역사회가 장애인을 포용하고 지역사회에 장애인이 참여하게 하는 것이 중요하다. 그러한 지역사회의 통합과 조화 등 그 변화를 과학적으로 측정하기 위해서 서울대학교 보건대학원이 이를 평가하고 연구하는 데 참여하고 있다.

일반적으로 평가는 기초선조사와 모니터링을 통해 수집된 자료가 활용된다. 기초선은 측정하고자 하는 바의 사업 실행 이전의 데이터를 의미한다. 예컨대 질병 사망률을 지표로 활용한다면, 사업 실행 전 해당 질병의 사망률이 기초선이 되고, 이 기초선 데이터에 비해서 얼마나 개선할 것인가가 목표치가 된다. 종료선 데이터는 사업이 종료되는 시점 혹은 수년이 지난 후에 그 영향을 측정하게 된다. 기초선의 측정은 때에 따라서 직접 측정하기도 하고, 정부 등 공신력 있는 기관이 측정한 값을 사용하기도 한다. 기초선에서의 측정값과 종료선에서의 측정값은 측정한 주체와 방법이 같아야 한다. 일반적으로 평가는 결과에 대한 평가를 시행하는 것이 일반적이다.

평가의 가장 중요한 목적은 성과를 측정하는 것 외에 무엇이 잘 되었고 그 이유는 무엇인지, 무엇이 잘 안 되었고 그 이유는 무엇인지를 밝히는 것이다. 특히 NGO의 국제활동은 장기간 이어지는 경우가 많아서 평가 내용이 환류하여 다시 기획에 반영되기 때문에 이러한 접근이 더욱 중요하다. 우리나라 정부는 주로 OECD에서 제시하는 5대 지표를 활용한다. 5대 지표는 적절성, 효과성, 효율성, 지속성,

영향력으로 구성되어 있다. 이 각각의 지표는 KOICA가 사업관리 도구로 활용하는 PDM의 구성 요소인 투입물(inputs) - 활동(activities) - 산출물(outputs) - 성과(Outcomes) - 영향(Impacts)의 단계별 결과치를 활용하여 측정하게 되는데, 적절성만큼은 사업 실행 전에 실행 여부를 결정하는 과정에서 측정한다.

그런데 국제활동 NGO들은 일반적으로 국가 기관이나 국제기구가 제시하는 평가 도구(tool)를 비판 없이 활용하는 경향이 있다. 특히 정부로부터 지원받아 수행하는 프로젝트는 정부가 제시하는 로그 프레임에 맞게 기획하고 실행해야 하기 때문이다. 그러나 NGO가 수행하는 국제활동은 사업의 결과뿐만 아니라 사업의 과정이 중요한 경우가 많다. 좋은 데이터를 얻기 위해서 프로젝트 수행의 원칙들이 무시되어서는 안 되는데, 이러한 점에 대해서는 평가에서 제외되는 경우가 대부분이다. 또한 사업의 결과를 단일한 혹은 몇 개의 현상만을 가지고 평가할 수 없으므로 각 NGO가 가지고 있는 가치를 바탕으로 해당 지역사회의 다양한 변화를 측정하기 위해 노력해야 한다. 특히 지역사회의 통합과 조화, 형평성의 변화와 같은 질적인 변화에 민감하게 반응해야 한다. 거버넌스가 좋은 방향으로 변화되었는지와 주민들의 참여 정도가 어느 정도 높아졌는지도 중요한 요소이다. 특정 측면에서는 긍정적인 결과가 나왔지만 다른 측면에서는 좋지 않은 영향을 미쳤다면, 풍선의 한쪽을 누르면 다른 쪽이 불룩 튀어나오는 것처럼 어떤 부분의 문제를 해결하면 다른 부분에서 문제가 다시 발생하는 현상인 풍선 효과(Balloon effect)일 가능성이 높다. 이것이 지역사회의 세부적인 측면과 더불어 전반적인 변화에도 관심을 기울여야 하는 이유이다.

3.3 NGO 국제활동가가 되려면?

국제활동 NGO에서 필요한 인재는 어떤 사람들인가? 국제활동 NGO에서 활동하고자 꿈꾸는 사람들은 무엇을 준비하고 있는가? 오랫동안 메디피스에서 함께하고자 하는 지원자들의 면면을 보면서, 이 둘의 간극이 생각보다 넓다는 것을 알 수 있었다. 가장 일반적인 경우가 국제정치, 국제관계, 국제개발에 관련된 공부를 하는 경우이다. 언뜻 보면 국제활동에 매우 밀접한 영역의 학문으로 생각할 수 있겠으나, 사실 이러한 전공 분야는 실제 국제활동 NGO에서 수요가 그리 많지 않다. 오히려 국제활동 NGO에서 가장 수요가 많은 영역은 모금 및 후원자 관리 분야이다. 그리고 각 프로젝트의 성격에 관련된 세부 전공자들이다. 예를 들어 긴급구호 분야는 수송(logistics) 분야의 전공자들이 가장 많이 필요하다. 보건의료 관련 프로젝트에는 역학이나 지역사회 간호학, 보건교육, 보건영양과 같은 전공자가 선호 대상이다. 대개는 국제보건을 전공한 사람이 가장 필요한 대상일 것으로 생각하지만 현실은 그렇지 않다. 최근에는 국제개발 관련 전공을 선택하는 경우도 많아지고 있는데, 정부 기관에서 근무하기 위한 것이라면 몰라도 국제활동 NGO에서 활동하기 위해서 그 많은 시간을 투자하여 공부할 필요는 없다.

국제활동 NGO에는 이런저런 전공자가 필요하지만 그래도 가장 필요한 부동의 선호 대상은 언어능력이 뛰어난 국제활동 경험자이다. 저자의 경험으로도 국제활동 NGO의 예비활동가들에게 가장 훌륭한 교육 공간은 아카데미가 아니라 현장이다. 아카데미는 세부 분야에서의 기술적 지식을 제공받는 데 의미 있는 공간이다. 세부 분야의 기술적인 지식은 NGO에서 활동하면서도 추가로 공부할 기회를 얻을 수 있고 꼭 필요한 결과를 얻어낼 수 있다. 이제 NGO 활동가를 꿈꾸는 사람들이 꼭 준비해야 하는 것들이 무엇이고, 또 NGO 활동가로 나아가는 방법은 무엇인지에 대해서 소개하고자 한다.

국제활동 NGO 활동가들의 업무를 보면, 국제적인 공간에서 일하는 업무보다는 조직 운영에 관련된 업무의 비중이 더 크다. 조직 운영에 관련된 업무 중에서도 모금과 회원 관리에 투입되는 인력이 가장 많은 경우가 일반적이다. 조직의 성격에 따라 다르겠지만, 가장 큰 비용이 지출되는 분야는 모금 업무이다. 만약 모금 관련 업무의 비중이 작다면, 장기적으로 건강한 NGO로 살아남기는 어렵다. 시민들의 지지와 기부를 통해서 자리매김하는 NGO와 각종 지원 사업이나 위탁 사업에 의존하는 NGO는 자신들 본연의 정체성을 지켜나가는 데 큰 차이를 보인다. 심하면 정부 위탁 사업에 의존하는 기업과 다를 바가 없는 수도 있다. 그렇다 보니 NGO는 모금과 후원자 관리의 비중을 높이려고 애를 쓴다. 시민의 힘만으로도 운영될 수 있게 하여 외부의 간섭을 받지 않고 조직의 가치를 지키기 위해서다. 모금과 후원자 관리 외에는 일반적인 조직 운영 업무에 필요한 인력이 매우 중요하다. 특히 NGO는 투명성을 높이기 위해 외부에서 요구하는 다양한 양식과 절차를 준수해야 한다. 이를 위해 일반적인 조직에서 요구되는 전문 인력들이 마찬가지로 NGO에서도 필수적이다.

흔히 국제활동 NGO에서 필요로 하는 인재는 현장에서 땀 흘리는 활동가만을 떠올리는데, 사실 그 비중은 생각보다 높지 않다. 오히려 현장에서 필요한 인력은 현지인으로 충당하여 효율성을 높이고 지역사회를 존중하는 방향으로 나아가려는 경향이 있다. 본부에서는 이에 대한 모니터링과 평가를 중심으로 진행하는 것이 바람직하다고 보기 때문이다. 이러한 시도를 현지화라고 하는데, 이 또한 많은 경험과 초기 노력이 필요해서 쉽게 이루어지지는 않지만 NGO를 운영하는 사람에게는 꼭 이루고자 하는 목표이다.

결론적으로 국제활동 NGO라 하더라도 일반적인 조직의 운영에 필요한 요소에 해당하는 전공자와 경험자들이 NGO에도 반드시 필요하므로, 다양한 전공자들이 지원할 수 있다. 앞서 언급한 것처럼 NGO 활동가 지원자들은 국제 관련 분야나 사회복지 관련 분야를 전공해야 하지 않나 생각하는데, 이는 오해이다. 그리고 모금이나 회원관리와 같은 조직운영에 대한 다양한 교육 프로그램을 NPO공동회의와 서울시NPO지원센터 등에서 제공하고 있는데, 이러한 교육 프로그램에 참여하면 좋은 역량을 키울 수 있을 것이다.

[메디피스 활동가 인터뷰] - 후원개발팀

Q. 안녕하세요! 간단한 자기소개를 부탁드립니다.
A. 안녕하세요, 메디피스 후원개발팀 김OO입니다. 메디피스에서 일한 지는 만 4년이 되었고요. 본래 어문 전공으로 통번역 일을 하다가 국제원조 분야에 관심을 갖게 되면서 메디피스에 입사했습니다. 본래 프로젝트 담당자로 일을 시작했다가 현재는 후원개발팀에서 커뮤니케이션과 온라인 마케팅, 대외협력 등을 담당하고 있습니다.

Q. 메디피스의 후원개발팀에서는 어떤 일을 하나요?
A. 후원개발팀은 이름 그대로 후원을 개발하는 일을 하는데요. 두 단어의 조합이 아마 낯설게 느껴질 수도 있을 것 같네요. 쉽게 말해 기부를 유치하는 일, 즉 모금과 관련된 제반 업무를 하는 부서라고 보시면 됩니다. 거리에서 시민들을 상대로 기관의 활동을 홍보하고 후원을 요청하는 거리모금, 인터넷 상에서 캠페인을 통해 기부 참여를 유도하는 온라인 모금, 기업이나 재단 등을 상대로 사회공헌 및 기금 기부를 제안하는 기업 후원, 모집된 후원자들이 꾸준히 기부를 유지할 수 있도록 관계를 유지하는 후원자 관리,

메디피스의 소식과 스토리를 알리는 콘텐츠 제작, 메디피스의 전반적인 대중 인지도를 높여 모금에 유리한 여건을 조성하는 홍보 활동 등 모든 것을 총괄하고 있어요.

Q. 국제활동NGO에서 후원은 어떤 의미인가요?

A. NGO, 또는 NPO(비영리단체)는 그 이름 자체가 나타내듯 정치권력과 자본의 힘으로부터 자유로운 것이 본질이에요. 정부와 시장이 해결하지 못하는 문제들을 시민들의 자발적 발의와 연대, 참여로 풀어 나가는 것이 핵심이죠. 이 본질이 훼손되지 않으려면 그 활동을 지속할 수 있게 하는 자원이 시민사회로부터 계속 나와야 합니다. 후원은 그 자원의 종류 중 하나예요. NGO가 정부나 기업의 입맛에 맞는 활동을 하는 것이 아니라 시민들이 스스로 요구하는 활동을 할 수 있게, 즉 NGO가 NGO다울 수 있게 하는 필요충분조건입니다.

Q. 이 분야에서 활동하고자 하는 예비 활동가들에게 조언해주실 말씀이 있을까요?

A. 비영리단체 후원개발 분야에서 일을 하기 위해 특별히 요구되는 전공 배경이 있지는 않다고 생각해요. 물론 마케팅이나 홍보 쪽 배경이 있어서 나쁠 건 없겠죠. 하지만 기본적으로 후원개발과 관련해서는 모든 세부 직무 영역에 걸쳐 제일 중요한 건 적극적으로 소통을 하고자 하는 자세와 소통 능력이라고 봅니다. 시민들의 마음을 얻어서 우리의 가치에 동참하도록 유도해야 하기 때문에 이를 위해서는 어떤 메시지 전달 방식이 효과적인지 늘 고민하고 스스로의 커뮤니케이션을 발전시킬 수 있어야 해요. 모든 메시지의 기본은 텍스트이기 때문에 텍스트를 다루는 능력이 좋아야 하고요.

그리고 자신이 속한 기관의 정체성과 비전, 미션, 가치에 대한 이해가 누구보다도 명확해야 합니다. 우리 기관이 왜 이 일을 하는지 내가 완벽히 이해하지 않고서는 누구도 설득할 수 없어요. 자신이 속한 기관의 활동에 대한 확신이 강하지 않으면 안 돼요. 별도로 후원자 관리에 관심이 있는 예비 활동가라면 통계와 데이터 분석 능력이 기본으로 있어야 합니다. 홍보 쪽 업무의 경우 직접 멀티미디어 콘텐츠 제작을 해야 하는 상황이 종종 있으므로 기본적인 디자인 툴이나 편집 툴을 다룰 수 있으면 좋을 것 같습니다.

국제활동 NGO의 활동은 최종적으로 현장에서 이루어진다. 그리고 이러한 현장활동은 현지 인력뿐만 아니라 본부에서 파견된 인력이 합류해서 진행하는 것이 일반적이다. 또한 모니터링 등 단기 파견이 필요한 경우가 빈번하게 발생한다. 그렇다면 NGO 국제활동가가 되기 위해서는 구체적으로 어떤 것을 준비해야 할까? 먼저, 조직 운영에 필요한 일반적인 분야 외에 해외 현장을 중심으로 활동하고자 하는 사람들이 개인적인 차원에서 필수적으로 준비해야 하는 것을 몇 가지 정리해 보겠다.

첫째, 해외 현장에 파견 나갈 수 있는 생활 여건을 갖춰야 한다. 해외 현장은 단기적인 출장과 6개월 이상의 파견으로 구분해볼 수 있는데, 이 두 가지를 모두 수행할 수 있는 여건을 갖춰야 한다는 뜻이다. 이러한 여건을 갖춘다는 것은 많은 기회를 내려놓아야 한다는 것을 의미한다. 그래서인지 현장 활동가로 채용되었다가 잦은 출장이 부담스럽다거나 파견 자체를 수용하지 못하고 퇴사하는 경우들을 종종 볼 수 있다. 막연히 할 수 있을 것으로 생각했지만 막상 현실에 부딪혀서는 포기하게 되는 것이다. 해외 현장 관리는 많은 경험이 필요해서 단체로서는 오랫동안 업무를 수행하기를 바란다. 그런데 잠시 머물다가 떠나는 활동가들의 사례가 반복되게 되면 단체로서도 많은 타격을 받게 된다. NGO 국제활동가가 되기 전에 자신의 삶과 직업 간 예상되는 갈등 요소에 대해서 신중하게 고려해야 한다.

둘째, 외국어는 필수적이다. 외국어 능력이 없다면 현장 업무를 수행하기 어렵다. 최근 유럽의 NGO들은 영어 외에 또 다른 외국어를 구사하는 것을 채용 시 요구하는 경우가 거의 절반 가까이 되고 있다.[26] 외국어는 국제연합United Nations, UN 공용어를 중심으로 습득하는 것이 좋은데, 국제연합 공용어에는 영어, 프랑스어, 중국어, 러시아어, 스페인어, 아랍어가 있다. 일반적으로 영어 다음으로 프랑스어, 아랍어 능력을 NGO에서 선호하는데, 우리나라에서는 아랍에서의 활동이 많지 않아서 스페인어를 선호하는 경향이 있다. 물론 앞서 언급했듯이 국제활동 영역에서 일한다고 하더라도, 외국어 구사 여부가 그렇게 중요하지 않을 수도 있다. 예를 들어서, 만약 국내 NGO에서 회계 업무를 한다면, 언어는 딱히 도움이 되지 않을 수 있다. 하지만 상황에 따라서는 조직 내부의 문서가 외국어로 소통될 수도 있어서 언어 능력이 필요할 수도 있다. 또한 국제활동가 업무를 하다 보면 아주 생소한 언어를 구사하는 곳에 파견될 수 있다. 이러한 상황에서는 현지 언어를 꾸준히 학습하는 노력을 기울여야 한다. 현지 언어를 구사하지 못하는 것은 업무와 무관할 수 있지만, 현지인들과 소통할 수 없다는 점은 한계로 작용할 수도 있기 때문이다. 새로운 언어를 배우는 것은 현지인들을 만나기 위한 좋은 방법일 뿐만 아니라, 그들의 문화를 배우고 이해할 좋은 기회이기도 하다.

셋째, 국제활동에 대한 이해가 있어야 한다. 특히 NGO에 대해 충분히 이해할 기회를 가져야 한다. 예비 활동가 중에는 NGO에서 일하고 싶기도 하고, 국제기구에서 일하고 싶기도 하다는 말을 하는 사람들을 자주 보게 된다. 그러나 정작 NGO와 국제기구에 대해 질문을 하면 대답을 하지 못한다. 막연히 국제활동에 대한 환상은 가지고 있지만 실제 직업으로서의 활동 공간에 대한 고민이 너무 적기 때문이다. 내가 왜 국제활동을 해야 하는지를 먼저 고민하는 것이 중요하다. 다양한 형태와 방식을 넘나들며 활동할 수도 있겠지만 그에는 그만한 이유가 있어야 한다. 내가 추구하는 가치가 무엇인지를 자꾸 확인하고자 해야 하는데, 이는 가치가 행동의 원칙이나 표준을 이끌고, 태도와 행동을 형성하고 지배하는 핵심적 믿음이기 때문이다.[27] 최근 NGO 국제활동가들 사이에서 국제개발협력이라는 단어가 무분별하게 사용되고 있다. 이타적인 목적의 국제활동을 하는 NGO의 활동 범위를 국제개발협력의 범주 안에 제한하는 것은 안타까운 현실이 아닐 수 없다. 그래서 좀 더 NGO 활동의 가치에 대한 고민이 필요하다. 인도주의뿐만 아니라 종종 함께 사용되는 단어인 채러티, 세계시민의식, 필란트로피에 대한 개념도 확립해가는 것이 좋다.

넷째, 업무에 필요한 전문 영역에 대한 학습이 필요하다. 다양한 전공 분야가 있겠지만 국제활동에 주로 활용되는 영역이 좋다. 국제관

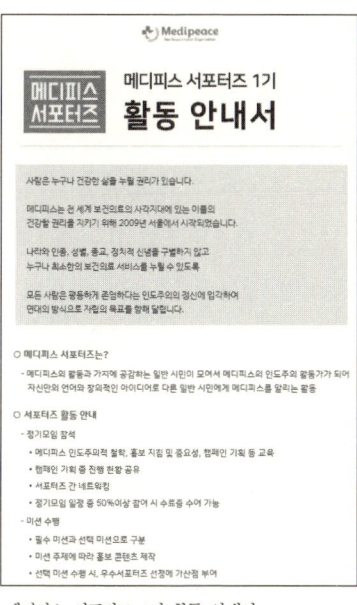

메디피스 서포터즈 1기 활동 안내서

계학이나 국제정치학, 국제개발학과 같은 분야도 물론 도움은 되겠으나 일반적인 실무 역량을 높이기에 적절한 전공 분야는 아닙니다. 국제활동에서 주로 다루는 교육, 보건, 환경, 농업, 물류 관련 전공이 의미 있게 활용될 수 있다. 이 외에도 관리에 필요한 통계, 회계 등의 전공도 잘 활용될 수 있다.

이러한 NGO 활동가가 되기 위한 개인적 소양 외에 요구되는 것은 무엇일까. 많은 사람이 NGO 활동가를 꿈꾸지만 구체적인 진입 방법을 쉽게 터득하기는 어렵다. 좀 더 손쉽게 소양을 쌓고 역량 있는 활동가가 되기 위해서는 NGO의 회원 활동과 NGO의 실무에 참여하기 단계를 거치는 것을 권한다.

첫째, NGO의 회원 활동이란 다양한 NGO들의 회원 활동 프로그램에 참여하는 것을 의미하며, 회원 활동 프로그램은 일시적인 행사 참여가 아니라 특정한 멤버십을 얻어서 지속적인 활동을 하는 것이다. 예를 들어 서포터즈로 활동한다거나, NGO에서 운영하는 청년 모임에 가입한다거나, 혹은 캠프의 보조 진행자로 지속해서 활동하는 것들이 있다. 가장 쉬운 방법은 후원 회원으로 가입하고 지속해서 단체의 행사에 참여해서 다양한 경험을 쌓아가는 것이다. 이러한 멤버십 프로그램에 참여하는 것은 해당 단체의 가치와 활동방식들을 이해하는

데 도움이 되고, 직업으로서 NGO 활동가의 상(像)을 그려보는 기회를 제공해준다. 한 예로, 메디피스가 운영하는 서포터즈 프로그램이 있다. 메디피스 서포터즈는 메디피스의 활동과 가치에 공감하는 청년들이 모여서 자신만의 언어와 창의적인 아이디어로 다른 일반 시민에게 메디피스를 알리는 활동을 한다. 메디피스 서포터즈의 활동은 크게 정기모임 참석과 미션 수행으로 이루어져 있는데, 미션의 내용에는 인도주의 관련 도서 읽기, 메디피스 후원에 대한 콘텐츠 만들기, 메디피스 프로젝트를 주제로 홍보 콘텐츠 만들기, 캠페인 실행하기 등이 있다. 이러한 참여 경험을 통해 서포터즈들은 메디피스의 활동과 가치에 대해 능동적으로 이해할 수 있는 계기를 얻게 된다.

둘째, NGO 실무 참여는 직업으로서 NGO에 대한 이해를 가장 정확하게 할 기회이다. 특히 현장 경험은 최고의 학습 방법일 수 있다. 대부분의 NGO 국제활동은 현장이 중심이 되므로, 현장에 대한 이해가 중요하다. 현장 경험은 경험을 갖는다는 것 외에도, 과연 자신이 정말 국제활동가가 되고 싶은지 알아볼 수 있게 하는 소중한 기회를 제공한다. 특히 재난 대응 등 인도적 지원에서의 현장 경험은 어학 공부와 석사학위만큼 또는 그 이상으로 중요한 것으로 여겨진다.[28] 우리나라에서 국제활동 경험을 할 기회는 어렵지 않게 얻을 수 있다. 주로 정부에서 국제개발협력을 담당하고 있는 KOICA(한국국제협력단)에서 프로그램을 제공하고 있다. 현장 활동 기회를 제공하고 있는 프로그램으로는 '월드프렌즈 NGO 봉사단'이 대표적이다. 파견된 봉사단원이 개발도상국에서 현지 주민들과 함께 생활하며 활동하는 헌신적인 노력을 통해 자신의 기술적, 지식적, 경험적 전문영역을 공유함으로써 지역사회와 파견국가의 발전에 기여하고자 하는 것이 이 프로그램의 취지이며,[29] KCOC가 위탁받아 수행하고 있다. 이 프로그램은 현장 활동에 대한 경험을 쌓는 데 많은 기회를 제공하고 있어서 적절한 NGO를 선택하여 지원하면 좋을 것이다.

현장 활동이 아닌 NGO 인턴십 프로그램도 KOICA가 제공하고 있다. 'KOICA ODA 사업수행기관 영프로페셔널 사업'은 ODA(공적개발원조) 사업에 참여하는 기관 및 기업, NGO 단체 등(이하 사업수행기관)이 우수한 청년 인재들을 대상으로 ODA 사업참여 기회를 제공할 수 있는 통로를 제공하는 사업이다.30) '월드프렌즈 NGO 봉사단'과 차이가 있는 것은 국내에서 활동한다는 점이다. 당장 해외에서의 장기 체류가 어려운 경우에는 이 프로그램을 활용하는 것이 좋겠다. NGO 외에도 다양한 기관에서 활동할 수 있다.

KOICA가 제공하는 프로그램 외에 많지는 않지만 각 NGO가 자체적으로 진행하는 인턴십 프로그램이 있다. 이러한 인턴십은 인턴 선발의 목적, 모집 기간, 근무 기간, 선발 방법 등이 NGO에 따라 다르므로 각 NGO 홈페이지의 채용 공고를 참고하여야 한다.

[메디피스 활동가 인터뷰]
Q. 안녕하세요! 간단한 자기소개를 부탁드립니다.
A. 안녕하세요, 메디피스 기획협력부에서 인턴으로 근무하고 있는 윤OO입니다. 저는 월드프렌즈 NGO 봉사단원으로 메디피스 탄자니아 지부에서 2017년 1년 동안 근무하였습니다.
Q. 봉사단에 지원하시게 된 계기는 무엇인가요?
A. 졸업을 앞두고 NGO에서 조금이나마 더 깊이 있는 활동(직업으로서)을 할 방법을 찾던 도중, 메디피스 탄자니아 지부 봉사단원 모집공고를 보게 되어 지원하게 되었습니다.
Q. 봉사단으로 선발되기 위해 어떤 것을 준비하셨나요?
A. 선발되기 위해 따로 준비한 것은 없었고, 학부 때부터 NGO 활동가가 되고 싶다는 생각이 있어서 꾸준히 NGO와 국제기구 산하기관에서 주관하는 대외활동에 참여하며 관심을 가져왔습니다.
Q. 봉사단의 선발 절차에는 어떤 것이 있었나요?
A. 서류 전형과 면접 전형을 통해 메디피스(파견 기관)에서 합격 소식을 받고, 마지막으로

건강 검진 후 최종 선발되었습니다.

Q. 봉사단으로 활동하시면서, 어떤 것이 가장 기억에 남으셨나요?

A. 탄자니아 다르에스살람 키논도니와 우붕고 지역의 유일한 공공 2차 의료기관은 무와나냐말라 병원입니다. 이 병원은 한 달 분만 건수만 1,000건에 달하는 데다가 주변 작은 병원이나 보건소의 전원 환자들이 많아 신생아에 대한 감염관리가 제대로 이루어지기 어려운 상황입니다. 이에 메디피스는 전원 보내는 보건소 의료진의 감염관리 역량 강화 교육을 진행하였습니다. 교육을 진행하던 중 다른 병원의 협조를 받고 실습을 나간 적이 있었습니다. 한창 실습을 진행하고 있는데, 교육 진행 트레이너 중 한 분께서 저에게 보여줄 것이 있다며 따라오라고 하였습니다. 따라간 곳은 수술실 앞 외과적 손 씻기를 하는 공간이었는데요, 스크럽 대를 한국의 어떤 기관에서 지원해 준 것이라고 설명을 해주셨습니다. 그 기계는 센서가 달려있어서 직접 팔꿈치로 수도꼭지를 열지 않아도 물이 나오는 훌륭한 기계인데, 현재는 센서가 기능하지 않고 있다고 하셨습니다. 센서가 고장 난 이유는 탄자니아에서는 정전이 매우 빈번해서 의료 기기를 지원할 때 전압 안정기를 갖추는 등의 조치를 취하는데, 이 기계는 보조 장치가 없이 지원되었기 때문이었습니다. 결국 한국 기관에서 지원한 기계는 일반 스크럽 대처럼 똑같이 사용되고 있었습니다. 물론 좋은 마음에서 시작된 것이겠지만, 주변 상황을 고려하지 않고 사후관리도 제공하지 않아 기계가 고장 난 상태로 있는 것을 보면서 제 마음이 좋지 않았습니다. 봉사단원으로 활동하면서 좋았던 일도 정말 많았지만 이런 일도 생각보다 빈번했습니다.

Q. 봉사단에 지원하고자 하는 예비 활동가에게 전하고 싶으신 말씀이 있을까요? 이렇게 인터뷰에 응해주셔서 다시 한 번 감사드립니다!

A. 제가 봉사단원으로 활동하면서 제일 중요하게 생각한 것은 '나의 시각으로 함부로 사람, 환경, 상황 등을 판단하면 안 된다'는 것입니다. 우리는 철저히 외부인이기 때문에 누군가의 삶이나 환경에 대해 함부로 좋다거나 나쁘다고 해서도 안 되고 마음대로 바꾸려 해서도 안 됩니다. 그래서 봉사단에 지원할 때 '현지의 문화와 환경을 해치는 활동가는 되지 않겠다.'라는 마음은 꼭 갖고 계셔야 한다고 생각합니다.

또, 저는 가능한 모든 외부 일정에 참여하여서 한 활동의 과정, 진행 방법, 그리고 결과를 모두 볼 수 있었습니다. 이건 봉사단원이기 때문에 가능한 것이었다고 생각합니다. 물론 이것이 모든 파견 기관에서 가능한 일은 아니겠지만, NGO 활동가가 되겠다는 마음이 있다면 봉사단원으로 활동할 때 여기저기서 일어나는 일에 꼭 관심을 가지고 참여하시길 바랍니다. 그렇게 1년을 보내신다면 정말 많은 것을 배우게 될 것이라고 확신합니다.

<표 9> 월드프렌즈 NGO 봉사단 상세 내용

목적	협력대상국의 경제 사회발전과 주민복리 증진에 기여, 해당국가와의 우호 협력 및 인적 교류 증진, 국제협력 증진을 위한 실천적 참여
근무 기간	1년(연장 가능)
절차	단원 모집 및 심사(당해 연도 10~12월) → 국내교육 및 최종선발(차기년도 1월) → 단원파견 및 활동(차기년도 1~2월) → 귀국 및 귀국모임(단원 임기 종료 후)
지원 자격	· 봉사정신이 투철한 만 19세 이상의 대한민국 국적을 가진 자 · 해외 봉사활동을 감당하는 데 적합한 심신이 건강한 자 · 협력대상국이 요청하는 자격기준에 해당되는 자 · 국가공무원법 제 33조 각 호에 해당되지 아니하는 자 · 군미필자인 남자의 경우 파견기간동안 활동이 보장되는 자
지원 홈페이지	http://www.ngokcoc.or.kr/bbs/board.php?bo_table=news08

<표 10> KOICA ODA 사업수행기관 영프로페셔널 상세 내용

목적	국제개발협력 사업 현장 실무경험을 통한 청년들의 ODA 전문인력으로의 성장 기반 구축 및 취업의 기회 확보
근무지	KOICA 협력사업 수행기관, 민간단체, 대학(원) 및 ODA 유관기관 등
신분 및 근무 기간	사업수행기관의 계약직원으로 7개월 (계약 연장 없음)
활동 내용	ODA 사업수행기관이 수행하는 협력사업 및 ODA 유관업무 실무업무 수행
지원 내역	ODA 교육 및 글로벌 소양교육, 기관별 직무교육, 인건비 등
절차	선발(매년 1월, 6월) → 교육 → 중간보고서 및 직무교육결과보고서 제출(YP 근무 시작 후 3개월 경과 후, 1주 이내) → 종료보고서 및 활동성과평가표 제출(YP 활동 종료 전 2주 이내)
지원 자격	· 만 18세 이상 만 34세 미만 미취업자 * 군 만기 제대 시 만 36세까지 지원 가능 * 신규졸업자(졸업예정자 포함) 위주로 채용 * 남자는 군필자 또는 면제자 * 재학생·휴학생 및 취업이 결정된 자 제외 * 대학원생의 경우 휴학 중인 미취업자 또는 마지막 학기에 재학 중인 졸업예정자에 한하여 참여 가능 · 취약계층 우대 (장애인, 저소득층, 차상위계층, 국가보훈대상자, 지방인재, 6개월 이상 장기실업자, 여성가장, 북한이탈주민, 결혼이주자) · ODA 자격증 보유자 우대
지원 홈페이지	https://oda.incruit.com/

일반적으로 학위과정을 마치는 것은 전문성이 높은 NGO 활동가가 되기 위해 중요하다고 할 수 있지만, 상황에 따라 그 중요성의 크기는 달라지기 때문에 일률적으로 판단하기는 어렵다. 외국의 사례이기는 하지만 관련 설문조사에서 조사 대상 NGO 활동가들은 학력의 유용성에 대해 복잡한 감정을 가지고 있었다. 515명의 조사 대상자 중 34%는 자신의 학사 학위가, 그리고 53%는 자신의 석사 학위가 인도적 지원 분야에 들어서는 데 유용했다고 밝혔다. 그들이 학위를 중요한 요소로 지적한 핵심적인 이유는 학위 소지가 채용요건이기 때문이었다. 많은 설문 응답자들은 석사 학위를 취득하는 것이 유용한 기술을 제공해주는 것은 아니지만, 일자리 제의를 받았을 때 유용하며 인도적 지원 분야에서 경력을 쌓아나가는 데 요구된다고 밝혔다. 한 설문 응답자는 "나는 학사 학위와 석사 학위가 이 분야의 일자리를 얻는 데 중요하다고 하였으나, 이는 일을 준비하기 위해서가 아니라, 학위를 요구하기 때문에 그렇다. 아직 나는 학위가 현장에서의 업무 능력을 향상해준다고 생각하지는 않는다"라고 답하기도 했다.[31]

이러한 부정적인 견해들이 있음에도, 학위 취득이 취직에 유리한 이유는 지원자를 평가하는 데 있어서 학위를 뛰어넘을 수 있는 현장 경험이 있는 사람을 찾기가 어렵기 때문이기도 하다. 대학원에 다니기 전에 국제활동의 경험을 쌓는 것은 어떤 분야가 당신에게 맞는지, 무엇을 잘할 수 있는지 그리고 당신이 이 일에 적합한지를 결정하는 데 도움이 될 것이다. 국제활동에 대한 내부적인 시각을 갖는 것은 어떤 교과 과정에 집중해야 하고, 어떻게 시간을 전략적으로 사용해야 할지를 깨닫게 해줄 수 있기 때문이다. 따라서 석사 학위 취득 이전에 활동 경험을 갖는 것은 학위를 마치고 일자리를 구하는 데 도움이 될 수 있다. 당장 석사 학위를 취득해야 한다면, 현장 경험에 비할 수 있는 것을 얻고자 집중하거나, 학위 취득에 긴 시간이 걸리더라도 공부를 하면서 국제활동과 유관한 다른 경험을 쌓는 것이 좋다.

무엇을 전공하는지도 중요한 문제인데, 제너럴리스트(Generalist)[32]의 학위를 가진 활동가는 대학원 과정이 충분치 않다고 느낄 수 있다. 위 언급한 조사에서 한 활동가는 자신이 2개의 석사 학위를 딸 수밖에 없었다고 말했다. 그 이유는 첫 번째 얻은 제너럴리스트 석사 학위의 과정은 너무 일반적인(too general) 내용만 가르쳐서 직업을 찾는 데 필요한 기술, 경험이나 네트워크를 얻을 수 없었기 때문이라고 하였다. 따라서 만약 석사 학위를 취득할 생각이 있다면 특정 기술, 경험 또는 네트워크를 얻을 수 있는지 잘 확인해보아야 한다.[33]

[메디피스 활동가 인터뷰]

Q. 안녕하세요! 간단한 자기소개를 부탁드립니다.
A. 안녕하세요. 김OO라고 합니다. 저는 미국 Johns Hopkins 대학의 Bloomberg School of Public Health에서 석사학위 중에 있고 메디피스에서 근무한 지 5개월 차 되었습니다. 공중보건을 선택하기 전, 저는 생명공학을 전공하여 관련 연구를 하였습니다. 그러다가 '누구나 건강할 권리를 갖는 공중보건 달성'에 대한 비전을 이루고자 공중보건 석사를 선택하게 되었습니다.

Q. 혹시 현재 공부하고 있는 학위가 어떤 것인지, 어떤 내용을 공부하는지 좀 더 자세히 설명해주실 수 있나요?
A. 제가 공부하고 있는 학위는 Master of Science in Public Health(MSPH)로 Master of Science(MS)와 Master of Public Health(MPH)를 결합한 학위입니다. MPH보다는 좀 더 연구에 중점을 맞춘다고 생각하시면 됩니다. 제가 공부하고 있는 분야는 International Health(국제보건) 중에서도 Global Disease Epidemiology(국제 질병 역학)로 특정 질병이 역학적, 통계학적으로 어떻게 발생하였는지를 분석하여 해당 질병을 통제할 수 있는 프로그램을 고안하고 정책에 반영하는 방법을 배우는 학문입니다.

Q. 공부하시는 도중에 메디피스에서 인턴십을 시작하게 되었다고 알고 있는데요, 왜 현장 경험을 해야겠다고 결심하게 되었나요?
A. 현장 경험이 필요하다고 생각했던 것은 크게 두 가지 이유 때문이었습니다. 먼저 학교에서 배우는 것은 주로 이론 위주여서 현장 경험이 없는 저에게는 큰 맥락으로 이론이 어떻게 사용되는지 감을 잡기 어려웠습니다. 또 다른 이유는 반대로 현장 경험이 있다면 학교에서 배운 이론에 살을 붙여서 응용하기 쉬우리라 판단하였습니다. 실제로 저와 함께 공부한

동기들은 대다수 현장 경험이 있었습니다. 그렇다 보니 동기들은 배운 이론을 바로 사례에 적용하여 장, 단점과 실용 가능성을 분석해 교수님과 즉석 토론을 벌이는 일이 잦았습니다. 저는 경험치가 없으니 지식을 흡수하는 역량이 다를 수밖에 없다는 것을 절감하였고 현장경험을 쌓아야겠다고 결심하게 되었습니다.

Q. 메디피스에서 인턴으로 근무하신 지 5개월이 되었는데요, 직접 현장 경험을 해보니 어떤 느낌이 드시나요?

A. 무엇보다도 NGO와 국가 차원에서 국제보건을 위해 어떻게 사업을 계획하고 수행하는지 직접 보고 배울 수 있었다는 것이 의미 있었습니다. 밖에서 사업을 바라보면 주로 결과 위주로 볼 수 있는데 직접 사업에 참여하여 보니 행정적인 절차부터 현지의 반응, 사업 과정, 행동가의 사고방식, 한국 국제보건의 실태 등 많은 것을 볼 수 있었습니다. 물론 국제보건 사업은 국가별, 기관별로 다양하기 때문에 메디피스에서 경험한 것은 국제보건의 일부이지만 저는 이곳에서 아주 많은 것을 배웠다고 생각하여 뿌듯합니다. 그리고 2018년 제가 본 현지 상황과 한국 국제보건 실태가 앞으로 얼마나 더 향상될지 궁금하기도 합니다.

Q. 마지막으로, 아직 현장경험을 해보지 못한 예비 활동가들에게 전할 말씀이 있을까요? 다시 한 번 인터뷰에 응해주셔서 감사드립니다!

A. 혹시라도 국제보건 활동가의 길을 머뭇거리고 계신 분이 있다면 저는 고민하더라도 직접 참여하면서 고민하라는 말씀을 드리고 싶습니다. 밖에서 바라보는 것과 안에서 직접 참여하며 배우는 것은 확실히 다릅니다. 또한 이성을 깨우고 감성을 뛰게 하면서 현실 속 문제를 직접 해결하는 기회를 얻는 것은 현장에서만 직접 얻을 수 있는 혜택입니다. 저는 이런 혜택이 여러분에게도 주어지길 바랍니다.

3.4 직업으로서의 NGO 국제활동가

"저는 제 정체성을 확실히 갖고 있습니다. 낙선 운동 당시 선거법 위반으로 법정에 섰는데 재판장이 직업을 묻더라고요. 저는 실제 변론은 안 하고 있지만 현직 변호사이기도 하거든요. 저술가라고 해도 되죠. 책도 열댓 권 나왔으니. 그렇지만 그건 아니잖아요. 시민운동가라고 말했습니다. 외국과 달리 우리나라에서는 아직 시민운동가를 하나의 직업으로 인정 안 해주죠. 미국에서는 비영리단체의 경제 규모가 이미 전체 GDP의 7퍼센트나 된다고 해요. 이미 하나의 산업이 되어 있죠. 비영리단체의 경영을 가르치는 과목이 있고 연관된 직업들이 많이 생겨요. 그건 법정 뒤에 와 있는 사람들도 의식한 대답이었죠. 저는 다른 직업들을 말할 수 있지만, 그 친구들은 그거밖에 없잖아요. 저 같은 사람들이 시민운동가라고 말하는 것이 굉장히 중요하겠다 싶어서 고민하다가 그 대답을 했죠."[34]

이 말은 박원순이 2000년 법정에서, 재판장의 직업이 무엇이냐는 질문에 대한 답변이었다. 그런데 인터넷이나 방송에서 NGO 활동가들에 대한 인터뷰에서는 아래와 비슷한 질문들이 쏟아진다.

"NGO 활동가로서 다른 사람에게 봉사하는 것이 힘들지 않나요?"
"NGO가 직장이라고요? 그냥 봉사 활동하는 곳 아니에요?"
"NGO 활동가라면 봉사 정신이 필요하죠. 그러니 '봉사자'라고 부를 수 있는 것 같아요."
"NGO 활동가와 봉사자를 구별하기 힘들어요. NGO 활동 자체가 봉사인 것 같아서요."

NGO에 대한 지칭 중에서 가장 흔히 들리는 것 중의 하나가 봉사단체라는 표현이다. 이익을 쫓지 않고 다른 사람들이 더욱 행복해질 수 있도록 돕는 일을 한다는 뜻에서 이러한 표현이 자주 사용되는 것으로 보인다. 도움을 받는 수혜자로서는 단체의 이익을 추구하지 않고 이타적인 활동을 하는 NGO를 봉사하는 단체로 여기는 것이 당연하다. 그래서 많은 사람이 NGO를 봉사단체라고 부르는데 별다른 이견이 없는 듯하다. 실제로 NGO에서 활동하는 사람 중에서는 보수를 받지 않고 활동하는 사람들이 많이 있다. 하지만 NGO가 봉사단체라고 해서 자원봉사자들의 단체로 인식하는 것은 많은 문제를 만들어낼 수 있다. 물론 단체 구성원 모두 어떠한 보수도 받지 않고 자신들의 회비만으로 운영되는 단체는 자원봉사자들의 단체라고 할 수 있다. 예를 들어, 밤늦은 시간 귀가하는 여성들의 안전을 위해서 주민들이 밤길을 동행해주는 봉사활동을 하는 경우가 있겠다. 이러한 활동에 참여하는 자원봉사자들은 자신의 생계와 무관하게 행위를 통한 기부 활동을 하는 것으로 볼 수 있다. 그리고 일반적으로 여분의 시간을 활용하는 활동들이고 활동에 대한 책임의 정도도 매우 낮은 편이다. 하지만 국제활동에 종사하는 NGO는 자원봉사자들의 단체는 아니다. 일부 자원봉사자들이 참여하기는 하지만, 주로 유급 직원이 사무를 처리하기 때문이다. 그래서 봉사단체라 할지라도 봉사자들의 단체와는 구분해야 한다.

자원봉사 활동이 체계적으로 이루어지기 시작한 시점을 대개 적십자사 활동에서 찾는다. 자원봉사는 높은 도덕적 가치를 가진 사회활동으로 여겨지고, 지성인으로 가는 필수적인 요소로 인식되었다. 그래서 자원봉사의 순수성에 대한 논의들이 많았고, 어디까지 자원봉사라고 봐야 하는지에 대해서 이견들이 많았던 것 같다. 남을 위해서 자신을 돌보지 않고 국가나 사회 그리고 타인을 위해서 도움을 주는 행위를 자원봉사라고 하는데, 자신을 돌보지 않는다는 의미를 어떻게 해석하느냐에 따라서 자원봉사의 범위가 달라진다. 크게 의견을 달리하는 것은, 자원봉사자는 '활동에 관련하여 돈을 한 푼도 안 받아야 한다'와 '개인적으로 경제적 이득을 취하지 않는다면 활동에 관련한 지원을 받아도 된다'였다. 다시 말해서 자원봉사는 경제적인 부담도 봉사자가 가져야만 한다는 것과 개인적인 경제적 이익만 취하지 않으면 어느 정도의 경제적 지원을 받아도 자원봉사라고 볼 수 있다는 두 가지 의견이 있었던 것이다. 이 두 가지 중 어느 한 가지만 옳다고 보기는 어렵지만, 국제활동 NGO에서 활동하는 데 있어서 모든 경제적인 부담을 봉사자가 떠안는 것은 현실적으로 매우 어렵다. 먼 거리 비행에 드는 비용이 수백만 원에 이르는 경우도 있고, 체류 비용도 적지 않아 이를 개인이 감당하기는 어렵기 때문이다. 최소한 국제활동에서 자원봉사는 해외 체류로 인한 비용 이외의 경제적 이익을 취하지 않는 활동을 의미한다고 볼 수 있겠다.

반면 NGO 활동가는 임금을 통해 생계를 유지하는 사람들이다. 그러니 자원봉사자가 아닌 것은 분명하다. 그런데 NGO를 바라보는 외부인, NGO 경영자와 심지어 NGO 활동가 자신도 활동가는 국제활동 NGO의 특성과 연관된 좋은 일을 하는 것이기 때문에 업무는 봉사이고 노동이 아니라고 생각하며, 나아가 경제적 보상도 바라지 말아야 한다고 생각하는 경우가 있다. NGO의 노동 특성 자체가 윤리성, 전문성, 비생산성 등에 기반하고 있기 때문에 이러한 생각을 하는 듯하다.[35] 또한 NGO에서의 활동을 선택함에 따라 자신들이 포기해야 하는 경제적 기회들이 있기 때문에 포기한 만큼을 봉사활동이라고 보는 것 같다. 그래서 간혹 NGO 활동가를 비판하는 사람 중에는, 활동가들의 봉사활동에 대한 우월의식에서 출발한 도덕적 해이를 꼬집는다. 활동가 자신은 충분히 개인의 이익을 포기하고 남을 위해서 봉사하고 있기 때문에, 일반적인 사람에게 허용되지 않는 도덕적 기준을 낮춰도 된다는 보상심리가 작용한다는 것이다. 하지만 NGO 활동가에게 이러한 자원봉사자 흔적이 남아있다면 터무니없는 오해나 자만에 근거한 것이다. 사실 NGO 활동가들은 자신의 가치를 추구하면서 얻게 되는 행복과 만족의 정도를 금전적으로 환산한다면 직업을 통해 낮지 않은 삶의 질을 얻고 있다고 볼 수도 있다. 봉사자들이 금전적인 대가를 받지 않으면서도 자원봉사 활동을 통해 얻어가는 효용을 생각해보면 충분히 이해할 수 있다.

　NGO 활동가들이 하는 활동은 노동에 해당한다. NGO 활동가도 사람에게 필요한 물자를 얻는 데 필요한 돈을 벌기 위해서 하는 육체적 또는 정신적 활동을 하기 때문이다. 다만 노동의 성격이 좀 더 도덕적이거나 비자본적인 성격을 가지고 있을 뿐이다. 법조인 중에도 이 사회의 질서를 바로잡고 좀 더 안전하고 정의롭게 만들기 위해서 그 직업을 선택한 사람이 많다. 공무원 중에서도 정의에 기반하여 직업을 선택하는 경우도 많다. 많지는 않겠지만 사회적 약자를 위해서 기여하고 싶어 기업 활동에 참여하는 사람들도 있다. 그렇다고 해서 이들의 활동을 노동 이외의 다른 말로 표현하지는 않는다. 그래서 NGO의 특성을 이유로 노동 이외의 다른 개념을 끌어들이는 것은 정당하지 않다. NGO 활동가는 직업의 하나이고 그들의 직장은 NGO이다. 직장에서 보수를 받으며 하는 자신들의 노동을 봉사활동으로 위장하거나 착각해서는 안 된다.

　그리고 NGO 활동가라는 것 자체만으로 좋은 일을 하며 삶을 희생하는 사람으로 착각하는 천사 코스프레가 NGO 활동과 직업 선택에 대한 몰이해 때문에 나타나기도 한다. 먼저 NGO의 활동은 반드시 좋은 결과만을 만들지는 않는다. 또한 구직자는 능력, 적성, 개성을 만족하게 하는 총합을 비교하여 그 수준이 상대적으로 높은 직업을 선택하는데, NGO 활동가를 선택했다는 것은 NGO가 그 총합이 가장 높았기 때문이다. 다시 말해서 자신에게 NGO가 가장 만족도가 높기 때문에 선택한 것이다. 만약 선택한 직업이 자신의 생활을 만족시키지 못한다면 능력, 적성, 개성을 만족시키는 총합이 떨어질 터이니 다른 직업 선택을 하게 될 것이다. 그러므로 NGO의 부정적인 일부 측면만 부각하여 NGO의 선택이 희생이라고 보는 것은 타당하지 않다.

다른 경제 활동을 하다가 NGO로 직업을 바꾸고자 하는 사람 중에는, 일반적인 경제 활동이 너무 치열하게 경쟁해야 하고, 그에 따른 스트레스를 감당하기 어려워서 편안한 업무를 찾고자 NGO를 선택하게 되었다고 말하는 경우가 있다. 이기적인 마음에 기반한, 업무에 대한 급여로 살아야 하는 것에 대한 자괴감이 크다는 것이다. 좀 더 보람이 있고 선한 가치에 기반한 노동에 종사하고 싶다고 한다. 언뜻 듣기에는 좋은 취지에서 생각하는 것으로 보이지만, 한편에서는 씁쓸한 뒷맛을 남긴다. 직업으로서의 NGO 역시 치열한 자기 갈등을 극복하면서 일을 해야 하는 전문 직종이고, 노동의 결과를 철저하게 책임져야 한다. NGO에서 활동하는 것 자체만으로 보람이 생기지는 않는다. 보람은 노동의 결과를 통해서만 맛볼 수 있다. 이러한 NGO 활동가의 노동에 대한 여러 가지 변형적인 시각들은, NGO 활동가의 노동에 대해 합당한 경제적 보상이 필요하다는 점을 간과하게 하는 구실을 준다.

공정한 사회를 만들기 위해서는 적절한 경제적 보상이 반드시 필요하다. 보상이 없는 야근은 일상사이고, 심지어는 근로계약서도 없이 노동법의 사각지대로 NGO 활동가를 내모는 경우도 많다. 2013년에 국제활동 NGO 활동가 151명을 대상으로 한 조사36)에 따르면, 전반적인 직원 복지에 대해 만족하다는 활동가는 10명 중 3명이 채 되지 않았다. 만족하다는 활동가 중에서도 급여에 대해 만족하다고 느끼는 사람은 4명 중 1명에 지나지 않았다. 복지에서 중요하게 여기는 것은 급여 및 수당이라고 대답한 사람이 10명 중 4명이어서 경제적인 불만족이 가장 컸다. 특히 급여의 경우에는 단체의 규모가 클수록 만족도가 높은데, 대형 단체와 영세한 단체 간에 5배 정도의 차이가 났다. 반면에 중간 정도의 크기와 영세한 NGO 간에는 눈에 띄는 차이는 보이지 않았다. 다시 말해서 대형 단체와 나머지 단체 간에 복지 수준에서의 격차가 심하다고 볼 수 있다. 신입 활동가의 초임 수준은 연봉 2,000~2,500만 원 수준이 적절하다고 대답한 수가 10명 중 5명 정도이고, 2,500~3,000만 원이라고 답한 사람은 3명 정도였다. NGO 활동가들이 적절하다고 생각하는 초임 수준은, 당시 다른 직종의 구직자들을 대상으로 하는 조사들에서 보여주는 결과와 별반 다르지 않다. NGO 활동가들도 일반적인 우리 사회의 임금 수준을 기대하고 있다고 볼 수 있겠다. 반면에 2015년 118개 국제활동 NGO를 대상으로 한 조사37)를 보면 기대와 현실은 많은 차이가 있다는 것을 알 수 있다. 대졸 초임 평균 연봉은 1,945만 원이었고 최저 1,200만 원에서 최대 3,500만 원을 받고 있었다. 이 조사 시점 당시 한국고용정보원의 우리나라 전체 대졸 평균 연봉 집계는 2,444만 원으로 국제활동 NGO 활동가와 약 500만 원의 차이를 보였으며 80% 이상의 NGO가 전체 평균을 밑돌았다. 우리나라의 국제활동 NGO들은 500만 원의 숙제를 안고 있다는 뜻이다. 급여뿐만 아니라 열악한 근무 환경 또한 힘든 상황에 놓여 있는 것이 사실이다. 열악한 근무 환경은 NGO의 이직률을 높이며 숙련된 인력을 확보하는 데 어려움을 겪게 하는 주요한 이유 중 하나이다. 임금이 부족하면 활동가 자신도 자신이 하는 일을 봉사 또는 노동 기부라고 인식하게 되어, 책임감 감소와 도덕적 해이를 일으킬 수 있다. NGO의 역량 약화는 수혜자와 공여자 모두에게 부정적 영향을 미칠 뿐만 아니라 시민사회의 약화를 일으킨다.

이렇게 직업으로서의 한국의 NGO 활동가가 현실적인 한계를 가지고 있다는 점은 분명하다. 특히 국제활동 NGO는 대부분 출범한 지 오래되지 않아서 조직적인 틀이 아직 갖춰지지 않은 경우가 많다. 또한 단체 내에 적절한 후원금이 쌓이기 위해서는 더 많은 시간이 필요하다. 만족스러운 활동을 위해서는 일반적으로 일정 규모 이상의 단체의 크기도 필요하다. 이러한 과제들이 해결되는 가운데 NGO 활동가들은 NGO를 온전한 직장으로 바라보고 노동자로서의 자기 정체성을 가질 수 있다.

이러한 시기를 앞당기기 위해서는 여러 가지 환경들도 변화되어야 한다. 현재로서는 국제활동 NGO가 정부의 지원금에 의존해서 사업을 수행하는 경우가 많은데, 이 지원금은 파트너 기관 간에 자금을 분담하는 매칭 펀드로 조성하게 되어 있다. 예컨대 KOICA(한국국제협력단)는 단체 부담률을 20%로 책정하고 있다. 단체부담금을 확보할 수 있는 능력을 갖춘 NGO에게만 문호를 열어주겠다는 의도인 것으로 보인다. 그러나 소규모 NGO들은 매칭펀드에서 단체가 부담해야 하는 단체부담금을 마련하기가 쉽지만은 않은 것이 현실이다. 그러다 보니 정부의 지원금을 받아 사업을 수행하게 되면 NGO의 재정상태가 더 악화되기도 한다. 또한 정부는 지원금 가운데 인건비 등 단체 운영성 경비를 최대한 제한하려는 경향이 있다. 사업에 직접 필요한 비용만을 지원하려는 것이다. 이러한 경향은 어려운 상태에 놓여있는 NGO를 더욱 위축시키는 결과를 가져온다. 그래서 정부지원금 정책을 개선하여 NGO 활동 환경을 호전시킬 필요가 있다. 사회적 분위기도 NGO의 활동에 긍정적인 영향을 미치는 방향으로 변화되어야 한다. 지금 우리나라는 사회적 수준이 낮을 뿐만 아니라 시민들의 NGO에 대한 이해도도 낮다. 이런 상황에서는 NGO가 앞장서서 직업으로서의 NGO 활동가를 바라보는 시각의 교정을 위해 노력해야 한다. 그리고 NGO 경영자들은 활동가의 전문성을 높이고 열악한 복지 수준을 개선하려는 노력을 우선으로 고려해야 한다.

앞으로 직업인으로서의 NGO 활동가의 위상이 더 나아질 것이라는 점은 의심의 여지가 없다. 사회적 환경은 NGO들의 활동으로 점차 분위기가 좋아질 것으로 기대되고, 국제활동 NGO도 사업 경험이 축적되고 전문성이 강화되면서 그 필요성에 공감하는 분위기가 퍼질 것이기 때문이다. 이는 선진국의 경험을 통해서도 확인할 수 있고, NGO들이 발전해가고 있는 우리 사회를 통해서도 확인할 수 있다. 저자는 지금 막 사회에 첫발을 내디디며 NGO 활동가로 성장하기 시작하는 사람들의 10년이나 20년 후를 상상해 보면, 가슴이 벅차다. 직장이란 모름지기 직업인들의 삶의 동반자이자 기반이 되어야 하는데, 우리나라의 NGO들도 그러한 직장의 역할을 충분히 소화해 낼 수 있을 거라는 확신이 있기 때문이다. NGO 활동가로 살아가면서 연애도 하고, 결혼도 하고, 새살림을 꾸리는 데 NGO는 든든한 동반자가 될 것이다. 아이를 낳으면 육아에 도움을 주고, 이 아이들이 유치원부터 시작하여 대학 졸업 때까지 활동가들이 이들의 부모 역할을 적절하게 할 수 있도록 도움이 될 것이다. 자식들이 결혼할 수 있도록 여건을 만들어 주고, 노후 생활을 위한 준비를 하는 과정에도 NGO는 활동가들의 곁에 있을 거라고 믿는다. 이러한 과정을 통해 NGO는 우리 사회가 더욱 건전하고 구성원들 간의 신뢰를 강화해주는데 더 많은 이바지를 할 것이다.

3.5 NGO, 국제활동가의 길

NGO 국제활동가는 선의(善意)에 머물지 말고 선행(善行)에 집중해야 한다. 자신의 행동의 결과를 예측하지 않은 선의는 결코 선행이라 할 수 없다. 선행의 과제를 푸는 곳에 NGO 국제활동가의 길이 있다. 이 길은 한편으로는 과학적이고 전문적이며, 또 한편으로는 지구촌 시민들이 동등한 입장에서 연대하는 길이다.

먼저, NGO 국제활동가의 길은 과학적이고 전문적인 길이다. NGO 국제활동가의 모든 활동은 과학적이어야 한다. 프로젝트에 접근하면서 철저한 사전 조사, 체계적인 사업 운영 그리고 치밀한 성과 관리를 게을리해서는 안 된다. 국제활동의 결과는 결코 긍정적인 미래를 약속해주지 않는다. 현지 문화와 사회 시스템을 이해하고 그들이 만들고자 하는 사회에 접근하는 노력의 크기에 따라 국제활동의 결과는 달라질 것이다. 그러기 위해서는 현지 사회에 대한 이해에 기반한 프로젝트의 내용을 채울 수 있는 전문성이 필요하다.

NGO 국제활동가는 전문성을 위해 네 가지가 필요하다. 첫째로, 국제활동의 풍부한 경험이 필요하다. NGO 국제활동가의 전문성은 단순히 학문적 전문성을 의미하는 것이 아니다. 경험은 오랜 시간 동안 참여했다고 쌓이는 것이 아니라, 장기적이고 체계적인 훈련의 결과로서 만들어진다. 그리고 경험이란 실험실에서 만들어지는 것이 아니라, 활동지역의 거버넌스와 주민과의 소통 속에서 쌓이고 건강해진다. 둘째로, NGO 국제활동가의 전문성에는 NGO의 독특한 조직 체계에 대한 이해가 반드시 포함되어야 한다. NGO는 동호회가 아니라 가치의 동의에 기반한 결사체이다. 주어진 업무를 체계적으로 수행할 수 있는 조직 체계와 조직 문화를 만들기 위한 노력이 특히 필요하다. 특히 개인주의적인 접근은 사업의 성과를 크게 위축시킬 수 있다. 때로는 사람의 생명에 영향을 미치는 일까지 해야 하는 국제활동 NGO이기 때문에 활동가 개인의 취향에 의존하는 활동방식은 매우 위험할 수 있다. 활동가의 업무는 좀 더 조직적인 관점과 방법을 통해 이루어져야 한다. 셋째로, 국제활동 NGO는 시민들의 헌신적인 지지와 기부를 통해서 생존하기 때문에, 활동가는 책무감을 가져야 한다. 자신의 업무를 책임감 있게 대하고, 실무에서 전문성을 쌓기 위해서 부단히 노력해야 한다. 이는 시민들의 기부를 얼마나 효율적으로 활용하여 효과적인 결과를 만드는지가, 시민들과의 관계 설정에서 가장 근본적인 문제이기 때문이기도 하다. 마지막으로, NGO 국제활동가의 전문성은 무엇보다도 가치에 대한 이해와 헌신 속에서 나타난다. 이익이나 명성이 아니라 동반자인 세계시민의 행복과 삶의 가치를 함께 지켜주기 위한 노력 속에, 다른 어떤 분야에서도 찾기 어려운 NGO 활동가의 전문성이 숨겨져 있는 것이다. 특히 인도주의적 관점에서 접근하는 국제활동은 활동지역에 대한 이해력을 높여주고, 시민 간 연대를 깊어지게 한다. 인도주의의 눈으로 바라보는 세상은, 불쌍한 사람에게 나의 여유를 나누어주는 것보다 훨씬 더 따뜻하고, 구체적이다.

그리고 NGO 국제활동가의 길은 NGO의 가치를 이해하고 NGO가 사회에 기여하는 방법을 고민하며 연대하는 길이다. NGO 국제활동가는 자신이 선택한 분명한 철학적 기반 위에서 행동해야 한다. 세계

시민과 손을 잡고, 같은 방향을 바라보며 나아가야 한다. 상대방을 불쌍히 여겨서는 안 되고, 우월감이나 자신의 만족에 기대어서도 안 된다. 그래서 NGO 국제활동가는 활동지역의 시민사회와 연대하고 그들이 선택하는 방향으로 동행하는 파트너여야 한다.

그런데 요즘 들어 NGO 활동가의 직업적 정체성에 대해서도 냉정한 고민이 많아지면서, NGO 활동가가 직업으로서 안전한 공간이 될 수 있게 하려는 노력도 많아지는 것 같다. 한 개인이 살아가는 데 매우 중요한 축이라고 할 수 있는 직업의 조건들이 NGO 활동가에게도 채워지고 있는 것이다. 이를 위해서는 활동가를 자원봉사자의 시각으로 바라보는 우리 사회의 일부의 시선도 좀 더 바뀌어야 한다. 활동가는 직업인으로서의 높은 전문성을 요구받는다.

NGO 국제활동가를 꿈꾸는 사람은 우선 NGO의 길에 다가가는 연습을 할 필요가 있다. 특히 국제활동 NGO는 우리가 일상 속에서 체험하지 못하는 다양한 활동들을 하고 있다. NGO의 국제활동을 이해하기 위해서는 생각보다 많은 경험이 필요하므로 지금 당장부터 작은 활동이라도 참여하는 습관을 지니는 것이 좋다. 가장 중요한 것은 NGO 활동가를 직업으로 선택하기 전에 다양한 프로젝트에 참여해 보는 것이다. 막연하게 생각했던 국제활동의 실체를 경험하는 것은, 직업으로 선택하는 데 중요한 판단 기준을 마련해 줄 것이다.

어느덧 우리 사회에 국제활동 NGO가 본격적으로 등장한 지 20년이 되었다. 이 시기 주변 국가는 우리에게 국제 사회에서의 책무성을 가지라고 요구하였고, 국가와 시민들은 이러한 책임에서 벗어날 수 없었다. 이러한 환경에서 우리나라 정부와 시민사회는 국제활동에 참여하는 폭을 넓혔고, 덩달아 국제활동 NGO의 수도 급속하게 증가하였다. 하지만 어떻게 도와야 하는지와 어떻게 연대해야 하는지에 대한 선행 학습이 부족했기 때문에 한동안 막연한 국제활동이 이어져 왔다. 하지만 이제 우리는 국제활동에 대한 바람직한 접근 방법은 무엇이고 그 철학적 기초는 어떤 것인지에 대해 깊이 있는 성찰을 하는 시기를 보내고 있다.

이 시기에 한국 국제활동 NGO는 어떤 길을 걸어나가야 할까? 한국에서 출발한 국제활동 NGO는 먼저 우리 사회에 대한 책무감을 가지고 활동해야 한다. 즉, NGO는 우리 사회에 대해 충분히 이해하고 그 속에서 역할을 파악해야 한다. 국제활동이라고 해서 우리 사회를 영영 떠난 것이 아니고, 우리 사회와 국외의 이웃을 연결해주는 다리 역할을 하는 것이기 때문이다. NGO는 끊임없이 우리 사회에 대해 탐구하고 우리 시민들의 마음을 읽어야 한다. 특히 우리 사회의 특수성을 잘 이해하면서 부족한 점은 채우고 좋은 점은 키울 수 있게 임무를 수행해야 한다. 이렇게 하면 한국의 국제활동 NGO의 뿌리가 튼튼해질 수 있다.

또한, 이 길에서 우리는 국제활동 NGO에 대한 담론을 더욱 활발하게 할 필요가 있다. 이 길을 왜 가는지, 특히 "왜 NGO를 선택했는가"에 대한 자기 성찰이 필요하다. 이러한 과정을 통해 NGO 활동의 가치와 NGO 활동가의 직업적 가치는 높아질 것이다.

현재 한국 국제활동 NGO는 시민들의 지지도 많이 필요하다. 국제활동뿐만 아니라 여러 영역에서 활동하는 NGO에 대한 우리나라 시민들의 기부 수준은 상당히 낮은 편이다. 특히 국가 경제력과 비교하면 부끄러운 수준이다. 이러한 낮은 기부 문화에다 국제활동을 지지하는 시민들의 비중도 낮은 편이라, 국제활동 NGO는 이중고에 시달리고 있다. 그리고 해외에 본부를 두고 있는 초대형 국제 NGO가 최근 들어 한국의 모금 시장을 공략하고 있다 보니, 한국에서 출발한 토종 NGO

는 많은 시련을 겪고 있다. 토종 NGO가 성장하는 것은 상당히 중요한 의미가 있다. 국제활동 NGO의 경험은 고스란히 우리 사회에 환원되어야 하기 때문이다. 그래야 우리 시민사회가 더욱 건강해지고 건전해질 수 있다. 한국의 문화와 접목하여 우리 시민과 소통할 수 있는 콘텐츠를 적극적으로 개발하는 토종 NGO의 발전이 절실하다. 이를 위해서 한국 토종 NGO는 어려운 시기지만 시민과 소통하면서 토종 NGO의 중요성을 설득하는 노력에 온 힘을 기울여야 한다.

후발주자인 한국의 국제활동 NGO는 그동안 경험을 토대로 많은 성장을 했다. 오랜 시간 활동에 참여한 활동가의 수가 많이 늘어났고, 프로젝트 수행의 질도 빠른 속도로 높아지고 있다. 이러한 성과는 국민에게 분명한 평가를 받게 될 것이고, 결국 시민의 지지의 힘도 커질 것이다. 앞으로 시민 사이에서 세계시민의식이 더 확산되고, 국제활동 NGO의 활동이 우리 시민사회에 기여하는 바도 더욱 커지기를 기대해본다.

■ 미주

1. 국제활동

1) Luis Cabrera. "Global Citizenship as the Completion of Cosmopolitanism." *Journal of International Political Theory* 4, no. 1 (2008): 84-104.

2) 김창엽. "국제보건의료의 책임과 근거." 『의료정책포럼』 11, no. 2 (2013): 8-13.

3) Jennifer Prah Ruger. "Global health justice." *Public Health Ethics* 2, no. 3 (2009): 261-275.

4) 최혁. "글로벌 금융위기의 전개과정." 『한국경제포럼』 2, no. 1 (2009): 35-43.

5) World Health Organization. "Ebola Situation Reports." 2016. http://apps.who.int/ebola/ebola-situation-reports.

6) World Health Organization. "WHO MERS-CoV Global Summary and Assessment of Risk." 2017.

7) Michael Moran and Ursula Vogel. *The Frontiers of Citizenship.* Springer, 2016. 155-165.

8) Noel O'Sullivan. *Political Theory in Transition*, Routledge, 2013.

9) 유네스코. 『글로벌시민교육-21세기 새로운 인재 기르기』. 유네스코 아시아태평양 국제이해교육원 옮김. (서울: 유네스코 아시아태평양 국제이해교육원, 2014), 24-25.

10) 미국 질병관리본부(CDC)에 따르면, 미국 식품의약국(FDA)이 승인한 에볼라에 대항하여 쓸 수 있는 백신이나 약물(예를 들어, 항바이러스제)은 없다(출처: "Ebola - Treatment." Center for Disease Control and Prevention, last modified December 27, 2017, assessed June 27, 2018, https://www.cdc.gov/vhf/ebola/treatment/index.html.). 영국 국가보건서비스(NHS)에 따르면, 현재 개발 및 시험 중인 에볼라 바이러스 백신과 치료제는 있으나, 승인된 백신이나 치료제는 없다. (출처: "Treatment for Ebola." NHS, last modified October 11, 2016, assessed June 27, 2018, https://www.nhs.uk/conditions/ebola/#treatment-for-ebola.)

11) "Ebola." Médecins Sans Frontières (MSF) International, accessed March 28, 2018, http://www.msf.org/en/diseases/ebola.

12) "Political considerations delayed WHO Ebola response, emails show." CBS news, last modified March 2, 2015, accessed on March 28, 2018, https://www.cbsnews.com/news/political-considerations-delayed-who-ebola-response-emails-show/.

13) "Report Slams U.S. Ebola Response and Readiness," NBC News, last modified February 26, 2015, accessed on March 28, 2018, https://www.nbcnews.com/storyline/ebola-virus-outbreak/report-slams-us-ebola-response-readiness-n313251.

14) Médecins Sans Frontières. "Pushed to the Limit and Beyond: A Year into the Largest Ever Ebola Outbreak." (2015).

15) Holly Watt. "DFID 'Far Too Slow' On Ebola Outbreak." Telegraph, February 11, 2015, accessed July 10, 2018, https://www.telegraph.co.uk/news/worldnews/ebola/11404207/DFID-far-too-slow-on-Ebola-outbreak.html.

16) "Better health for everyone, everywhere." World Health Organization, accessed July 9, 2018, http://www.who.int/about-us.

17) "Countries in the World: 195." Worldometers, accessed June 27, 2018, http://www.worldometers.info/geography/how-many-countries-are-there-in-the-world/.

18) Villani Chiara. "The United Nations: Strengths and weaknesses." International Association For Political Science Students, last modified March 12, 2015. accessed June 27, 2018, https://www.iapss.org/wp/2015/03/12/the-united-nations-strengths-and-weaknesses/.

19) Medecins Sans Frontieres. "MSF international president: United Nations special briefing on Ebola." (2014).

20) Peter Willetts. "What is a non-governmental organization?." (2002).

21) Carmen Malena. *Working with NGOs: a practical guide to operational collaboration between the World Bank and nongovernmental organizations*, The World Bank, 1995.

22) 신상문. 『인도주의의 눈으로 바라본 착한 기부 나쁜 기부』 (서울: 아르케, 2017), 165.

23) 이소현. "굶주린 채 서로 고래 사체 뜯어먹으려 싸우는 북극곰들." 인사이트, 2017년 9월 26일 수정, 2018년 6월 27일 검색 http://www.insight.co.kr/news/120877.

24) James M. Wilder, Dag Vongraven, Todd Atwood, Bob Hansen, Amalie Jessen, Anatoly Kochnev, Geoff York, Rachel Vallender, Daryll Hedman, and Melissa Gibbons. "Polar bear attacks on humans: implications of a changing climate." *Wildlife Society Bulletin* 41, no. 3 (2017): 537-547.

25) 이유진. "이 북극곰의 굶주림과 한반도 '최강한파'는 연결되어 있다." 한겨레, 2017년 12월 13일 수정, 2018년 6월 27일 검색, http://www.hani.co.kr/arti/society/society_general/823285.html.

26) 김효민. "영하 17도 '냉동실 한파'… 머리카락도 얼었다." 조선일보, 2018년 1월 25일 수정, 2018년 5월 15일 검색, http://news.chosun.com/site/data/html_dir/2018/01/25/2018012500159.html.

27) 환경부. 『교토의정서 이후 신 기후체제 - 파리협정 길라잡이』, (세종: 환경부, 2016), 66.

28) 환경부. 『교토의정서 이후 신 기후체제』, 71.

29) 한미희. "〈파리 기후협정〉 무늬만 구속력… "의미 있으나 시작일 뿐" 지적." 연합뉴스, 2015년 12월 13일 수정, 2015년 5월 15일 검색, http://www.yonhapnews.co.kr/bulletin/2015/12/13/0200000000AKR20151213043800009.HTML.

30) Tomohiro Osaki. "NGOs pressure G-7 to take action on Paris climate deal." The Japan Times, last modified May 26, 2016, accessed May 28, 2018, https://www.japantimes.co.jp/news/2016/05/26/national/politics-diplomacy/ngos-pressure-g-7-take-action-paris-climate-deal/#.WnqrWOjFK71.

31) 박효재. "트럼프의 미국 없이도…기후변화대응 계획 쏟아졌다." 경향신문, 2017년 12월 13일 수정, 2018년 5월 28일 검색, http://news.khan.co.kr/kh_news/khan_art_view.html?artid=201712132151015&code=970100.

32) "뉴스: 미얀마군, 로힝야 난민 겨냥해 불법적인 지뢰 매설." 국제앰네스티한국지부, 2017년 9월 12일 수정, 2018년 6월 5일 검색, https://amnesty.or.kr/22599/.

33) "뉴스: 미얀마: 구금된 로이터통신 기자 석방하라." 국제앰네스티한국지부, 2018년 1월 15일

수정, 2018년 6월 5일 검색, https://amnesty.or.kr/24109/.

34) "집회시위의 자유." 국제앰네스티한국지부, 2018년 6월 5일 검색, https://amnesty.or.kr/what-we-do/assembly/.

35) "고문." 국제앰네스티한국지부, 2018년 6월 5일 검색, https://amnesty.or.kr/what-we-do/torture/.

36) "분쟁지역 민간인보호." 국제앰네스티한국지부, 2018년 6월 5일 검색, https://amnesty.or.kr/what-we-do/civilian-protection/.

37) "여성." 국제앰네스티한국지부, 2018년 6월 5일 검색, https://amnesty.or.kr/what-we-do/woman/.

38) "난민/이주민." 국제앰네스티한국지부, 2018년 6월 5일 검색, https://amnesty.or.kr/what-we-do/people-on-the-move/.

39) "안보와 감시." 국제앰네스티한국지부, 2018년 6월 5일 검색, https://amnesty.or.kr/what-we-do/surveillance/.

40) "기업책무." 국제앰네스티한국지부, 2018년 6월 5일 검색, https://amnesty.or.kr/what-we-do/corporation-accountability/.

41) 방승언. "'10살 영웅'의 죽음으로 본 아프간 소년병 실상." 서울신문 나우뉴스, 2016년 2월 5일 수정, 2018년 6월 5일 검색, http://nownews.seoul.co.kr/news/newsView.php?id=2016020560 1011.

42) "'소년병'이 돼야 했던 '세상에서 가장 젊은 나라'의 어린이들." 유니세프한국위원회, 2016년 12월 8일 수정, 2018년 6월 5일 검색, http://www.unicef.or.kr/news/story_view.asp?idx=60806.

43) UNICEF. "The State of the World's Children 2016: A Fair Chance for Every Child. New York: UNICEF." (2016).

44) 김윤섭. "생리 여성 격리하는 네팔의 '차우파디', 인권유린 심각." 뉴스한국, 2013년 7월 19일 수정, 2018년 6월 14일 검색, http://www.newshankuk.com/news/content.asp?news_idx=20130 7191331311096.

45) 남예묵. "아프리카 소녀들에게 면생리대 상륙작전!!." 보건의료연합신문, 2017년 2월 27일 수정, 2018년 6월 27일 검색, http://hmnews.co.kr/bbs/board.php?bo_table=B09&wr_id=1998.

46) 임주언. "'깔창'도 없어서…짐바브웨 소녀들 '마른 소똥 생리대' 고통." 국민일보, 2018년 1월 15일 수정, 2018년 6월 27일 검색, http://news.kmib.co.kr/article/view.asp?arcid=0923884292 &code=11131800&cp=nv.

47) "HeForShe." UN Women, accessed June 27, 2018, https://unwomen.org.au/campaign/heforshe/

48) "HeForShe Overview Brief." UN Women, accessed July 13, 2018, http://www.heforshe.org/-/media/heforshe/files/our%20mission/heforshe_overview_brief.pdf?la=en

49) 구정은. "[기타뉴스]생리대의 역사." 경향신문 향이네, 2016년 6월 3일 수정, 2018년 6월 25일 검색, http://h2.khan.co.kr/201606030016001.

50) "꽃들에게 희망을 시즌2 캠페인 결과보고." 월드비전, 2017년 3월 16일 수정, 2018년 6월 27일 검색, http://www.worldvision.or.kr/sponsor/participation/wvCampaign/wvCampaign03_view.asp?seq=51&searchType=&searchKeyword=&pageNo=1.

51) Assembly, UN General. "Universal declaration of human rights." *UN General Assembly* (1948).

52) World Health Organization. "Constitution of the world health organization." (1995).

53) "PIH Experts on Game-Changing TB Drugs." Partners In Health, last modified October 27, 2016, accessed June 27, 2018, https://www.pih.org/article/three-tuberculosis-gurus-and-a-groundbreaking-project.

54) 우리나라에서는 2016년 기준 생후 28일 이내 신생아 1,000명 당 1.6명이 사망한다. (출처: 사망원인통계조사(국가승인통계 제101054호))

55) 병원체의 침입 여부에 따라 질환은 크게 감염성 질환과 비감염성 질환으로 구분되는데, 감염성 질환은 감기, 결핵 등과 같이 타인에게 전염될 수 있는 것으로 바이러스, 세균과 같이 병원체가 체내에 침입하면 발생한다. 반면, 비감염성 질환은 병원체 없이 일어날 수 있는 것을 가리킨다. 당뇨병, 고혈압, 암 등이 포함되며, 일반적으로 발현 기간이 길다. 이러한 질환들은 생활 습관, 유전, 환경 등의 요인들이 복합적으로 작용하여 발생한다.

56) "10 facts on the state of global health." World Health Organization, accessed June 27, 2018, http://www.who.int/features/factfiles/global_burden/en/.

57) 김현주. "말랄라 유사프자이 "한 명의 어린이가 세계를 바꿀 수 있습니다."" 세이브더칠드런 나눔이야기, 2013년 7월 17일 수정, 2018년 6월 25일 검색, https://www.sc.or.kr/guide/nanum-detail.do?pageDetail=28890.

58) 이춘재. "'여성교육권' 반향 16살 말랄라 유엔연설 '분쟁지역 어린이 교육세계가 관심 가져줘요'." 한겨레, 2014년 10월 10일 수정, 2018년 6월 25일 검색, http://www.hani.co.kr/arti/international/arabafrica/595563.html.

59) UNICEF. *The State of the World's Children* 2016.

60) 김미혜. "시련을 딛고 일어서는 지구촌 희망의 꽃들." 오마이뉴스, 2013년 2월 16일 수정, 2018년 6월 25일 검색, http://star.ohmynews.com/NWS_Web/Mobile/at_pg.aspx?CNTN_CD=A0001835041.

61) 소련의 스탈린그라드(현 러시아 볼고그라드)는 제2차 세계대전 때 독일군과 소련군이 약 6개월간 인류 최악의 전투를 벌인 곳이다. 6개월이라는 기간 동안 약 200만 명이 넘는 사상자가 발생하였다.

62) 이인숙. "5살 소년에게 전쟁은…시리아 내전 최전선 알레포." 경향신문, 2016년 8월 18일 수정, 2018년 7월 13일 검색, http://news.khan.co.kr/kh_news/khan_art_view.html?artid=201608181459001&code=970209.

63) "시리아 내전." 네이버지식백과, 2018년 5월 15일 검색, http://terms.naver.com/entry.nhn?docId=1398157&cid=43667&categoryId=43667.

64) "Why is there a war in Syria?." BBC News, last modified April 7, 2018, accessed June 25, 2018, http://www.bbc.com/news/world-middle-east-35806229.

65) "What We Do." Save the Children Syria, accessed June 25, 2018, https://syria.savethechildren.net/what-we-do.

66) "유엔 평화유지군. 세계평화인물열전." 네이버지식백과, 2018년 6월 22일 검색, http://terms.naver.com/entry.nhn?docId=3580462&cid=59020&categoryId=59030.

67) "UN 안보리, 평화유지군 성범죄 근절 결의안 채택." YTN 뉴스, 2016년 3월 12일 수정, 2018년 6월 22일 검색, http://www.ytn.co.kr/_ln/0104_201603120903189306.

68) Steve Radelet, Michael Clemens, and Rikhil Bhavnani. "Aid and growth: The current debate and some new evidence." *Center for Global Development*, (2004).

69) 곽민영. "[경제경영]그렇게 쏟아붓는데... 서구의 후진국 원조 왜 실패할까." 동아일보, 2011년 10월 22일 수정, 2018년 6월 27일 검색, http://news.donga.com/Culture/Liter/3/0703/20111021/41303577/1.

70) John Baylis, Steve Smith, and Patricia Owens. *The globalization of world politics*. 『세계정치론』. 하영선, 김범수, 김상배, 김준석, 김치욱, 남궁곤, 민병원, et al 옮김 (서울: 을유문화사, 2012), 71.

71) Radelet, Clemens, and Bhavnani, *Aid and growth*.

72) 위와 동일.

73) 위와 동일.

74) 위와 동일.

75) 일반적으로 인도적 개입은 군사력을 동반한 인도적 조치를 말하고, 인도적 지원은 군사력을 배재한 인도적 조치를 말한다.

76) 최재훈. "르완다와 아이티 사태를 통해 본 유엔개입의 모순과 문제점." 『인권법평론』 no. 1 (2007): 213-238.

77) 위와 동일.

78) Baylis, Smith, and Owens. *The globalization of world politics*. 『세계정치론』, 630-648.

79) "비아프라전쟁." 네이버지식백과, 2018년 6월 27일 검색, http://terms.naver.com/entry.nhn?docId=1106169&cid=40942&categoryId=31787.

80) "Lest We Forget the Starvation of Biafra." The New York Times, last modified August 1, 1987, accessed June 27, 2018, http://www.nytimes.com/1987/08/01/opinion/l-lest-we-forget-the-starvation-of-biafra-462487.html.

81) 최윤필. "비아프라 내전과 국경 없는 의사회." 한국일보, 2016년 5월 30일 수정, 2018년 6월 27일 검색, http://www.hankookilbo.com/v/6ab6499f2b504707bd0da5f4ff6f620e.

82) "설립." 국경없는의사회, 2018년 6월 25일 검색, https://www.msf.or.kr/founding-msf.

83) "국경없는의사회에 대한 모든 것." 국경없는 의사회 2015 VOL.2 NO.1, p 3

84) "국제적십자운동 기본원칙." 대한적십자사, p 4

85) Robert L. Payton, and Michael P. Moody. 『필란트로피란 무엇인가?-공익을 위한 자발적 행동』, 이형진 & 김영수 옮김 (서울: 아르케, 2017), 72.

86) Payton, and Moody. 『필란트로피란 무엇인가?』, 12.

87) 필란트로피는 공익을 위한 자발적 행동으로 정의된다. Robert L. Payton, and Michael P. Moody, *Understanding Philanthrophy : Its Meaning & mission*, 『필란트로피란 무엇인가?-공익을 위한 자발적 행동』, 이형진 & 김영수 옮김 (서울: 아르케, 2017).

88) Payton, and Moody, *Understanding Philanthrophy : Its Meaning & mission*, 『필란트로피란 무엇인가?』, 201.

2. 국제활동 NGO

1) 거버넌스의 정확한 개념에 대해서는 아직 국제적인 합의가 이루어지지 않고 있으나, 일반적으로

경제·정치·행정 등 3가지 분야에 걸쳐 국가와 사회의 관계를 지칭하며, 개발도상국의 공공행정 체계와 시장의 기능 및 제도가 작동하는 데 필요한 제도와 운영체계, 정부가 권한을 행사하는 방법, 공적 재원을 관리하는 방법, 공적인 규제를 행사하는 방법 등을 포함한다. (출처: "거버넌스" 네이버지식백과, 2018년 7월 16일 검색, https://terms.naver.com/entry.nhn?docId=2080646&cid=44547&categoryId=44547.)

2) "Revolution 7: Governance." CSIS, assessed June 27, 2018, https://www.csis.org/programs/international-security-program/strategic-futures/revolution-7-governance.

3) "FAST FACTS ABOUT THE NONPROFIT SECTOR." National Council of Nonprofits, (2017).

4) Brice Mckeever and Marcus Gaddy. "The Nonprofit Workforce: the Numbers." Nonprofit Quarterly(NPQ), last modified October 24, 2016, assessed July 13, 2018, https://nonprofitquarterly.org/2016/10/24/nonprofit-workforce-numbers/.

5) 박상필. 『NGO의 개념적 논의 -NPO, NGO, CSO, VO의 비교』. (서울: 한겨레신문사, 2001), 29-47.

6) 위와 동일.

7) 이종무, 최철영, 박정란. 『국제 NGO의 원조 정책과 활동』 (서울: 통일연구원, 2008), 10-23.

8) Carmen Malena. *Working with NGOs: A Practical Guide to Operational Collaborati on between the World Bank and Non-governmental Organizations* (Washington D.C.: World Bank, 1995), p. 13. ; 이종무, 최철영, 박정란. 『국제 NGO의 원조 정책과 활동』. (서울: 통일연구원, 2008), p.17에서 재인용.

9) 박상필. 『NGO의 개념적 논의』, 37.

10) 도영아. "개발원조에 있어서 NGO의 역할과 한국 개발 NGO의 발전 방안에 관한 연구." (이화여자대학교 정책과학대학원 석사학위논문, 2009), 31-32.

11) David Lewis. "Nongovernmental Organizations, Definition and History." In *International Encyclopedia of Civil Society*, 1056-62: Springer, 2010.

12) 박상필. 『NGO의 개념적 논의』, 29-47.

13) Lewis. *Nongovernmental organizations, definition and history.*

14) 박상필. 『NGO의 개념적 논의』, 29-47.

15) Helen Yanacopulos. *International NGO engagement, advocacy, activism: The faces and spaces of change*, (Berlin: Springer, 2015), 41-45.

16) 신상문. 『인도주의의 눈으로 바라본 착한 기부 나쁜 기부』 (서울: 아르케, 2017), 163-165.

17) 필란트로피는 공익을 위한 자발적 행동으로 정의된다. Robert L. Payton, and Michael P. Moody. *Understanding Philanthrophy : Its Meaning & mission*, 『필란트로피란 무엇인가?-공익을 위한 자발적 행동』, 이형진 & 김영수 옮김 (서울: 아르케, 2017).

18) Helen. *International NGO engagement, advocacy, activism,* 41-45.

19) Helen. *International NGO engagement, advocacy, activism,* 45-49.

20) Michael Moran and Ursula Vogel, eds.. *The frontiers of citizenship*, (Berlin: Springer, 2016), 155-165.

21) Noel O'Sullivan. *Political theory in transition.* Psychology Press, 2000.

22) 허영식. "세계시민의 개념에 관한 시론: 세계시민교육의 이론적 기초."『아시아교육연구』 5, No. 3 (2004): 195-196.

23) Helen. *International NGO engagement, advocacy, activism*, 36-39.

24) Robert L. Payton, and Michael P. Moody.『필란트로피란 무엇인가?-공익을 위한 자발적 행동』, 이형진 & 김영수 옮김 (서울: 아르케, 2017), 57.

25) Payton and Moody.『필란트로피란 무엇인가?』, 67.

26) "국제개발협력의 개념," ODA Korea, 2018년 4월 20일 검색, http://www.odakorea.go.kr/ODA Page_2012/T01/L01_S01.jsp.

27) "국제개발협력의 개념과 목적," ODA 정보포털, 2018년 4월 16일 검색, http://www.oda.go.kr/opo/odin/mainInfoPage.do?P_SCRIN_ID=OPOA602010S01.

28) 한국국제협력단,『국제개발협력의 이해』(서울: 한울, 2014), 40-44.

29) William Easterly. *The white man's burden*,『세계의 절반 구하기』, 하영선 옮김 (서울: 미지북스, 2011), 45-51.

30) Philip McMichael. *Development and Social Change*,『거대한 역설 - 왜 개발할수록 불평등해지는가』, 조효제 옮김 (서울: 교양인, 2012), 96-101.

31) 한국국제협력단.『국제개발협력의 이해』, 44-45.

32) Joy Asongazoh Alemazung. "Post-colonial colonialism: An analysis of international factors and actors marring African socio-economic and political development." *The Journal of Pan African Studies* 3, no. 10 (2010): 62-84.

33) Chachage Seithy L. Chachage. "Foreign Aid and Africa's Development." In Paper, First International Turkish-African Congress, Istanbul, Turkey. 2005.

34) Matt Warner. "Is Development Aid the New Colonialism?." Foundation for Economic Education, last modified 2017, September 28, assessed July 27, 2018, https://fee.org/articles/development-aid-is-the-new-colonialism/.

35) "Consultative Status with ECOSOC and other accreditations." United Nations Department of Economic and Social Affairs NGO Branch, assessed April 5, 2018, http://esango.un.org/civilsociety/displayConsultativeStatusSearch.do?method=search&sessionCheck=false.

36) 박수경, 이주영. "부산 세계개발원조총회 (HLF-4) 의 주요 논의와 성과." KIEP 지역경제 포커스 5 (2011): 48.

37) "Global Fund Overview." The Global Fund, assessed April 9, 2018, https://www.theglobalfund.org/en/overview/.

38) OECD. Development Co-Operation Report 2017, OECD Publishing, 2017, 150. doi:https://doi.org/10.1787/dcr-2017-en.

39) "How DAC members work with civil society organisations." OECD, 2011

40) ① 자국 및 국제 NGO의 프로젝트 및 프로그램 지원, ② 공여국 본부에서의 전략적 및 포괄적 지원, ③ 수원국에서 현지 NGO 프로젝트 및 프로그램 지원, ④ 본부에서의 전략적 및 포괄직 지원, ⑤ 수원국에서 사업 제안서 접수를 통한 지원, ⑥ 수원국 정부를 통한 현지 단체 지원, ⑦ 수원국 정부의 전략적 및 포괄적 지원 및 기타유형

41) 영국과 과거 영국 식민지에서 독립한 국가들로 구성된 연방체로, 영국을 포함하여 캐나다, 오스트레일

리아, 뉴질랜드, 인도, 남아프리카공화국 등 총 53개국이 가입되어 있다.

42) 김종섭, et al., 『유럽의 ODA 정책과 한-유럽 개발협력』 (서울: 대외경제정책연구원, 2012), 247-290.

43) Department for International Development. *Civil Society Partnership Review*, 2016, 11-14.

44) "Takamol," Pathfinder International, assessed April 12, 2018, http://www.pathfinder.org/projects/takamol/.

45) 이윤정. "세계 갑부들의 '아름다운 우정'…'의학연구 지원' 손 맞잡은 저커버그와 빌 게이츠." 경향신문, 2016년 9월 22일 수정, 2018년 4월 6일 검색, http://news.khan.co.kr/kh_news/khan_art_view.html?artid=201609221725001&code=970201.

46) "Annual Report 2016." Bill & Melinda Gates Foundation, assessed April 12, 2018, https://www.gatesfoundation.org/Who-We-Are/Resources-and-Media/Annual-Reports/Annual-Report-2016.

47) "Grantseeker FAQ." Bill & Melinda Gates Foundation, assessed April 6, 2018, https://www.gatesfoundation.org/How-We-Work/General-Information/Grantseeker-FAQ.

48) 『80일간의 세계 일주』는 프랑스 작가 쥘 베른이 1873년에 발표한 소설인데 런던에서 동쪽으로 출발해서 직진하여 다시 런던으로 돌아오며 세계 각지의 문화와 풍물을 풍자적으로 묘사한 베스트셀러이다. 주인공은 80일 안에 돌아오면 2만 파운드를 얻게 되는 내기에서 정확하게 80일 만에 출발장소에 도착한다.

49) "유엔 창설이전 국제 기구의 발전." 네이버지식백과, 2018년 6월 11일 검색, http://terms.naver.com/entry.nhn?docId=3331478&cid=57618&categoryId=57621.

50) David Lewis. "Nongovernmental Organizations, Definition and History." In *International Encyclopedia of Civil Society*, 1056-62: Springer, 2010.

51) "유엔 창설이전 국제 기구의 발전." 네이버지식백과, 2018년 6월 11일 검색, http://terms.naver.com/entry.nhn?docId=3331478&cid=57618&categoryId=57621,.

52) "제1차 세계대전과 베르사유조약." 네이버지식백과, 2018년 6월 11일 검색, http://terms.naver.com/entry.nhn?docId=1188657&cid=40942&categoryId=31658.

53) Thomas Davies. "Ngos: A Long and Turbulent History." NGO Advisor, last modified February 24, 2016, accessed June 11, 2018, https://www.ngoadvisor.net/ngos-a-long-and-turbulent-history/.

54) John Baylis, Steve Smith, and Patricia Owens. 『세계정치론』. 하영선, 김범수, 김상배, 김준석, 김치욱, 남궁곤, 민병원 옮김 (서울: 을유문화사, 2012), 75.

55) "History Of The United Nations." United Nations, accessed June 12, 2018, https://www.un.org/en/sections/history/history-united-nations/.

56) Baylis, Smith and Owens. 『세계정치론』, 392.

57) Davies. *Ngos: A Long and Turbulent History*.

58) "국제연합헌장 및 국제사법재판소규정." 국가법령정보센터, 2018년 7월 13일 검색, http://www.law.go.kr/%EC%A1%B0%EC%95%BD/%EA%B5%AD%EC%A0%9C%EC%97%B0%ED%95%A9%ED%97%8C%EC%9E%A5%20%EB%B0%8F%20%EA%B5%AD%EC%A0%9C%EC%82%AC%EB%B2%95%EC%9E%AC%ED%8C%90%EC%86%8C%EA%B7%9C%EC%A0%95.

59) Peter Willetts. "What is a non-governmental organization?." (2002).

60) "냉전." 네이버지식백과, 2018년 6월 11일 검색, http://terms.naver.com/entry.nhn?docId=1076048&cid=40942&categoryId=31656.

61) "북대서양조약기구." 네이버지식백과, 2018년 6월 11일 검색, http://terms.naver.com/entry.nhn?docId=1104325&cid=40942&categoryId=34560

62) Baylis, Steve and Patricia. 『세계정치론』, 80.

63) "바르샤바조약기구." 네이버지식백과, 2018년 6월 11일 검색, http://terms.naver.com/entry.nhn?docId=1097481&cid=40942&categoryId=34560

64) 위와 동일.

65) Baylis, Smith and Owens. 『세계정치론』, 65.

66) Davies. *Ngos: A Long and Turbulent History*.

67) Baylis, Smith and Owens. 『세계정치론』, 67.

68) Shmuel N. Eisenstadt. "Contemporary Globalization and New Civilizational Formations." *Journal of Globalization Studies* 1, No. 2 (2010): 3-11.

69) Mossa H. Negash. "The Contemporary Globalization and Its Impact on the Role of States." *Research on Humanities and Social Sciences* 5, No. 13 (2015): 86-95.

70) Davies. *Ngos: A Long and Turbulent History*.

71) INGO(International NGO)는 국제활동 NGO 중에서 3개 국가 이상에 지부를 두고 있는 NGO를 말한다.

72) Jessica Corbett. "Defying police attacks, G20 protests demand a better world." Greenleft Weekly, last modified July 8, 2017, accessed April 18, 2018, https://www.greenleft.org.au/content/defying-police-attacks-g20-protests-demand-better-world.

73) 장재은. "G20 격렬시위 왜?…"지구촌 현안 소수·밀실논의 반대"." 연합뉴스, 2017년 7월 8일 수정, 2018년 4월 18일 검색, http://www.yonhapnews.co.kr/bulletin/2017/07/08/0200000000AKR20170708042300009.HTML?input=1195m.

74) "What is an international non-governmental organization (INGO)?." Union of International Associations, assessed June 27, 2018, https://uia.org/faq/yb4.

75) "Types of International Organizations." Union of International Associations, assessed June 27, 2018, https://uia.org/archive/types-organization/cc.

76) "The Yearbook of International Organizations." Union of International Associations, assessed June 27, 2018, https://uia.org/yearbook.

77) 이상환. "세계시민사회와 국제비정부기구." 『21세기 정치학회보』 11, no. 1 (2001): 247-261.

78) Thomas Richard Davies. "The Rise and Fall of Transnational Civil Society: The Evolution of International Non-Governmental Organisations since 1839." (2008).

79) 위와 동일.

80) 조효제. "세계인권선언은 누가 만들었나." 한겨레, 2013년 12월 10일 수정, 2018년 7월 23일 검색, http://www.hani.co.kr/arti/opinion/column/614769.html.

81) Thomas Davies. "Ngos: A Long and Turbulent History." NGO Advisor, last modified February 24, 2016, accessed June 11, 2018, https://www.ngoadvisor.net/ngos-a-long-and-turbulent

-history/.

82) Davies. *The Rise and Fall of Transnational Civil Society.*

83) 도영아. "개발원조에 있어서 NGO의 역할과 한국 개발 NGO의 발전 방안에 관한 연구." (이화여자대학교 정책과학대학원 석사학위논문, 2009).

84) 조희연. 『한국의 민주주의와 사회운동의 전개 -민중운동과 시민운동의 관계를 중심으로』 (서울: 한겨레신문사, 2001), 282-302.

85) 최원규. (1996). 『외국민간원조단체의 활동과 한국 사회사업 발전에 미친 영향』 (Doctoral dissertation, 서울대학교 대학원). ; 도영아. (2009). "개발원조에 있어서 NGO 의 역할과 한국개발 NGO의 발전방안에 관한 연구." (이화여자대학교 정책과학대학원 석사학위논문, 2009)에서 재인용.

86) 조희연. 『한국의 민주주의와 사회운동의 전개』, 282-302.

87) 서경석. "韓國 開發 NGO의 實態와 發展方案에 관한 硏究." 中央大學校, 1998.; 도영아. "개발원조에 있어서 NGO의 역할과 한국 개발 NGO의 발전 방안에 관한 연구." (이화여자대학교 정책과학대학원 석사학위논문, 2009)에서 재인용.

88) 주성수. 『한국시민사회사: 민주화기 1987~2017』 (서울: 학민사, 2017), 22-23.

89) 홍순영, 장재철. 『한국 경제 20년의 재조명』 (서울: 삼성경제연구소, 2006), 23-25.

90) 1991년 10월 26일 제정된 법무부훈령 제255호 "외국인 산업기술연수사증 발급 등에 관한 업무처리지침"을 말한다.

91) 정치행위는 정치과정에서의 개인적, 집합적인 참여나 비참여를 의미한다. (출처: "정치행위 [political behaviour]," 네이버지식백과, 2018년 7월 23일 검색, https://terms.naver.com/entry.nhn?docId=1521287&cid=42121&categoryId=42121.)

92) 김영래. "한국 시민사회운동의 현황과 발전과제." 『NGO 연구』 (2003): 5-33.

93) 조희연. 『한국 시민사회단체(NGO)의 역사, 현황과 전망』 (서울: 아르케, 2000), 127-156.

94) 위와 동일.

95) 이승용. "광복 직후·전후 복구 수원국에서 2000년대엔 공여국으로 '대변신'." 지구촌가족, August, 2015, assessed June 27, 2018, http://webzine.koica.go.kr/201508/sub2_4.php.

96) 도영아. "개발원조에 있어서 NGO의 역할과 한국 개발 NGO의 발전 방안에 관한 연구."

97) 주성수. 『한국시민사회사』, 312.

98) 위와 동일.

99) 주성수. 『한국시민사회사』, 311.

100) 전형권. "한국의 "디아스포라 현상"에 대한 교육적 접근 -다문화 도덕교육의 방향." 초등도덕교육 28 (2008): 259-294.

101) 한국인이 조선족에게 한국 초청을 명목으로 수수료를 사기하고 횡령한 사건을 말한다. 1996년 9월부터 11월까지 중국 동북 3성 주요 지역에 사는 조선족을 대상으로 벌인 진상조사 결과에 따르면, 피해 접수 건수는 모두 600여 건, 8,000세대로, 피해액 규모는 100~200억 원에 달하였다. (출처: "[실태공개] 취업사기 피해 조선족 8천세대, 2백억원선", 조선일보, 1996년 11월 18일 수정, 2018년 7월 23일 검색, http://m.chosun.com/svc/article.html?sname=news&contid=1996111870051#Redyho.)

102) 새로운 터전에서 삶을 시작하는 사람을 말한다.

103) 주성수. 『한국시민사회사』. 332.

104) 세이브더칠드런. "가난 그리고 아이들에 대한 시선, 국제개발협력과 미디어의 역할 토론회 자료집." 2014, 55.

105) 행정자치부. "비영리민간단체 등록 수." 2017, 2018년 6월 25일 검색, http://www.index.go.kr/potal/stts/idxMain/selectPoSttsIdxSearch.do?idx_cd=2856.

106) 국제개발협력민간협의회, 한국국제협력단. 『한국 국제개발협력 CSO 편람』(서울: 국제개발협력민간협의회, 2016), 24.

107) 위와 동일.

108) 국제개발협력민간협의회, 한국국제협력단. 『한국 국제개발협력 CSO 편람』, 8.

109) 주성수. 『한국시민사회사』, 333.

110) 외교부. 『개발협력분야 NGO 맞춤형 지원 방안』, 2016년 5월 30일, 3.

111) 프로그램명은 "KBS 특별기획: 사회적 자본"으로 2011년 11월 29일부터 2011년 12월 1일까지 방영되었다.

112) 김호기. "[김호기의 세상을 뒤흔든 사상 70년](27) 신뢰와 유대 깨진 시대, 공동체 소생시킬 '사회적 자본'에 주목하다." 경향신문, 2016년 9월 27일 수정, 2018년 5월 18일 검색, http://news.khan.co.kr/kh_news/khan_art_view.html?artid=201609272102005.

113) 장수찬. "변동사회의 NGO 와 사회자본: 한국의 경우." 한국비영리학회 학술대회 (2004): 211-243.

114) 위와 동일.

115) 이창석. "[사이언스프리즘] 외래종 문제, 과학적 접근이 필요하다." 세계일보, 2017년 11월 9일 수정, 2018년 5월 22일 검색, http://www.segye.com/newsView/20171109004914.

116) 국제개발협력민간협의회, 한국국제협력단. 『한국 국제개발협력 CSO 편람』, (서울: 국제개발협력민간협의회, 2016), 12.

117) 국제개발협력민간협의회, 한국국제협력단. 『한국 국제개발협력 CSO 편람』, 26.

118) 외교부. 『개발협력분야 NGO 맞춤형 지원 방안』, 2016년 5월 30일, 2-5.

119) 인도적 지원은 긴급구호, 재건복구 등을 의미한다.

120) 국제개발협력민간협의회, 한국국제협력단. 『한국 국제개발협력 CSO 편람』, 32.

121) 국제개발협력민간협의회, 한국국제협력단. 『한국 국제개발협력 CSO 편람』, 24.

122) 외교부. 『개발협력분야 NGO 맞춤형 지원 방안』, 2-5.

123) 위와 동일.

124) 국제개발협력민간협의회, 한국국제협력단. 『한국 국제개발협력 CSO 편람』, 47-50.

125) 안호균. "[모금단체 회계통일③]지난해 기부금 모금 순위는?." 뉴시스, 2015년 12월 15일 수정, 2018년 6월 17일 검색, http://news.joins.com/article/19247791.

126) 고경환. "사회복지분야 민간모금기관 간 모금액 격차 현황과 과제." 『보건·복지 Issue&Focus』 (2016: 1-4), 2.

127) 신상문. 『인도주의의 눈으로 바라본 착한 기부 나쁜 기부』 (서울: 아르케, 2017), 33-43.

128) 정용인. "한국진출 국제비영리단체들은 왜 '거리회원모집'에 올인할까." 경향신문, 2016년 8월

6일 수정, 2018년 6월 27일 검색, http://news.khan.co.kr/kh_news/khan_art_view.html?artid=201608061907011.

129) 국제개발협력민간협의회, 한국국제협력단. 『한국 국제개발협력 CSO 편람』, 24.

130) 현대경제연구원. 『OECD 비교를 통해 본 한국 사회자본의 현황 및 시사점 - 공적신뢰 회복을 위한 국가시스템 개조가 필요하다』 (서울: 동 연구원, 2014년 5월 23일), 7, 14-21.

131) 현대경제연구원. 『OECD 비교를 통해 본 한국 사회자본의 현황 및 시사점』, 11.

132) 현대경제연구원. 『OECD 비교를 통해 본 한국 사회자본의 현황 및 시사점』, 9.

133) Charities Aid Foundation. *World Giving Index 2017* (Kings Hill: Charities Aid Foundation, September 2017), 9.

134) 안호균. 지난해 기부금 모금 순위는?.

135) 한바란. "개발 NGO 의 차별성에 대한 실증문헌 연구." 『국제·지역연구』 25, no. 1 (2016): 149-169.

136) 김혜경. "OECD 회원국 개발 NGO 의 활동유형과 과제." 『동서연구』 9, no. 2, (1997): 101-137.

137) 손혁상. 『시민사회와 국제개발협력: 한국 개발NGO의 현황과 과제』 (서울: 집문당, 2015).

138) 한바란. 『개발 NGO의 차별성에 대한 실증문헌 연구』, 149-169.

139) 우경연. 『한국의 해외사업 경험분석 및 향후방향』 (서울: 초록우산어린이재단. 2014년 9월), 32.

140) 국제개발협력민간협의회, 한국국제협력단. 『한국 국제개발협력 CSO 편람』, 26.

141) 한바란. 『개발 NGO 의 차별성에 대한 실증문헌 연구』, 149-169.

3. NGO 국제활동가

1) 유상철. "[분수대] 맨발의 의사." 중앙일보, 2005년 8월 4일 수정, 2018년 5월 2일 검색, http://news.joins.com/article/1650401.

2) 정준호. "한국에도 '맨발의 의사'가 필요해." 시사인, 2014년 10월 28일 수정, 2018년 5월 2일 검색, http://www.sisain.co.kr/news/articleView.html?idxno=21530.

3) 신상문. 『인도주의의 눈으로 바라본 착한 기부 나쁜 기부』 (서울: 아르케, 2017), 200-201.

4) 최준호. "베이징엔 생쥐족 28만명, 뉴델리 대기오염 100m 앞도 안보여." 중앙일보, 2017년 12월 28일 수정, 2018년 4월 24일 검색, http://news.joins.com/article/22242805.

5) 신상문. 『인도주의의 눈으로 바라본 착한 기부 나쁜 기부』, 124-136.

6) 신상문. 『인도주의의 눈으로 바라본 착한 기부 나쁜 기부』, 235-236.

7) 정용인. "한국진출 국제비영리단체들은 왜 '거리회원모집'에 올인할까." 경향신문, 2016년 8월 6일 수정, 2018년 4월 26일 검색, http://news.khan.co.kr/kh_news/khan_art_view.html?artid=201608061907011.

8) Arthur Martin, and Daniel Bates. "Oxfam aid worker who was allowed to resign after claims of Haiti prostitute orgy had already been forced out of ANOTHER charity over alleged sex party in Liberia." The Daily Mail, last modified February 13, 2018, asssessed May 17, 2018, http://www.dailymail.co.uk/news/article-5388013/Sex-shame-past-Oxfam-chief.html.

9) 강혜란. "구호 가면 뒤 위선... 옥스팜 '성매매'에 쏟아지는 추가 폭로." 중앙일보, 2018년 2월 13일 수정, 2018년 4월 25일 검색, http://news.joins.com/article/22369158.

10) 국제개발협력민간협의회. "시민사회 개발효과성을 위한 도움자료" (서울: 국제개발협력민간협의회, 2012), 152-155.

11) 국제개발협력민간협의회. "시민사회 개발효과성을 위한 도움자료", 165-173.

12) 위와 동일.

13) "Who We Are," UN OCHA, assessed April, 23, 2018, https://www.unocha.org/about-us/who-we-are.

14) 남수경. "세계경제포럼과 세계사회포럼." 한국노동사회연구소, 2013년 5월 8일 수정, 2018년 7월 23일 검색, http://www.klsi.org/content/%EC%84%B8%EA%B3%84%EA%B2%BD%EC%A0%9C%ED%8F%AC%EB%9F%BC%EA%B3%BC-%EC%84%B8%EA%B3%84%EC%82%AC%ED%9A%8C%ED%8F%AC%EB%9F%BC.

15) 오승훈. "[오승훈의 공익마케팅] ① '빈곤 포르노'의 마케팅 심리학." 더나은 미래, 2016년 5월 11일 수정, 2018년 6월 27일 검색, http://futurechosun.com/archives/13239.

16) 신상문. 『인도주의의 눈으로 바라본 착한 기부 나쁜 기부』, 79-83.

17) 장윤주. "[2016 기빙코리아] 개인기부 실태조사 결과 분석." 아름다운재단 기부문화연구소, 2016년 11월 29일 수정, 2018년 7월 16일 검색, https://research.beautifulfund.org/4746/%EA%B8%B0%EB%B9%99%EC%BD%94%EB%A6%AC%EC%95%842016-%EA%B0%9C%EC%9D%B8%EA%B8%B0%EB%B6%80-%EC%8B%A4%ED%83%9C%EC%A1%B0%EC%82%AC-%EA%B2%B0%EA%B3%BC-%EB%B6%84%EC%84%9D/.

18) 위와 동일.

19) 여정민, 노희주. "'한국의 원조가 필리핀 민중의 삶을 억압한다' [인터뷰] '아시아 빈민들의 아버지' 데니스 머피." 프레시안, 2006년 2월 9일 수정, 2018년 5월 2일 검색, http://www.pressian.com/news/article.html?no=78676.

20) 최나래. "필리핀 남부 마닐라 통근철도사업 현장에서." ODA Watch, 2009년 11월 23일 수정, 2018년 5월 20일 검색, http://www.odawatch.net/?mid=articlesth&sort_index=readed_count&order_type=desc&category=247&document_srl=1066.

21) 구속성 원조는 조건부 원조라고도 하며, 차관을 제공하면서 물자, 기자재 등 구매 계약을 반드시 차관 공여 국가의 기업과 체결하도록 제한하는 것을 말한다. (출처: 온이퍼브 편집부, 통상관련 용어집 (Kyobobook MCP, 2017).

22) Ha-Joon Jang. 『나쁜 사마리아인들 - 장하준의 경제학 파노라마』, 이순희 옮김 (서울: 부키, 2007), 329-332.

23) 정지선. "엄청나게 많은 지원 자금과 원조기관이 몰려갔지만." 시사인, 2009년 6월 9일 수정, 2018년 5월 9일 검색, http://www.sisain.co.kr/?mod=news&act=articleView&idxno=4601.

24) 강정원. 『아이티 지진은 재건의 기회가 될 수 있을까?』 (서울: 트랜스라틴, 2012년 6월), 25-38, 20.

25) 김정환. "아이티 재난 긴급구호에 대한 소고." 의협신문, 2010년 2월 19일 수정, 2018년 5월 9일 검색, http://www.doctorsnews.co.kr/news/articleView.html?idxno=60493.

26) Chen Reis, Tania Bernath. *Becoming an International Humanitarian Aid Worker* (Oxford: Butterworth-Heinemann, 2016), 54-55.

27) Helen Yanacopulos. *International NGO engagement, advocacy, activism: The faces and spaces of change* (Berlin: Springer, 2015), 39-41.

28) Reis, Bernath. *Becoming an International Humanitarian Aid Worker*, 64-65.

29) "월드프렌즈 NGO 봉사단." 국제개발협력민간협의회, 2018년 5월 21일 검색, http://www.ngokcoc.or.kr/theme/kcoc/02/comapny01.php.

30) "영프로페셔널 소개." KOICA ODA 영프로페셔널(YP), 2018년 5월 21일 검색, https://odaintern.koica.go.kr/oyi/yngItnIst/internIntro.do.

31) Reis, Bernath. *Becoming an International Humanitarian Aid Worker*, 60-63.

32) 제너럴리스트(Generalist) 대 스페셜리스트(Specialist) : 제너럴리스트는 여러 다양한 분야에 걸쳐 아는 것이 많은 박학다식한 사람을 의미하며, 스페셜리스트는 한 가지 특정 분야의 전문가를 의미한다. (출처: "generalist," Oxford Advanced Learner's English-Korean Dictionary. assessed May 24, 2018, http://endic.naver.com/enkrEntry.nhn?sLn=kr&entryId=139016f2df804129b4e0a611189d0937. "specialist," Oxford Learner's Dictionary. assessed May 24, 2018, https://www.oxfordlearnersdictionaries.com/definition/english/specialist_1?q=specialist.)

33) Reis, Bernath. *Becoming an International Humanitarian Aid Worker*, 62.

34) 박원순, 지승호. 『희망을 심다』, (서울: 알마, 2009), 검색일 2018년 5월 30일. https://books.google.co.kr/books?id=ItEmDwAAQBAJ&pg=PT190&lpg=PT190&dq=%EB%B0%95%EC%9B%90EC%88%9C+%EC%A7%81%EC%97%85+%EC%8B%9C%EB%AF%BC%ED%99%9C%EB%8F%99%EA%B0%80&source=bl&ots=6zMZnEi288&sig=zdtya3chR0Jw71ecEISO0VC1mio&hl=en&sa=X&ved=0ahUKEwjh56j03KzbAhXDspQKHZvBACE4ChDoAQhKMAU#v=onepage&q=%EB%B0%95%EC%9B%90%EC%88%9C%20%EC%A7%81%EC%97%85%20%EC%8B%9C%EB%AF%BC%ED%99%9C%EB%8F%99%EA%B0%80&f=false

35) 정준호. "한국 NGO에 '노동'은 없다?." 시사인, 2014년 7월 18일 수정, 2018년 5월 24일 검색, http://www.danbinews.com/news/articleView.html?idxno=4945.

36) 한재광, 박수진. 『한국 개발 NGO 의 국제개발협력 인식에 대한 연구』 (서울: 초록우산 어린이재단 아동복지연구소, 2013), 31-35.

37) 국제개발협력민간협의회, 한국국제협력단. 『한국 국제개발협력 CSO 편람』, (서울: 국제개발협력민간협의회, 2016), 41.